高等学校“十四五”规划教材

大学生心理健康教育

主　编　李春青　陈大鹏　李春华
副主编　万春秀　侯春宇　刘　丹
　　　　李　雪
主　审　马中宝

扫码看本书
数字资源

北　京
冶　金　工　业　出　版　社
2023

内 容 提 要

本书以大学生心理健康知识普及为目的，内容涵盖了大学生大学生活全过程的心理适应、自我意识、人际关系、恋爱问题、情绪管理、挫折心理、学会学习、珍爱生命等，每章配有“心灵寄语”“热身活动”“知识窗”“小贴士”等，以帮助大学生理解和掌握有关心理健康知识。

本书可供在校大学生阅读，也可供心理学研究人员以及对心理学感兴趣的人员参考。

图书在版编目(CIP)数据

大学生心理健康教育 / 李春青，陈大鹏，李春华主编．—北京：冶金工业出版社，2021.2(2023.1 重印)

高等学校“十四五”规划教材

ISBN 978-7-5024-8733-1

Ⅰ.①大…　Ⅱ.①李…　②陈…　③李…　Ⅲ.①大学生—心理健康—健康教育—高等学校—教材　Ⅳ.①G444

中国版本图书馆 CIP 数据核字(2021)第 030029 号

大学生心理健康教育

出版发行	冶金工业出版社	**电　　话**	(010)64027926
地　　址	北京市东城区嵩祝院北巷 39 号	**邮　　编**	100009
网　　址	www.mip1953.com	**电子信箱**	service@mip1953.com

责任编辑　杨　敏　美术编辑　吕欣童　版式设计　禹　蕊

责任校对　郑　娟　责任印制　窦　唯

三河市双峰印刷装订有限公司印刷

2021 年 2 月第 1 版，2023 年 1 月第 4 次印刷

787mm×1092mm　1/16；17 印张；412 千字；263 页

定价 49.80 元

投稿电话　(010)64027932　投稿信箱　tougao@cnmip.com.cn

营销中心电话　(010)64044283

冶金工业出版社天猫旗舰店　yjgycbs.tmall.com

(本书如有印装质量问题，本社营销中心负责退换)

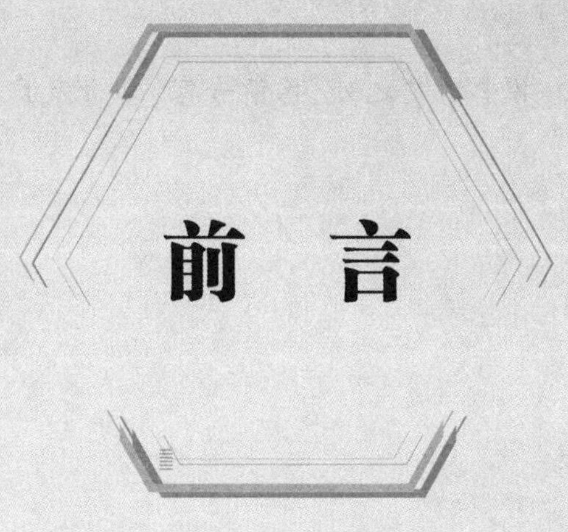

前言

随着时代的进步与社会的发展，以及生活工作压力的增大，人们的心理健康意识已经越发强烈，对心理健康知识的需求也越来越迫切。对于高校的大学生来说，拥有良好的心理素质是促进其自身健康成长、成才和成功的重要保障。

本书将心理健康理论知识与素质训练有机结合，紧紧围绕大学生的心理特点及在成长过程中遇到的困扰等进行编写，内容涵盖大学生活全过程的心理适应、自我意识、人际关系、恋爱问题、情绪管理、挫折心理、学会学习、珍爱生命等方面，试图通过知识讲解、案例分析、心理测试、综合训练、心理书籍及心理电影推荐等，全方位、多角度地向大学生传递心理健康与保健知识。每章均配有“心灵寄语”“热身活动”“知识窗”“小贴士”等，以帮助大学生更好地理解理论知识，增加本书的可阅读性及趣味性。

参加本书编写的人员都是长期从事心理健康教育的一线教师，具有较强的理论功底和丰富的教学实践经验，因此，本书理论与实践结合紧密，可操作性强。

本书由李春青、陈大鹏、李春华任主编，万春秀、侯春宇、刘丹、李雪任副主编，马中宝主审。具体编写分工如下：项目一、项目五、项目九由李春青编写；项目二和附录由刘丹编写；项目三由李春华编写；项目四由万春秀编写；项目六由陈大鹏编写；项目七、项目八由侯春宇编写；课后习题由李雪编写；席莹、邱莹、尹静参与了部分内容的编写。

本书在编写过程中，参考了一些专家、学者的研究成果和有关文献，在此一并表示感谢！

由于编者水平有限，书中不足之处，恳请专家、学者及广大读者批评指正！

编　者

2020年10月

目录
CONTENTS

08 项目八　体会学习乐趣——学会学习

09 项目九　体验幸福人生——珍爱生命

附　录

项目一

关注心理健康——关爱自我

【心灵寄语】

“联结”不是一场你赢我输的游戏，也并非可以永远快乐下去，而是我们可以很坦诚地生活，很有人情味地与他人分享。以人为本，予以关怀，这才叫“联结”。联结能整合身心，培养自我价值，加强你与自己、与他人的关系。

有联结的人生，需要了解自己，需要与人交往，二者都需要以相当的耐心来达成一份人生智慧。

越是与自己、与他人有全然的、充分的联结，我们越能感觉到爱、价值和健康，并会更加明了如何有效地解决我们的问题。

一首小诗《我的目标》

我想要爱你，而不控制你；
欣赏你，而非评判你；
与你在一起，而不侵犯你；
邀请你，而非强求你；
批评你，而非责备你；
并且，帮助你，但不看轻你；
如果，我也能从你那里得到相同的，
那么，我们的相会就是真诚的，并且，会丰盈彼此。

——摘自维吉尼亚·萨提亚的《与人联结》

【项目导入】

越来越现代化的社会本应使人们越来越感受到生活的幸福，但现实生活中却发现人们越来越难以获得满足感和真实感。然而和谐幸福的生活是我们共同追求的目标，我们都希望生活能如己所愿。我们在社会变化加速、竞争日趋激烈、价值取向多元化的现实生活中，能够安身立命、实现梦想、贡献社会，促进自身的发展，保持健康的心理是一个最基本的条件。大学生正值风华正茂的年纪，思想积极活跃、潜力无限，同时也存在着遇事易冲动，缺乏对自己正确全面的认知，不能很好地处理各种关系甚至出现校园危机事件等现象。所以对大学生进行心理健康教育，使学生明确心理健康的重要性，帮助学生树立健康、正确的健康观至关重要。

通过本项目的学习，使学生明确心理健康的含义及大学生心理健康的标准，使学生学会适应大学生活，进而适应未来社会和工作岗位，掌握在遇到问题时自我调整的方法和求助他人的方法。通过各种积极有效的方法和途径来提高自身的心理健康水平。

【热身活动】

雨点变奏曲

活动目的：营造轻松愉快的气氛，快速调动学生上课状态和注意力。

活动场地要求：室内外环境均可，不需要器材，人数不限。

活动规则：

(1)手指摩擦=微风；手指轻击=小雨；摩擦双手=大风；四指相击=中雨；剧烈鼓掌=大雨；用手拍击桌子或用力跺脚=暴雨。

(2)请同学们跟随老师念到的文字中涉及的上面提及的“微风、小雨、大风、中雨、大雨、暴雨”做相应的动作。

文字描述如下：“乌云密布，一道闪电划过，雷声开始轰隆了，又一道闪电，又一阵雷声，噼里啪啦的小雨下来了，很快地，小雨变成了中雨，中雨变成了大雨，大雨变成了暴雨……又是一阵雷声，暴风雨来啦……又是一阵雷声，大雨倾盆……渐渐地雨变小了，大雨变成了中雨，中雨变成了小雨……又是一阵雷声，小雨突然变成了大雨，大雨变成了暴雨，不一会儿暴雨转为了中雨，中雨变成了小雨。雷声又响起了，大雨又降临了……但仅仅一会儿的时间，雨过天晴啦……”。

任务一　健康与心理健康

一、健康的含义

健康是人类生存发展的基础和要素，从古代帝王追求的“长生不老”之术到现在人们讲究的“修身、养性”之道，足以看出人们对于健康的追求从未停歇。健康是人类永恒的追求。人们对健康的认识经历了一个漫长的过程，随着人类社会的发展以及人类自身认识的深化而不断丰富。随着生产力水平的提高，人类开始认识到健康的含义是多元的，相当广泛的，不仅仅是没有生理上的缺陷，也不仅仅是没有身体疾病。随着社会的快速发展、现代化进程的加速，生活在现代的人们，普遍面临着激烈的竞争、快节奏的生活、快速变化的社会，这些前所未有的变化使得人们心理压力剧增，对人们的身体健康造成了巨大的影响。人们逐渐认识到心理、社会因素和生理疾病间的相互作用与转化不容忽视，新的健康理念确定了身心统一的健康观。

世界卫生组织(World Health Organization，WHO)1948年在成立宪章中提出：“健康是一种生理、心理与社会适应都臻于完满的状态，而不仅是没有疾病和摆脱虚弱的状态。”为明确加深认识，世界卫生组织进一步提出了健康的标准：

(1)有充沛的精力，能从容不迫地担负日常工作和生活，而不感到疲劳和紧张；

(2)积极乐观,勇于承担责任,心胸开阔;

(3)精神饱满,情绪稳定,善于休息,睡眠良好;

(4)自我控制能力强,善于排除干扰;

(5)应变能力强,能适应外界环境的各种变化;

(6)体重得当,身材匀称;

(7)牙齿清洁,无空洞,无痛感,无出血现象;

(8)头发有光泽,无头屑;

(9)反应敏锐,眼睛明亮,眼睑不发炎;

(10)肌肉和皮肤富有弹性,步伐轻松自如。

从这十条标准可以看出,健康是生理健康与心理健康的统一,二者是相互联系、密不可分的。

在1998年,世界卫生组织又对“健康”做出了进一步的解释,即健康应该包括身体健康、心理健康、社会适应性良好及道德健康。由此可见,健康应该从身体、心理、社会适应和道德品质四个方面来进行评价。有人对这四个方面分别进行了解释:

(1)身体健康。指人在生物学方面的健康,即机体完整或功能完善。同时,还要有对健康障碍预防和治疗的基本知识,能够对健康障碍及时采取合理的预防、治疗和康复措施。

(2)心理健康。指人的内心世界丰富充实,人格完整,自我感觉良好,情绪稳定,处事态度和谐安宁;与周围环境保持协调均衡,有安全感,与他人能保持正常的人际关系;对未来有明确的人生目标,不断追求和进取,对未来充满信心。

(3)社会适应性良好。指一个人的外显行为和内在行为都能适应复杂的社会环境变化,能为他人所理解,为社会所接受,行为符合社会身份,与他人保持正常的人际关系。

(4)道德健康。指主要以不损害他人利益来满足自己的需要,有辨别真伪、善恶、荣辱、美丑等是非观念,能按社会认为规范的准则约束、支配自己的行为,能为他人的幸福作贡献。

二、心理健康的含义及状态

(一)心理健康的含义

迄今为止,关于心理健康还没有一个统一的概念,由于文化差异,国内外学者对于心理健康的认定标准也各有不同。我国传统理念中的修身立命之法,大都俱有身、心兼修之意,而《简明大不列颠百科全书》将心理健康定义为:“心理健康是指个体的心理在本身的环境条件允许范围内能达到的最佳功能状态。但不是十全十美的绝对状态。”由此可见,心理健康就是一种持续的、积极向上的高效而满意的心理状态。在这个状态下,个体生命具有活力,能更好地适应环境,能最大限度地发挥其心智功能和自身潜能。

(二)心理健康的状态

人的心理健康状态大体可分为以下四个等级:

(1)心理健康状态。在此状态下的主要表现:1)当事人不觉得痛苦,即在一个时间段中(如一周、一月、一季或一年),快乐的感觉大于痛苦的感觉;2)他人不感觉到异常,即心理活动与周围环境相协调,不出现与周围环境格格不入的现象;3)社会功能良好,即能胜任家庭和社会角色,能在一般社会环境下充分发挥自身能力,利用现有条件(或创造条件)实现自我价值。

(2)不良心理状态。在此状态下的主要表现:1)时间短暂。此状态持续时间较短,一般在一周以内能得到缓解;2)损害轻微。感觉到的愉快感少于痛苦感,"没劲""不高兴""应付"是他们常说的词汇;3)能自己调整。大部分人通过自我调整(如休息、聊天、运动、钓鱼、旅游、娱乐等放松方式)。小部分人若长时间得不到缓解,可能形成一种相对固定的状态。

(3)心理障碍状态。在此状态下的主要表现:1)不协调性。其心理活动的外在表现与其生理年龄不相称,或反应方式与常人不同;2)针对性。对障碍对象(如敏感的事、物与环境等)有强烈的心理反应(包括思维、情绪及动作行为),而对非障碍对象可能表现很正常;3)损害较大。此状态对其社会功能影响较大。它可能使当事人不能按常人的标准完成其某项(或某几项)社会功能,如社会焦虑者(如社交恐怖症不能完成社交活动);锐器恐怖者不敢使用刀、剪;性心理障碍者难以与异性正常交往。4)心理障碍状态需求助心理医生。

(4)心理疾病状态。在此状态下的主要表现:1)强烈的心理反应。可出现思维判断上的失误,思维敏捷性的下降,记忆力下降,头脑粘滞感、空白感,强烈自卑感及痛苦感,缺乏精力、情绪低落成忧郁,紧张焦虑,行为失常,意志减退等;2)明显的躯体不适感。如影响消化系统,则可出现食欲不振、腹部胀满、便秘或腹泻(或便秘和腹泻交替)等症状;影响心血管系统则可出现心慌、胸闷、头晕等症状;影响到内分泌系统可出现女性月经周期改变、男性功能障碍等;3)损害大。患者勉强或不能完成其社会功能,缺乏轻松、愉快的体验,痛苦感极为强烈,"全身都不舒服""活着不如死了好"是心理疾病状态患者真实的内心体验;4)心理疾病状态需要专科医生的治疗。

心理健康的状态并不是固定不变的,我们在理解和运用它们时应注意心理健康的状态是动态的,并非静止的。随着个体的生理状态、心理状态,所处的环境变化以及自身的成长,心理健康的状态也会不断地发生变化,心理健康与不健康并不是泾渭分明的,而是一种交叉状态。

【说一说,写一写】

你觉得心理健康的状态是什么样子的呢?请写下你的观点。

____

____

____。

三、心理健康的起源和发展

心理健康的起源和发展可以分为以下三个阶段。

(一)第一阶段

第一阶段是从20世纪20年代到第二次世界大战结束。主要从精神病病人的待遇改善到预防精神病阶段。

【资料窗】

心理健康的奠基人——比尔斯

心理健康的兴起与一位大学生的贡献分不开。在20世纪初,美国有一位来自康涅狄格州,就读于耶鲁大学商科的大学生,名字叫比尔斯(C.W.Beers)。比尔斯与他的哥哥住在一起,他哥哥患有癫痫,俗称"羊角疯",发作时四肢抽搐、口吐白沫、声似羊鸣,痛苦万分,使他非常害怕。他听说此病有遗传性,总担心自己也会像哥哥一样,终日生活在恐惧、担忧、焦虑的情绪之中。终于,1900年,他因心理失常,被送进了精神病院。住院期间,他亲眼看到了精神病人所受到的种种粗暴、残酷的待遇与非人的生活,不胜悲愤。同时有感于社会对心理异常者的歧视、偏见、冷漠。病愈出院后,根据自己三年的亲身经历和体会,用生动的文笔写了一本书——《一颗自我发现的心》(*A Mind That Found Itself*),书中他用生动的笔墨,述说了精神病院的冷酷和落后,精神病人遭受的残酷折磨和不公正待遇,详细地记录了自己的病情和康复治疗的过程。他立志为改善精神病人的待遇而努力。1908年3月该书出版时,美国哈佛大学心理学家教授威廉·詹姆斯(W.James)给予了高度评价,并为此书作序。康奈尔大学校长列文斯通·法兰(L.Farrand)等名人也被此书所感动,纷纷支持比尔斯。于是,1908年5月,比尔斯在各方的帮助和鼓励下,在家乡成立了世界上第一个心理卫生组织——康涅狄格州心理卫生协会。1909年2月,在比尔斯等人的积极努力下,美国全国心理卫生委员会在纽约成立。此后,心理卫生运动不仅在美国迅速发展,而且扩展到世界各国。

1930年,第一届国际心理卫生大会在华盛顿召开,到会3024人,代表53个国家和地区,会上成立了一个永久性的"国际心理卫生委员会",它的宗旨是"完全从事慈善的、科学的、文化的、教育活动。尤其关于世界各国人民的心理健康的保持和增进,心理疾病、心理缺陷等的研究、治疗与预防,以及全体人类幸福的增进。"这一阶段,从事心理学工作的人员大多数是精神病学工作者,心理卫生与心理教育的重点人群是精神病病人和他们的家属。

(二)第二阶段

第二阶段是从第二次世界大战后到20世纪60年代。这一时期的心理健康的重点从战后关心人的疾病转移到关心人的身心和社会因素对人的精神健康的影响。1948年,在伦敦的世界第三次国际心理卫生大会上,通过了《心理健康与世界公民》的文件,明确了心理卫生的社会化趋向,要求各国的心理健康卫生工作者需十分重视社会因素对人的健康的意义。1961年,世界心理健康联合会出版的《国际心理健康展望》,进一步提出:心理卫生组织今后的任务是在生物学、医学、教育学和社会学的方面,使居民的心理健康达到尽可能高的水平。这一奋斗目标意味着心理卫生工作远远超出了传统的精神学的范畴,形成了生物-心理-社会医学的并进模式,并且向更广泛的领域迈进。

(三)第三阶段

第三阶段从20世纪70年代至今,心理学致力于从提高个人的适应能力到全面提高人的心理素质的发展。这一阶段,心理学教育做了大量的实践活动。20世纪70年代,随着人本主义心理学的兴盛,西方许多心理学家开始用人本主义的观点审视心理健康教育问题。在以往的心理健康教育工作中,过多地集中在心理不健康的一面,而对人的心理健康的一面关心不够,特别是对如何增强人的适应能力缺乏应有的重视。在改变这种状况的实践中,更加关注增强个体的适应能力,更积极地反映人类对于心理健康的向往与追求。全面地提高人们的心理素质,充分发挥人的潜能和创造力,塑造美好的心灵和个性,让人们学会幸福生活,让幸福的人们更加幸福,已成为当今世界心理健康的发展趋势和新目标。

心理健康教育的实践,始于二十世纪三四十年代。这时主要是教学和训练的实践,设置了专门课程培养学生具有某种能力和品质,如克劳福德的“思维训练课程”,该课程,主要用于培训工程师、经理、设计师等专业人员的思维能力。奥斯本的“头脑风暴法”是一种创造性思维的训练方法。著名的社会心理学家勒温提出了“敏感性训练”,此后大量的心理训练课程和心理教育模式出现。这一时期,心理健康教育迅猛发展。

我国高度重视心理健康服务和社会心理服务体系建设。早在2006年10月,《中共中央关于构建社会主义和谐社会若干重大问题的决定》提出要“注重促进人的心理和谐,加强人文关怀和心理疏导”,把心理和谐与社会和谐作为重要问题提出来。2010年3月,温家宝总理在第十一届全国人大第三次会议的政府工作报告中明确提出:我们所做的一切就是要让人民生活得更加幸福、更有尊严。

此后我国出台了一系列政策和法规保障心理健康教育工作的有效开展。2016年10月,中共中央国务院印发《健康中国2030规划纲要》,《纲要》指出:“加强心理健康服务体系建设和规范化管理。加大全民心理健康科普宣传力度,提升心理健康素养。加强对抑郁症、焦虑症等常见精神障碍和心理行为问题的干预,加大对重点人群心理问题早期发现和及时干预力度。加强严重精神障碍患者报名登记和救治救助管理。全面推进精神障碍社区康复服务。提高突发事件心理危机的干预能力和水平。到2030年,常见精神障碍防治和心理行为问题识别干预水平显著提高。”在2017年的十九大报告中又提出“加强社会心理服务体系建设,培育自尊自信、理性平和、积极向上的社会心态……”。

四、心理健康的标准

心理健康是一个时代的课题,国内外学者关于心理健康的标准有许多不同的阐述。

美国心理学家马斯洛和密特尔曼提出的心理健康十条标准被认为是经典的心理健康标准,包括:

(1)是否有充分的安全感;

(2)是否对自己有较充分的了解,并能恰当地评价自己的能力;

(3)自己的生活和理想是否切合实际;

(4)能否与周围环境保持良好的接触;

(5)能否保持自身人格的完整与和谐;

(6)是否具备从经验中学习的能力;

(7)能否保持适当和良好的人际关系;

(8)能否适度地表达与控制自己的情绪;

(9)能否在集体允许的前提下,有限度地发挥自己的个性;

(10)能否在社会规范的范围内,适度地满足个人的基本需求。

世界卫生组织提出了心理健康的具体标志:身体、智力、情绪十分调和;能适应环境,人际关系和谐;有幸福感;在工作中能充分发挥自己的能力,能高效地生活。

五、大学生心理健康的标准

我国学者——清华大学的樊富珉教授曾提出大学生心理健康的7个标准：

(1)能保持对学习较浓厚的兴趣和求知欲望；

(2)能保持正确的自我意识，接纳自我；

(3)能协调与控制情绪，保持良好的心境；

(4)能保持和谐的人际关系，乐于交往；

(5)能保持完整统一的人格品质；

(6)能保持良好的环境适应能力；

(7)心理行为符合年龄特征。

心理健康的标准随着时代的变迁、社会文化背景的不同而有着不同的评价标准。根据大学生的年龄特点、心理特征和社会特征，大学生心理健康的标准可以概括为以下几个方面。

(一)智力正常

智力是指人们认识、理解客观事物并运用知识、经验等解决问题的能力，是人的观察力、注意力、记忆力、想象力、思维力、创造力及实践活动能力等的综合。智力正常是大学生学习、生活与工作的基本心理条件，也是适应周围环境变化所必需的心理保证，因此，衡量大学生的智力是否正常，关键在于其是否正常、充分地发挥了自我效能；是否对学习保持深厚的兴趣和强烈的求知欲；是否能保持高效的学习效率，掌握有效的学习方法，并能够积极参与学习活动。智力水平的检测可以通过相关智力量表进行测试，如瑞文标准智力测试、韦氏智力测试等。

【小贴士】

瑞文标准智力测试(SPM)网址：

https://www.psy525.cn/ceshi/84342.html

(二)情绪健康

情绪健康的主要标志是情绪稳定和心情愉快。包括以下内容：(1)情绪较稳定。善于控制与调节自己的情绪，情绪的表达既符合社会的要求又符合自身的需要，恰如其分地表达情绪；(2)心情愉快。正性情绪多于负性情绪，乐观开朗、富有朝气，对生活充满希望；(3)情绪反应适度。情绪反应与环境相适应。反应的强度与引起这种情绪的情境相符合，既能克制又能合理宣泄自己的情绪。

(三)意志健全

意志是指人在完成一种有目的的活动时进行的选择、决定与执行的心理过程。意志健全者在行动的自觉性、果断性、顽强性和自制力等方面都表现出较高的水平。意志健全的大学生在各种活动中都有自觉的目的性，能适时地做出决定并运用切实有效的方式解决所遇到的问题。在困难和挫折面前，能采取合理的反应方式，而不是盲目行动或优柔寡断。

（四）人格完整

人格是个体比较稳定的心理特征的总和。人格完整就是指有健全统一的人格，个人的所想、所说、所做都是协调一致的。人格完整包括人格结构的各要素完整统一；具有正确的自我意识，不产生自我同一性的混乱；以积极进取的人生观作为人格的核心，并以此为中心把自己的需要、愿望、目标和行动统一起来。

（五）自我评价正确

正确的自我评价是大学生心理健康的重要条件。大学生在进行自我觉察、自我判断和自我评价时，能够客观、恰如其分地认识和评价自己，既不以自己在某些方面的优势而高傲自大，也不以某些方面的不足而自卑自怜或自暴自弃；能够悦纳自我，喜欢自己，接受自己；面对挫折与困境，能够正视现实，积极进取；能够做到自尊、自强、自制、自爱适度。

（六）人际关系和谐

良好而深厚的人际关系，是事业成功与生活幸福的前提。其表现为：乐于与人交往，既有广泛而深厚的人际关系，又有知心朋友；在交往中保持独立而完整的人格，有自知之明，不卑不亢；能客观评价别人和自己，善取人之长补己之短；宽以待人，乐于助人，积极的交往态度多于消极态度，交往动机端正。

（七）社会适应良好

社会适应能力包括正确地认识社会环境以及正确地处理个人与环境的关系。个体既能对社会环境进行客观观察以取得正确认识，以有效的办法应付环境中的各种困难；又能根据环境的特点和自我意识的情况努力进行协调，改变环境适应个体需要，或改造自我适应环境。

（八）心理行为符合大学生的年龄特征

大学生是处于特定年龄阶段的特殊群体，大学生应具有与年龄和角色相适应的心理行为特征。大学生一般都已经年满18周岁，行为方式和思维方式应符合该年龄段所具备的心理行为特点。遇到问题如果还以哭闹的方式来解决的话，明显不符合大学生的年龄特征。

心理健康的标准是一种理想尺度，它一方面为人们提供了衡量心理是否健康的标准，同时也为人们指出了提高心理健康水平的努力方向。正确理解大学生心理健康的标准应重视以下几个方面：

（1）标准的相对性。大学生心理健康与不健康并无明显界限，而是一个连续化的过程，如将正常比作白色，将不正常比作黑色，那么在白色与黑色之间存在着一个巨大的缓冲区域——灰色区，大多数人都散落在这一区域内。这说明，对大多数学生而言，在人生的发展过程中面临心理问题是正常的，完全没有心理问题的人存在的比例较小。这就要求大学生应该提高自我保健意识，及时调整自我心理健康状态。人的心理健康状态是一个动态发展的过程，当一个人产生了某种心理障碍并不意味着永远保持或行将加重。在心理上形成心理冲突是非常正常的，而且是可以自行解决的。

(2)整体协调性。把握心理健康的标准,应以心理活动为本考察其内外关系的整体协调性。从心理过程看,健康的人的心理活动是一个完整统一的协调体,这种整体协调保证了个体在反映客观世界的过程中的高度准确性和有效性。事实表明,认识是健康心理结构的起点,意志行为是人格面貌的归宿,情感是认识与意志之间的中介因素。从心理结构的几个方面看,一旦它们不能符合规律地进行协调运作时,就可能产生一系列的心理困扰或问题。从个性角度看,每个人都有自己长期形成的稳定的个性心理,一个人的个性在没有明显的剧烈的外部因素影响下是不会轻易发生变化的。从个体与群体的关系看,每个人在其现实性上可划分成不同的群体,不同群体间的心理健康标准是有差异的。

(3)发展性。不健康的心理可能是人的发展中不可避免的发展性问题,随着个体的心理成熟与成长,逐渐调整而趋于健康。如果每个人在自己现有基础上能够做不同程度的努力,都可追求自身心理发展的更高层次,从而不断发挥自身的潜能。

大学生心理健康的基本标准,是他们能够进行有效的学习和生活。如果正常的学习和生活都难以维持,就应该及时予以调整。

任务二　大学生的心理特点及常见心理问题

一、大学生的心理特点

大学生是一个特殊的群体,大学阶段是大学生心理逐渐成熟的时期,但是仍处于心理未成熟、不稳定和不平衡的阶段。由此导致了大学生的心理活动呈现出不同的特点。

(一)自我意识进一步发展

受中国传统教育方式的影响,大学生在进入大学之前通常习惯于家长、老师的安排,很少思考“我是一个什么样的人?”“我将来要成为一个什么样的人?”等问题,对自己缺乏一定的认识和规划。进入大学以后,由于环境的变化引起心理感受的变化,大学生会发现原先所认识的自我是由家长、老师、同学所塑造出来的,而并不是真正的自我,因而强烈地要求重新塑造并确立真正的自我,此时更多地关注自己的内心世界。

(二)接受新事物的能力更强

大学生的视野更加开阔,接受新鲜事物的能力更强。当代的大学生是在网络时代下成长起来的一代,网络的时代,大学生接收到的信息量更大,知识更新的速度更快,接触的知识面更广泛。同时对外界事物的包容性更强,表现为能够接受更多不同的观点,对一些社会现象的接纳程度也更高,比如同性恋,据不完全统计,有90%以上的大学生可以接受同性恋,认为同性恋是个人的权利,他人无权干涉。

(三)个性化发展鲜明

当代的大学生追求个性化发展,追求时尚,较少受到传统观念的影响和束缚。面对生活和学习,大学生们有了更多自由选择的权利。他们不急于就业养家糊口,而是凭借自己的兴趣爱好来选择自己的职业。而且有部分同学在大学期间就开始自己创业,比如开网店,打破了传统意义的就业观念。

(四)多元的文化审美和价值观

由于我国经济生活的多元化和政治环境的相对宽松,大学生的文化审美和价值观念更加多元化。从审美对象的类型看,大学生比较喜欢生活化、情绪化、青春偶像和搞笑类作品;从审美内容和关注点看,大学生比较注重外在和情绪化的东西,往往把注意力集中在浅层情感的体验和感受,追求强烈的娱乐刺激,而对于深层内容则不太关注;从审美评判标准看,大学生往往把能否满足感官愉悦、紧张心理的缓释需要以及是否具有猎奇性、明星化作为审美评判的依据。

(五)感情丰富但心理较脆弱

大学生思想活跃,感情丰富,富有热情,充满青春活力,社会道德感和责任感增强。但心理相对脆弱,挫折承受力弱,在面临现实中的诸多两难选择或具体困难时,往往容易产生彷徨、迷茫、裹足不前的心态,甚至有部分学生还会产生轻生的念头。

二、大学生常见的心理问题

大学生进入大学以后,由于学习和生活环境的改变,身份角色也发生了变化,有些同学能够很快转换角色,适应环境;但也有很多同学还不能很好地适应这种转变,出现了一系列的问题。据调查,大学生的适应问题、学业问题、情绪问题、人际关系问题、情感问题、性的问题、特殊群体心理健康问题是目前大学生中普遍存在的心理健康问题。

(一)适应问题

经历了多年的苦读时光,大学生来到了一片新的天地。大学的确是一片崭新的天空,这里的生活有着与高中时代截然不同的自由自在,多姿多彩,但这并不是事情的全部。这里是知识的圣殿,却非梦想的乐园,这里机会与挑战并存,这里希望与困难同在。摆在大学新生面前的,是一个陌生的生活和学习环境,在这里要自觉适应环境的变化和建立新的人际关系,由此产生了各种心理矛盾和困惑。学会适应大学生活是走进大学校园要上好的“第一课”。

【案例分析】

忧心忡忡的大一新生

在新生军训期间,辅导员带一名新生到咨询中心咨询。该生自述感觉自己在学校里压力非常大,有种种的担心,担心和室友处理不好关系,最担心考试不及格会挂科。当时并未上课,但该生自认为学习能力差,肯定在专业课成绩上会不及同班同学,到那时自己就会更被动,所以要求退学。经过与辅导员的沟通,建议让该生暂时回家休息两周。两周后该生返校,状态非常好,经常参加各项活动,而且在活动中多次获奖。

该生的表现是典型的大学入学适应问题,经过心理咨询与自我调整,心理健康状态良好,认知功能恢复正常。

所谓适应，是一个源于生物学的概念，心理学引用过来，说的是有机体对环境变化做出的反应，皮亚杰认为，智慧的本质就是一种适应。适应是一种过程，通过这个过程，有机体在不断运动变化的过程中与环境保持平衡。如果有机体与环境失去平衡，就需要改变行为来重建平衡。这种由平衡到不平衡，再由不平衡到平衡的循环往复的过程，就是适应。这就告诉我们，生活就是适应，人生就是一个不断适应的过程。面对每一次人生的转折，面对每一种新的生活，都会有一个适应期，来实现人与环境新的平衡。大学新生出现适应性问题是情理之中，适应就是平衡，适应就是发展，适应就是成长。

(二)学业问题

与学业相关的问题主要表现在学习动力不足、学习目标不明确、学习动机功利化、学习成绩不理想、学习不勤奋、考试焦虑等。另外，有的学生对所选专业满意与否，也会影响其学习兴趣和学习成绩，引发各种心理问题。

1.学习动力不足

受传统应试教育的影响，大多数同学在学习的过程中是因为家长的监督、老师的督促、考上大学的诱惑而学习的，而很少有同学是发自内心的真正对学习感兴趣，乐于学习并主动学习的，这就造成了很大一部分同学在进入大学以后，因缺少家长和老师的督促，失去了学习的方向和动力。

2.学习目的不明确

有很多同学并不明白自己学习的真正目的是什么，之前努力地学习就是为了能考上大学。这部分学生进入大学以后，学习没有目标，对为谁学、为什么学、如何学感到迷惑，从而产生了厌学情绪。尤其有些同学在选择专业方向时并不了解所选专业，在专业学习的过程中，感到学习难度大，对自己的专业不感兴趣。所以上课时不认真听讲，采取应付逃避的方式。在科学技术日新月异、就业竞争压力巨大的情况下，很多同学产生了一定的危机感，但在学习的过程中却提不起精神。根据调查，当前的大学生大部分主观愿望是想好好学习的，然而受客观因素的影响有部分同学却放弃了学习。

3.学习选择的功利化

随着市场经济的发展，功利化现象在大学生学习过程中普遍存在。首先表现在对学校和专业的选择上，大学生在选择学校和专业时通常会选择热门的学校和热门的专业，但并未过多地考虑所学专业是否适合自己；其次在教学内容的选择上表现出功利化的现象，大学生比较重视专业课的学习，而对公共基础课表现出应付了事的态度，甚至出现逃课的现象。

(三)情绪问题

情绪问题是大学生常见的心理问题。凡是能够满足人的需要，符合人的愿望的事物，就会引起积极的情绪体验，反之则会使人产生消极的情绪体验。大学生正处于感情丰富但心理较脆弱的年龄阶段，容易产生许多情绪问题，主要表现在以下几个方面。

1.抑郁

抑郁是一种持续时间较长的低落的情绪体验。处于抑郁状态的大学生，常常对什么事情都提不起兴趣，常伴有身体不适、睡眠不足等症状，表现为心情压抑、沮丧、无精打采、什么活动都懒得参加，甚至有“自己活着就是别人的负担”的想法。

2.焦虑

焦虑是一种紧张、害怕、担忧、焦急混合交织在一起的复杂的情绪体验。处于焦虑状态的大学生常常会出现注意力难以集中,思维迟钝,记忆力减弱等现象,还会伴有头痛、心慌、失眠、食欲下降和胃肠不适等生理反应。

3.情绪不稳定

大学生的社会情感丰富而强烈,情绪变化快,具有一定的不稳定性和波动性。经过调查发现大学生中有很大比例的学生存在着易怒的现象,有同学表示总是控制不住地发脾气。人的情绪状态对人的身心健康有着非常重要的影响作用,所以大学生要学会调整自己的情绪状态,保持积极乐观的生活态度。

(四)人际关系问题

社会心理学的研究表明,人们的心理矛盾乃至心理疾病的产生与不良的人际关系有着非常重要的关系。大学生的人际交往的范围更加广泛,人际关系更加复杂,然而由于大学生所处的特定阶段,缺乏社会生活经验和社会交往阅历,在师生关系、同学关系、家庭关系和恋人关系中常会出现种种的烦恼和困惑而不知所措。

(1)师生关系的变化。进入大学以前,老师和学生的联系比较密切。进入大学以后,似乎老师与学生的联系没有那么密切了,致使部分学生感到不知所措,不知该如何与老师进行沟通互动。

(2)同学关系的变化。进入大学以后,学生的生活环境和生活方式发生了很大的改变,在集体生活中,由于部分学生没有过集体生活的经历,属于"妈宝"类型,缺乏对他人的理解和包容,而处处让其他学生照顾将就自己,此外,在与同学交往的过程中不能很好地掌握交往的尺度也会不可避免地出现种种矛盾冲突。

(3)家庭关系引发的烦恼。进入大学以后,家长们似乎也把大学生们当作成人来看待了,许多家庭事务也会让孩子参与其中,从以前的"两耳不闻窗外事,一心只读圣贤书"的状态转入到参与家庭事务的过程过于迅速,而此时的大学生还没有完全地将身份转换,引发了大学生的烦恼与心理问题。此外亲子关系疏离也是大学生人际关系中的一个常见问题,尤其是长期留守和单亲家庭的学生,在与父母沟通方面存在着很多问题。

(五)爱情引发的情感困扰

在一项调查中发现,大学生中有过恋爱经历的达71.5%。大学生由于性生理和性心理的逐渐成熟,产生了强烈的与异性交往的愿望,这是正常现象。但我们发现有些大学生在恋爱过程中出现单相思、多角恋、网恋、频繁恋爱(快速结束一段恋情,又快速建立一段新恋情)等现象。由于性生理的成熟,产生性欲望和性冲动,与恋爱对象发生性行为,由于缺乏性心理和性生理的科学知识,引发大学生恋爱与性心理问题的产生。

(六)特殊群体学生的心理健康问题

比如特困生心理健康问题。近年来,特困生的思想、学习、生活已受到社会各界的广泛关注。与此同时,高校采取了"奖、贷、勤、免、补"等办法,广开渠道,解决困难学生的生活问题。不容忽视的是,困难学生不仅仅是经济困难,他们的心理问题也应引起高度重视。特困生与普通生相比,更多地表现出自卑而敏感、人际交往困难、身心疾病突出和问题行为较多的状况。尤其是"双困生",学业成绩不理想,家庭经济又很困难,从而心理负担很重。再如"网络生"心理健康问题:"网络生"上网成瘾,甚至形成依赖,或陷入网恋不能自拔,从而引发了种种问题。

三、大学生心理问题形成的原因

大学生心理问题的产生受多方面因素的影响,既受到家庭环境、学校教育环境和社会环境的影响,也受到个体自身因素的影响。

(一)社会环境因素

大学生的很多心理问题是与社会环境因素息息相关的。随着我国改革开放和市场经济的快速发展,社会结构、生活方式、价值观念和行为模式都发生了巨大的变化。特别是思想最活跃、最敏感,最具生命活力的大学生,感受到了时代的变迁,他们更易接受新事物、新思想,新观念,而迅速发展的信息化时代又为大学生们提供了便利的条件。由于东西方文化的冲突与碰撞,常常会使学生感到混乱、迷茫和无所适从。

(二)学校教育环境因素

学校是大学生生活、学习的主要场所,对大学生的身心健康有着重要的影响作用。在进入大学以前,学校的教育都是围绕着高考这根指挥棒来运转的,而忽视了对学生身心健康的关注。每个学生在学习习惯、学习态度和学习方式上各有不同,但中小学阶段的教育却忽视了学生的个体差异性,按照统一的规格进行批量教育,导致一部分学生被冠以"差生"的名号。而这部分学生也以"差生"的标准来要求自己,出现一些心理和行为方面的问题。在进入大学以后,面对新的生活学习环境、新的学习方式和人际关系时,也会出现种种的烦恼与困惑,因而产生心理问题。

(三)家庭环境因素

家庭环境和教育对个体人格的形成和发展有着非常重要的影响作用。家庭教育的影响主要包括家庭情绪氛围、父母的教养态度、家庭结构和重大生活经历等。家庭情绪氛围是良好心理素质形成的前提条件,家庭成员间在互动时保持良好的沟通,情绪稳定平和,对个体人格的发展有着重要的影响作用。父母的教养态度直接影响孩子的认知和社会能力。家庭结构的变化和不幸的生活经历也会对学生的心理造成一定的影响,如单亲家庭、留守家庭、重组家庭、孤儿等,或者在童年时遭遇重大的家庭变故,受到虐待、性侵等都会对学生身心健康产生重大的影响。

【知识窗】

教养风格和个体发展

有关教养方式最为重要的研究也许是鲍姆林德(Baumrind 1967,1971)早期对学前儿童及其父母进行的研究。在鲍姆林德的研究中,需要对每一个孩子分别在幼儿园和家庭中进行几次观察。在此基础上,根据数据结果对儿童在社交能力、自立、成就、情绪化和自我控制等几个行为维度上进行评价。另外,对父母访谈,并观察父母和孩子在家中的交往活动。通过对父母数据的分析,鲍姆林德发现,父母一般使用如下表所示的三种教养风格中的一种。

教养方式和儿童中期及青少年时期发展结果的关系

儿童的教养方式	结果	
	儿童时期	青少年时期
权威型教养方式	较高的认知和社会能力	较高的自尊,非常好的社会技能,较强的道德、亲社会关注和学业成就
专制型教养方式	一般的认知和社会能力	一般的学业表现和社会技能,比放任型教养方式下的青少年更为顺从
放任型教养方式	较低的认知和社会能力	较低的自我控制能力和学业成就,比权威型和专制型教养方式下的青少年更容易吸毒

专制型教养方式是一种限制性非常强的教养方式,通常成人会提出很多规则,期望孩子能够严格遵守。他们很少向孩子解释遵从这些规则的必要性,而是依靠惩罚和强制性策略(如权力专断或爱的收回)迫使儿童顺从。专制型的父母不能敏感觉察到孩子的不同观点,而是希望孩子能够将他们所说的话当做圣旨,并尊重他们的权威。

权威型教养方式是一种具有控制性但又比较灵活的教养方式。这种类型的父母会对孩子提出许多合理的要求,并且会谨慎地说明要求孩子遵守的理由,保证孩子能够遵从指导。与专制型的父母相比,权威型父母会更多地接纳孩子的观点并做出反应,会征求孩子对家庭事务的意见。因此,权威型父母能够认识到并尊重孩子的观点,以合理、民主的方式来控制孩子。

放任型教养方式是一种接纳且放任的教养方式。这种类型的父母会相对较少地提出要求,允许孩子自由地表达自己的感受和冲动,不会密切监控孩子的行动,很少对孩子的行为做出强硬的控制。

鲍姆林德(1967)将三种教养风格与处于每种教养风格下学前儿童的特征联系起来。她发现,权威型父母的孩子发展得相当好。他们心情愉悦,具有社会责任感,自立,有成就定向并且能够与成人和同伴合作良好。相反,专制型教养方式下的孩子一般情绪不稳定,大多数时间都是不愉快、不友好的,而且容易被激怒,相对来说,没有目标,对于周围的事物不感兴趣。放任型父母的孩子尤其是男孩通常会表现出冲动和攻击性。他们一般比较粗鲁,喜欢以自我为中心,缺少控制性并且具有较低的独立性和成就感。

专制型和放任型教养方式下成长的孩子是不是一定会在以后的生活中表现出儿童时期所表现的不足呢?为了回答这个问题,鲍姆林德(1977)在儿童8、9岁的时候对孩子及其父母进行了两次观察,正如我们在上表所见,权威型教养方式下的孩子在智力能力(如思维的创造性、较高的成就动机、喜欢智力挑战)和社会能力(如善于交际、积极参与团体活动并表现出领导才能)上均有较好的表现;专制型教养方式下的孩子的智力和社会技能都处于一般或一般以下水平;而放任型教养方式下的孩子在这些方面的表现都比较差。对于青少年来说,权威型教养方式的优势仍然是比较明显的:与专制型和放任型教养方式下成长的孩子相比,权威型教养方式下的孩子比较自信,具有成就定向和一定的社会技能,而且一般不会产生吸毒和其他问题行为(Baumrind 1991)。到目前为止,权威型教养方式与发展结果之间的关系几乎适用于美国所有的族裔(Glasgow et al 1997,Luster&McAdoo 1996,Steinberg et al 1994)和人种及多种不同的文化背景(Chen et al 1998,Pinto et al 1991)。

资料来源:【美】David R. Shaffer, Katherine Kipp. 发展心理学——儿童与青少年(第八版).邹泓等译.

(四)个体自身因素

大学生个体自身因素是影响心理健康的主要内因。由于大学生中有一部分人存在着不同程度的人格缺陷,如以自我为中心、孤僻、好冲动、多疑、偏激等都会产生一系列心理问题。大学生如果不能正确客观地认知自我、对事物缺乏辨别是非的能力、缺乏良好的社会适应能力与建立良好人际关系的能力,不能很好地调整个人期望与现实的差距等都会对大学生的心理健康带来极大的影响。

任务三　大学生常见的心理障碍及主要表现

你是否曾经过度担心?常常感到焦虑和担忧而不知是何原因;是否曾经有过这样的念头:你知道这样做毫无意义,但就是控制不住去做某事;你知道某些东西不会对你造成伤害,但你就是特别害怕。有研究指出,在美国有近50%的青年和中年人在一生中的某个阶段遭受过心理疾病的困扰。而那些不健康的或变态的心理功能就可以称为心理障碍。

心理障碍简单地说就是心理异常,主要是指一个人由于生理、心理和社会原因所导致的异常心理过程、异常人格特征和异常行为方式。以情绪障碍、精神病性症状、社会功能下降和本人感到痛苦为特征。

心理正常和心理异常之间的界限是相对的,不是绝对的,所以把心理健康看做是一个连贯体是比较合适的。连续体的一端是定义最佳心理健康的行为,另一端是定义最差心理健康的行为,在中间逐渐增加的是不适应的行为。

最佳的心理健康是个体的、小组的和环境的因素协同有效地作用,保证:

(1)主观的幸福感;

(2)心智能力的最佳开发和运用;

(3)实现合乎理性的目标;

(4)基本的平等状态。

最差的心理健康是个体的、小组的和环境的因素冲突,导致:

(1)主观的痛苦感;

(2)心智能力的缺损或发育不良;

(3)不能达到目标;

(4)破坏性的行为;

(5)不平等的建立。

【资料窗】

区分心理正常和心理异常的原则

世界上的任何事物都有正反两个方面,人的心理也是如此。心理正常与心理异常是一个相对的概念。心理异常是指个体偏离了正常的心理,丧失了正常功能的心理活动。由于人的心理活动是非常复杂的,要想找到心理正常与异常的分界线几乎是不可能的。通常可通过以下方法进行区分:

(1)运用各种心理测验或量表进行测试。如智力测验、人格测验、记忆测验等,看受测者是否处在心理正常范围内。

(2)行为是否符合社会准则和道德规范。正常人应该能根据社会的要求和道德规范行事,如果个体不能按照社会认可的方式行事,其行为方式与社会要求极不适应,则可认为此人心理异常。

(3)根据精神疾病诊断标准来进行判断。符合诊断标准的心理和行为表现,则可认定为心理异常。

(4)主观判断。通常认为自己有心理问题并主动求助的一般都不太严重;而自己认为没问题,不主动求助,但通过专业人员的判断有心理问题,一般很可能是心理异常。

通常临床判断心理是否异常,遵循以下三个原则。

1.统一性原则

主要指主观世界与客观世界的统一。一个人的心理活动,与其所处的社会环境、自然环境是否统一是判断其心理是否健康的重要指标。也就是说一个人说话做事能被常人所理解,一般其心理是正常的,反之则是异常的。比如精神病性的幻觉是无对象的知觉,妄想是一种脱离现实的病理性思维。若一个人听到了别人在议论他,说他的坏话,并坚信有人在害他、攻击他、诽谤他,所以这个人感到非常愤怒,痛不欲生。在我们看来根本没有事实根据基础,这种人所想所反应的情感不被人理解。可判断这个人心理异常,他的主观世界与客观世界是不统一的,多见于精神分裂症。

2.协调性原则

一个人应该是一个完整的统一体,其思维、情感、意志和行为是相互配合、整体协调的。知、情、意、行协调一致是人类精神活动的整体性表现,一个人的心理过程一致表现在内心体验与环境的一致,如遇到高兴的事有愉快的情绪体验,表现出愉快的表情和行为举止;遇到伤心的事有悲伤的情绪体验,表现出悲伤的表情和行为举止。这就是情感与所处的环境协调一致。相反,伤心时表现出愉快的行为举止,当情感表达与所处情境不一致时,则认为是病态的,常见精神分裂症。

3.稳定性原则

俗话“江山易改,本性难移”,说明了人格的相对稳定性。人格是在长期的生活过程中逐渐形成的独特的、相对稳定的个性心理特征。若一个人没有明显的外界因素而出现了人格的反常,如平素开朗外向,突然沉默寡言,孤僻冷漠,我们认为是破坏了他人格的稳定性,是异常的,如抑郁症。

大学生常见的心理障碍有哪些呢?

一、焦虑障碍

每个人在一定的情境下都会不同程度地体验到焦虑和恐惧。但是对于一些人来说,焦虑成了一个问题,干扰了他们有效地处理日常生活的能力或使他们失去了享受生活的乐趣。

由于焦虑被体验到的程度不同、严重程度不同、诱发产生焦虑的情境不同，焦虑障碍表现为不同的类型。

（一）社交焦虑障碍

个体害怕被拒绝、被评判，怕出丑，所以总是回避社交情境。通常这种现象维持在6个月以上。个体意识到这种担忧是多余的，没有理由的，但还是要躲避社交场合。即使这些个体在社交场合中表现得很成功，他们也不会认为成功的确是反映了他们的长处。一般女性表现更为明显。

（二）广泛性焦虑障碍（慢性焦虑）

没有特定的原因或情境而感到焦虑或担心，表现为焦虑、回避、拖延、寻求他人赞同和反复确认。同时还伴有其他症状，如肌肉紧张、容易疲倦、坐立不安、思想难以集中、易激惹或睡眠障碍等。持续时间在6个月以上。女性多于男性。广泛性焦虑障碍会造成功能的缺损，由于病人的注意焦点在焦虑的来源，他们不能充分专注于他们的社会责任和工作责任。

（三）惊恐障碍（急性焦虑）

个体体验到一种无预期的严重的惊恐发作，可能只持续几分钟。这种发作一开始的感觉是强烈的焦虑、恐惧或惊慌，伴随着这些感觉的是一些焦虑的躯体症状，如心率加快、战栗、眩晕、头昏或濒死感。这种发作是无法预期的，因为它不是由情境中的某些具体事情所导致的。

（四）分离焦虑障碍

分离焦虑障碍最常从儿童期开始发作。一些儿童在与其照料者分离时会持续极度焦虑，即使进入儿童期和青少年期也是如此，担心父母会出事、做噩梦。成年后继续与父母生活，结婚和生育孩子的可能性更低。儿童和青少年持续4周以上，成年人持续6个月以上可判断为分离焦虑障碍。

二、恐怖症

恐惧是一种对于客观确认的外部危险的理性反应（例如看到有人跳楼或行凶抢劫等），而患有恐怖症的个体是持续地、非理性地害怕某一特定物体、活动或情境，这种恐惧相对于实际的威胁来说是夸大的、非理性的。这种恐惧干扰了他们的适应，导致显著的痛苦，限制了个体必要的活动。恐怖症可分为特定恐怖症和广场恐怖症。

（一）特定恐怖症

（1）动物型。害怕动物，比如蛇和蜘蛛等。

（2）自然环境型。害怕自然环境，比如风暴、高处（恐高）、水等。

（3）情境型。害怕公共交通工具（如飞机——飞行恐怖症）、隧道、桥梁、电梯、驾驶、封闭空间（幽闭恐怖症）等。

（4）血液-注射-损伤型。害怕血、针等。此类个体看到血、针会出现心率、血压明显降低，并可能晕厥。

（5）其他类型。比如哽噎、呕吐、化妆人物等。

（二）广场恐怖症

患有广场恐怖症的个体害怕家以外的任何地方，害怕乘坐公共交通工具，害怕开阔地带、商店、剧院和人员拥挤的地方，他们害怕被人看到自己惊恐发作的窘态。最常开始于20岁出头，女性更常见。

三、强迫症

强迫症个体以强迫观念和强迫行为为主要表征。强迫观念是思维、意象或冲动反复出现或持续作用，尽管个体想努力抑制这些观念，但却不受控制，使个体感到痛苦。强迫行为是指重复的有目的性动作，根据特定的原则或仪式化方式对某种强迫观念进行反应。做出强迫行为是为了减少或预防与某些可怕的情境相联系的不适感，但其本身是不合理或多余的，甚至是危险的。强迫症往往出现在童年期和青少年时期，男性发病高峰在6~15岁，女性在20~29岁。不治疗的情况下可能转为慢性。也有与抑郁情绪、惊恐发作、恐怖症、物质滥用共病的现象。

【专家点播】

强迫症症状

强迫症症状分为很多类，具体如下：

第一大类是强迫性思维，患者总是想一些不该想的事情，但又控制不住，平时反复去想。

(1)强迫性怀疑。正常人一般也有，正常人怀疑门没锁好，但是别人告之刚才已经锁好后，可以不去检查。但有强迫症的人，脑子里不断重复想，即便是周围人告之，依然不相信，还要反复想；(2)强迫性穷思竭虑。遇到事情总爱问为什么，必须弄清楚明白，即便弄清楚后依旧不相信，还是要坚持，比如患者总问1+1为什么等于2，其实毫无意义。但患者还是每天在想这些没有意义的问题，其实患者有此类症状非常痛苦，无法控制；(3)强迫性对立思维。脑中出现一个观念，另外一个对立问题在脑海中反复出现，比如患者在想大时，脑海里就出现小，想胖就出现瘦，自己也无法控制，很痛苦；(4)强迫性回忆。开始病情比较轻时，只是晚上想白天的事情，之后疾病逐渐加重，每周回忆上一周的事情，每个月回忆上一个月的事情，这是非常痛苦的。

第二大类是强迫性行为。(1)强迫性检查。检查一遍正常，第二遍也还好，可能出现第三遍、第四遍，这时需要考虑患者是不是有强迫行为。比如正常人门没锁好去检查一遍属于正常现象，但是患者会四遍、五遍、六遍不断检查，这时可能有强迫行为；(2)强迫性计数。正常人也有，比如等人时可以数数有几棵树。但是患者不一样，这时必须数完，不数完即便车来了或者有事也坚决不走，而且这时患者心里也很着急，也知道不该继续数，但不数心里痛苦，非常难受。所以有这种症状患者也非常痛苦，甚至干扰正常社会功能，比如上班或者上学可能会迟到；(3)强迫性询问。患者总喜欢咨询问题，相同简单问题反复询问家长、家属，给出回答后依旧穷思竭虑地问，而且不断追问；(4)强迫性洗涤。很多患者反复洗澡、洗手，有的患者洗澡洗几个小时，有的患者洗澡时可能洗一双手就洗一个多小时；(5)强迫性仪式动作。比如某些人为对抗强迫观念出现摇头动作，有的患者这时为对抗强迫观念，不断摇头、扯线头、抠手指、抠衣服。

第三大类是强迫意向。比如站在高处就有跳下去的冲动，但又不敢跳，同时又出现回避,不敢去高处。部分患者想站在高处远眺,其实很想去,但又不敢去,出现不敢到高处看远景等回避行为,其实自己心里很清楚,上去也不会跳下去,而且也不会有问题,但心里就是害怕。

资料来源:有来医生 https://www.youlai.cn/video/article/376984.html

四、心境障碍

(一)抑郁障碍

抑郁障碍主要表现为情绪低落,兴趣减低,悲观,思维迟缓,缺乏主动性,自责自罪,饮食、睡眠差,担心自己患有各种疾病,感到全身多处不适,严重者会出现自杀念头和行为。

1.重性抑郁

重性抑郁的核心症状是与任何原因不相称的抑郁心境,对一切失去兴趣。其他症状,至少要具备以下中的 3 项,并且持续时间在 2 周以上。

(1)没有食欲或食欲大开,甚至暴食;

(2)失眠或睡眠过多;

(3)精神运动性迟滞或精神运动性激越;

(4)无价值感、内疚、绝望甚至自杀;

(5)某些抑郁患者与现实完全脱节,且出现幻觉和妄想;

(6)无躁狂发作。

2.恶劣心境

恶劣心境是患者存在持续的心境障碍,但是不符合任何类型的抑郁的症状标准。社会功能受损较轻,自知力较完整, 病程至少持续两年,在这两年中很少有持续两个月的心境正常期。恶劣心境症状较轻但更慢性。

通常患者自我评价低或不足;感到悲观、绝望或无助;普遍丧失兴趣和快感;社会性退缩;慢性疲倦或乏力;忧思过去;主观上感到易激惹或特别愤怒;动力、效率或创造力下降;思维困难,表现为注意力减退、记忆下降等。患有心境恶劣的儿童和青少年通常显得易激惹、悲观、任性、抑郁和自我评价低及人际关系不良。

(二)双相障碍

双相障碍,又称双相情感障碍,它是由各种原因引起的以显著而持久的心境或者情感改变为主要临床表现的一组疾病。它属于心境障碍的一种,是既有躁狂发作又有抑郁发作的一类疾病。双向障碍有双向Ⅰ型和双向Ⅱ型。双向Ⅰ型障碍是指发病过程中以躁狂发作为主,其病症主要表现为情绪高涨、易激惹、暴躁;活动增加、精力旺盛;思维速度比平时明显加快;话多;意念飘忽或思维奔逸;睡眠减少、睡眠需要也减少等,它不一定出现抑郁或重度抑郁发作;而双向Ⅱ型情感障碍要求必须有重度抑郁发作和轻躁狂发作,但是不能有躁狂发作。

五、应激障碍

应激障碍包括创伤后应激障碍、急性应激障碍、适应障碍。

(一)创伤后应激障碍

创伤后应激障碍的特征是通过痛苦的回忆、梦境、幻觉、或闪回持续地重新体验到创伤事件。个体可能在遇上强奸、生命受到威胁或严重伤害、严重的自然灾害时发生创伤后应激障碍。无论是创伤的受害者还是目睹创伤时情景的人都有可能罹患创伤后应激障碍。在创伤事件发生1个月以上,仍有症状表现的才可判断其是创伤后应激障碍。DSM-5中描述创伤后应激障碍具体症状表现为:

(1)以一种(或多种)方式接触实际的或被威胁的死亡、严重的伤害或性暴力;

(2)在创伤性事件发生后,存在一个或多个与创伤事件有关的闯入性症状;

(3)创伤事件后,开始持续回避与创伤事件有关的刺激;

(4)与创伤事件有关的认知和心境方面的负性改变,在创伤事件发生后开始或加剧;

(5)与创伤事件有关的警觉或反应有明显改变,在创伤事件后开始或加剧;

(6)持续时间超过一个月;

(7)临床上的痛苦,或导致社交、职业或其他重要功能的损害;

(8)不能归于某种物质(如酒精、药物等)的生理反应,或其他的躯体疾病。

【案例分析】

某大一学生在撰写个人成长报告时写到初中时发生的一件事,写道:

当时上初一,班级里有个女孩家境比较贫寒,这个女孩平时不太爱跟同学交流,朋友也不是很多,我是她最好的朋友之一。平时同学总爱欺负她,我有时就为她打抱不平。有一天,一群男孩子拦住了我俩。他们让我回家,把我的好朋友带走了,我当时上前阻拦,他们警告我赶紧走开。他们就把我的好朋友带到了一个树林里,我悄悄地跟过去,发现他们正在对我的好朋友实施强奸。我当时害怕极了,我想告诉老师,我又怕老师不相信我,说我是多管闲事,我就默默地离开了。没过几天,我的好朋友就退学了。这个事情我也就渐渐忘记了,但突然有一天,我就想起了这件事,这一段时间以来我一直被这件事困扰着,经常夜里做梦梦到当时的情景,白天有时上课头脑中也会不自觉出现一些当时的画面。我还曾经打电话和我这位好朋友联系过,但她不太愿意和我聊天,说起那天的事,她说什么也没发生。但我现在经常失眠,做什么事也提不起精神来,注意力不集中,有时还有自杀的想法。

这个案例中的同学的症状就是创伤后应激障碍的表现。虽然她不是直接的受害人,但她目睹了朋友受害的情景,使她产生了创伤后应激障碍。

诊断的依据:

(1)亲眼看到了发生在她人身上的创伤性事件;

(2)创伤事件反复的、非自愿的和闯入性的痛苦记忆;

(3)反复做内容和/或情感与创伤性事件相关的痛苦的梦;

(4)回避或努力回避关于创伤性事件或与其高度相关的痛苦记忆、想法或感觉;

(5)责备自己或他人;

(6)持续地不能体验到正性情绪;

(7)注意力不集中、失眠;

(8)时间超过一个月。

（二）急性应激障碍

急性应激障碍症状同创伤后应激障碍，症状表现为闯入、闪回、噩梦、警觉、回避、分离症状、恍惚、时间过得非常慢、从旁观者观察自己、分离性遗忘等，但在应激源出现后 1 个月内发病且病程不超过四周。通常于创伤后立即出现，病程在符合诊断标准需持续 3 天至 1 个月。1 个月后还有症状，则为创伤后应激障碍。

（三）适应障碍

在应激源出现后 3 个月内出现情绪和行为症状，如抑郁症、焦虑症和/或反社会行为，但其应激源可轻可重（创伤后应激障碍和急性应激障碍的应激源是极端严重的），其后果也没达到创伤后应激障碍和急性应激障碍、焦虑障碍和心境障碍。应激源终止，症状不会超过随后的 6 个月；应激源持续存在，适应障碍可能变成持续型。应激源通常有：上学、离开父母、恋爱、结婚、为人父母、工作、退休、出国、参军等。

六、人格障碍

人格障碍是指自儿童或者少年时期发展起来的在没有认知和智能障碍的前提下出现的人格特征显著偏离正常，主要表现在情绪动机和意志行为方面显著异常，使患者形成了特有的行为模式。对环境适应不良，常影响其社会功能，甚至与社会发生冲突，给自己或社会造成恶果。

人格障碍常开始于幼年，青年期定型，持续至成年期或者终生。人格障碍有时与精神疾病有相似之处或易于发生精神疾病，但其本身尚非病态。严重躯体疾病、伤残、脑器质性疾病、精神疾病或灾难性生活体验之后发生的人格特征偏离，应列入相应疾病的人格改变。

人格障碍分为以下三大类。

（一）奇异-古怪型人格障碍

具有类似精神分裂患者的症状，不恰当的情感、古怪思维及偏执，但还未达到幻觉和妄想的程度。包括分裂人格障碍、分裂样人格障碍、偏执型人格障碍。

（1）偏执型人格障碍。主要表现为不信任和怀疑他人，把他人动机解释为恶意的。他们往往对自己的估计过高，固执己见，嫉妒心十足；特别注意细节，易记仇，报复心强；回避或好斗，经常处于一种精神和情绪的紧张状态，对自己免受伤害缺乏自信。对偏执型人格障碍的治疗通常是心理治疗和药物治疗相结合，心理治疗常采用认知疗法，通过间接的方式，说明他们是有能力的、安全的。

（2）分裂样人格障碍。主要表现为脱离社会关系、情绪表达受限、社交冷漠、情感平淡、人际疏离等。对于分裂样人格障碍的个体可通过社交技能训练、团体咨询等帮助其识别和表达感受，提高社交技巧。

（3）分裂型人格障碍。分裂型人格障碍以对亲密关系严重不适、认知或知觉扭曲、行为古怪为主要特征。与精神分裂症有类似的症状，不过症状更轻。治疗通常采用心理治疗和药物治疗相结合的方式。心理治疗可通过社交技能训练帮助其建立人际关系；教个体寻找证据，从而放弃古怪想法。

（二）戏剧性-情绪化人格障碍

倾向于支配别人，性情暴躁、漠不关心、易冲动，有时暴力行为，几乎不考虑自身及他人安全。包括表演型人格障碍、自恋型人格障碍、反社会型人格障碍、边缘型人格障碍。

（1）表演型人格障碍。以过分感情用事或言行夸张以吸引他人注意力为主要特征。主要表现为极度情绪化，情感体验易变，情感变化无常；行为表现引人注意，装腔作势，寻求他人关注；对事物的认知肤浅、散漫和印象化；人际关系肤浅，表面温暖、热情，实际上完全不顾他人的需要和利益；高度的自我中心，不能延迟满足，苛求且过度依赖。在任何情况下都想成为人们关注的焦点。

（2）边缘型人格障碍。是一种介于神经症和精神病之间的心理障碍。它是一种十分严重的心理障碍，也可以说是一种最难治疗的心理障碍。主要表现为自我形象、心境、人际关系的不稳定；明显的冲动性；持久的空虚、孤独感及一些短暂的精神症状；对真实的或想象的被遗弃过度敏感和高度反应。边缘型人格障碍通常是由遗传、环境、心理-社会因素导致的，女性比男性更常见，慢性难治。

（3）自恋型人格障碍。自恋型人格障碍是一种常被误解的复杂人格障碍，基本特征是对自我价值感的夸大和缺乏对他人的同理心。自以为有特权，自大，有剥削和利用他人的态度和行为；脆弱的低自尊，过分关心别人的评价，要求别人持续地注意和赞美，对批评则内心感到愤怒和羞辱；浮夸又脆弱，认为自己比其他任何人都优秀，在所有情况下都可以为所欲为，为了达到目标而随意利用他人。自恋型人格障碍通常是父母的过分纵容、高估，或拒绝、虐待、忽视所导致的。常因抑郁或生活应激问题而寻求治疗，但治疗关系很难建立。

（4）反社会人格障碍。是一种犯罪型人格障碍，其行为特征是情绪的爆发性、行为的冲动性、对社会及对他人冷漠仇视、缺乏同理心、缺乏羞愧悔改之心和做出不负责任的行为。一般从童年就表现出对社会规范的漠视和反社会行为倾向，且绝大多数在青少年中期被诊断为“品行障碍”。通常认为是遗传、神经生物和社会因素相互作用而导致的。

（三）焦虑-恐惧型人格障碍

其特征是慢性的焦虑或恐惧，以及回避恐惧情境，极其担心被批评或抛弃，因此人际关系功能失调。恐惧对象不同，但都是神经质的，不愉快的。包括回避型人格障碍、依赖型人格障碍和强迫型人格障碍。

（1）回避型人格障碍。表现为行为退缩、心理自卑，自感能力不足、害怕被批评，低自尊，易害羞，导致回避社交活动且神经质。即使参加社交活动，也多是躲在一旁沉默寡言。他们也可能渴望被接纳和被喜欢，有时幻想与他人建立了理想化的关系。此人格障碍是遗传和早期被父母拒绝所导致的，个体认为自己没有价值，不被人喜欢。

（2）依赖型人格障碍。主要特征是缺乏独立意识，做事没有主见，对自己不自信，过度依赖他人照顾，以至于产生顺从和依附行为。过度依赖他人的建议和保证，很难做出日常决定。十分害怕失去人际关系的支持，害怕承担责任。为维持关系，宁愿被利用或虐待。

（3）强迫型人格障碍。以要求严格、追求完美和控制为主要特征，注重细节、反复思考、按部就班，希望所有事情都能按照既定的程度发展，以保证自己对外界及自身的控制。

导致情感压抑,在日常生活和人际关系上僵化,甚至日程中的微小变动也会导致焦虑。人际关系上,他们难以欣赏他人或忍受他人的怪癖。常常很固执,强迫他人遵守严格的行为标准。

任务四　学会自助与求助

大学生活开启了人生一段新的美好的旅程,在这段旅程中每个人都会或多或少地遇到各种问题,会出现各种心理不适反应,这是正常的。在这里给大家介绍一些遇到心理困扰时自助和求助的方法。

一、常用的自助方法

在遇到心理困扰或处于不良状态时,建议大家采用一些自助的方法来进行自我调整,以避免或减少心理问题的发生。引起心理问题的因素有很多,也很复杂,因此,心理问题的预防措施也应该是多方面的。

(一)放松法

放松是一种态度、一种习惯、一门技巧。我们可以通过多种方法将它转化为我们生活中的一部分。放松的方法有很多,包括呼吸放松法、渐进式放松法、想象放松法、音乐放松法等。使用这些方法主要是通过放松身心达到缓解情绪、平复心情的目的。下面给大家介绍几种简单易操作的放松的方法。

(1)呼吸放松法。呼吸放松法也称腹式呼吸法,它是一种通过慢节律的深呼吸来减轻压力、缓解焦虑、进行放松的简单的训练方法。在做腹式呼吸前先感受你的正常呼吸的模式,腹式呼吸需要改变你正常的呼吸节律和幅度。然后找到一个舒适的地方躺下来,放松你的身体。当你躺下来以后,把你的右手放在胸部,把你的左手放在腹部,尽量放松双手,感受呼吸时胸部和腹部的运动。这样做可以帮助你确认做得是否正确。接下来用鼻子吸气,用嘴呼气。吸气时,最大限度地向外扩张腹部,让空气充满你的整个腹部,胸部保持不动;呼气时,最大限度地向内收缩腹部,胸部保持不动,仔细体会腹部的一起一落。每天做10~15分钟。当你学会躺着做腹式呼吸以后,你也可以尝试坐着做腹式呼吸。找一个舒适的带扶手的椅子坐下,尽量放松你的肩膀和颈部。同样地把你的双手分别放在胸部和腹部,感受呼吸时腹部的运动。开始进行腹式呼吸,用鼻子吸气,用嘴呼气。

(2)渐进式放松法。渐进式放松法是最常使用的一种催眠引导方法,它可以让被催眠者觉得非常舒服,也不太会发生阻抗,并且引导结果也非常好。下面就介绍一下渐进式放松法的指导语。

渐进式放松法的指导语

现在,请把你的身体调整到最舒服的姿势……当然在整个过程中你可以随时调整你的姿势。

请闭上你的眼睛,开始做深呼吸,深深地吸气……缓缓地吐气,吸气……吐气……用心去感觉……每一次的呼气，你把体内的所有废气和杂质全部排出体外……每一次的吸气，你都能感到吸进的清新的氧气流进鼻腔，经由肺部，充满整个胸腔，蔓延到你的身体的各个部位……

让你的心境完全地安静下来，让思想完全地放空……你什么都不要去做，什么都不要去想，只需要专心地听我的声音，跟着我的引导，渐渐地放松下来……

现在请保持你自然放松的呼吸，开始放松你的头皮……放松你的额头……放松你的眉毛……你的眼皮……你的脸颊……你的鼻子……放松你的嘴巴……以及嘴巴周围的每一块肌肉……放松你的下巴……

伴随着你的呼吸，把这种放松的感觉缓缓地向下蔓延到你的脖子……你的颈部……你的肩膀，你的肩膀非常的放松……你能感觉到双肩完全地松弛下来了，好轻松，好轻松……继续向下放松你的手臂……放松你的上臂到手肘、到前臂、到手腕……到手掌……直到十个手指头都完全地放松……你的整个手臂都完全放松了，你甚至会感觉自己的手臂变得非常的松软无力……

伴随着你的呼吸，继续去感受你的胸部的肌肉已经完全地放松了……这种放松的感觉始终向下延伸到你的胃部……你的胃部十分健康，无比舒畅……继续放松你的背部肌肉……感觉你已经释放了背部所有的压力，你背部的每一块肌肉都完全地放松下来……继续向下放松你的臀部……放松你的大腿……到你的膝盖……你的小腿……你的脚踝……一直延伸到你脚趾头……

现在，你的身体都完全地放松了，你感觉到非常的舒服……

（3）想象放松法。想象放松法又称冥想放松法，是通过想象一些放松愉快的画面来达到放松身心的方法。

想象放松法指导语

请你选择一个最舒服的姿势躺下或坐下，你可以随时调整你的姿势让你觉得更放松。如果你觉得舒服的话请微微地闭上你的眼睛，调整一下你的呼吸……想象一下当你吸气时，将体内所有紧张、压力和不愉快的念头统统聚集起来，当你呼气的时候，将这些紧张、压力和不愉快的念头统统地呼出去。慢慢地吸气……慢慢地呼气……吸气……呼气……你可以按照你自己的节奏来调整你的呼吸。随着你的呼吸，你觉得自己越来越放松了……越来越放松了……越来越放松了……

从现在起，保持深呼吸，你一边深呼吸，一边聆听我的引导，很自然地，你什么都不去想，什么都不想想了，只要跟着我的引导，很快你就会进入非常深、非常舒服的催眠状态。

现在，想象你来到一个一望无际、美丽的大草原，湛蓝天空中，一片片的白云慢慢地飘过。就在这充满明媚阳光的天空下，你一边躺在柔软而舒适的草地上，一边享受着美妙而清新的空气，和煦的阳光温暖地洒在你的身上，包围着你的全身，你感觉非常温暖非常舒服。远处徐徐吹来的微风，传来一阵阵青草的香气，现在请你深深地吸一口气，你似乎已经闻到了远处传来的花儿的芳香，那沁人心脾的芳香，令你感到前所未有的轻松，感到前所未有的舒服。

现在的你就躺在这美丽辽阔的大草原，不远的地方有一群绵羊正快乐地吃着草儿，几个放羊的牧童在调皮地嬉戏，还有远处一群美丽的骏马在满足地吃着青草。不知什么时候，草丛中飞来几只靓丽的蝴蝶，扇动着那色彩斑斓的翅膀在晴空中自由地飞舞。天的那边是红红的太阳正缓缓升起，你感到大自然的一切是那么地和谐、宁静、美好。不知不觉中，你的呼吸也变得越来越缓慢而均匀，你感到内心越来越安详，就像回到母亲的怀抱一样，无忧无虑，自由自在。好，接下来让我们静静地享受一下这种放松、宁静的状态。

(二)积极心态面对问题

面对问题时积极乐观的心态很重要。采用积极的自我暗示和自我激励告诉自己一切问题都有解决的方法，通过生活中的榜样人物或至理名言来激励自己，并相信自己通过坚强的意志和不懈的努力会做得更好，以增强自信心，保持心情愉悦。

(三)多参加体育和文娱活动

运动可以增加快乐因子——多巴胺的分泌。当我们被不良情绪困扰时，可以通过运动，如各种球类运动、跑步、武术、太极拳等来改善情绪状态。也可以通过一些文娱活动，如K歌、听音乐、跳舞、游戏、下棋等活动来陶冶性情。

除此之外，还可以通过合理宣泄法、转移注意法等进行自我调整。

二、寻求帮助法

如果自助的方法不能解决问题，可以寻求他人的帮助。包括寻求家人、朋友、老师、同学的帮助，也可以寻求专业的心理咨询人员的帮助。下面主要给大家介绍一下寻求心理帮助的主要形式和具体内容。

(一)对心理咨询的理解

1.什么是心理咨询

心理咨询是由心理咨询师针对来访者提出的问题和要求，运用心理学的知识和相关的理论、技术，与来访者进行共同分析、研究和讨论，找出解决问题的方法，从而摆脱困境的过程，以达到助人自助的目的。心理咨询其实质是人与人(咨询师和来访者)建立关系的一个过程。

心理咨询是解决大学生心理问题的重要途径，它不同于一般性的谈话、开导和帮助，而是一项专业性很强的工作，是一项职业性的帮助行为。心理咨询之所以能够对来访者产生积极、有效的作用，关键在于心理咨询为来访者提供了一种与日常生活中其他关系不同的特殊的关系。在咨询的过程中，咨询师运用咨询的相关技术和营造出的温暖、尊重的氛围使来访者逐步认清自己所面临的问题和学会以更加积极的方式和态度对待自己、他人和环境，从而更好地发挥个人的潜能。

2.心理咨询的对象

我国对心理咨询的认知程度和接受程度已经越来越高了，但还有一部分人对心理咨询存在着误解，将寻求心理咨询的人等同于精神障碍患者。其实心理咨询的主要对象是那些精神正常，但心理健康水平较低，产生心理障碍导致无法正常学习、工作、生活并请求帮助的人群，而不是"病态人群"。心理咨询的主要对象可分为三大类：一是精神正常，但遇到了与心理有关的现实问题并请求帮助的人群；二是精神正常，但心理健康出现问题并请求帮助的人群；三是特殊对象，即临床治愈的精神疾病患者。

在心理咨询中，最一般、最主要的对象是健康人群，或者是存在心理困扰的亚健康人群，而不是人们常误会的"病态人群"，病态人群例如精神分裂症、躁狂等患者是精神科医生的工作对象。

3.心理咨询的原则

当前仍有很多人对心理咨询存有疑虑,担心咨询师会把自己的问题泄露出去。每一个行业都有相应的职业要求与规范,所以有咨询需求的大学生和其他人群不必担心。在心理咨询中咨询师要遵循一定的原则。

(1)来访自愿原则。是指每一次咨询都是以来访者自愿为前提的,来访者有心理困扰并自愿希望通过心理咨询来解决问题,心理咨询师不得以任何形式强迫来访者接受或维持心理咨询。有人将自愿原则解释为“来者不拒,去者不追”原则。在学校心理咨询中,咨询教师不能强迫或拒绝学生接受心理咨询,如果咨询教师觉得自己不擅长处理学生的问题,可以转介给其他咨询教师或专业的心理咨询机构。

(2)信息保密原则。是指未经来访者本人同意,咨询师不能以任何方式向任何人或任何机构透露来访者的一切咨询信息。信息保密原则是心理咨询工作中最重要的原则。但也有打破保密原则的例外,如咨询师发现了来访者存在严重的威胁自身和他人生命安全的行为,可以打破保密原则。比如,发现来访者有严重的自杀或杀人倾向,有严重的危害社会的行为等。

(3)价值中立原则。是指在咨询过程中,咨询师要尊重来访者的价值信念体系,不要以自己的价值观念为准则,并要求来访者去遵从,也不能对来访者的行为准则进行价值判断,咨询师不能以任何方式向来访者灌输某种价值观念,并强迫来访者接受自己的观点。

(4)双方尽力原则。是指在咨询的过程中咨询师和来访者双方都要尽力。咨询师尽力帮助来访者分析问题、解决问题,而来访者也要尽力对咨询师说实话,不能有所隐瞒。如果来访者不信任咨询师,对咨询师隐瞒实情,就不会达到理想的咨询效果。

4.大学生心理咨询的主要形式

大学生心理咨询的形式主要有个体咨询、团体咨询、电话咨询、网络咨询等。

(二)对心理治疗的理解

1.什么是心理治疗

心理治疗也称精神治疗,是由经过心理治疗专业训练并通过考核的人员,主要是心理咨询师和精神科医生,运用心理治疗的有关技术、理论和技巧,对来访者的认知、性格、行为等方面进行调整和改变,让来访者看到自己的内心世界,进行自我分析探讨,帮助来访者明确问题所在,制定并实施治疗计划,经过一定周期的治疗改善心理问题。心理治疗以建立一种独特的人际关系来协助患者处理心理问题、减轻主观痛苦经验、医治精神疾病及促进心理健康、个人成长。

2.心理治疗的方法

心理治疗方法有很多种,在治疗过程中常用精神分析法、认知行为疗法、来访者中心疗法、森田疗法、格式塔疗法、催眠疗法、家庭治疗、内观疗法、游戏疗法等。

(三)心理咨询和心理治疗的联系与区别

心理咨询和心理治疗是解决心理问题的主要途径,两者既有联系又有区别。

1.心理咨询和心理治疗的联系

(1)二者在工作过程中所采用的技术、理论和技巧通常是一致的;

(2)二者的工作对象常常是相似的;

(3)二者的工作目的是一致的,都是为了促成来访者的改变与成长;

(4)二者都特别强调建立良好的人际互动关系。

2.心理咨询和心理治疗的区别

我国学者钱铭怡归纳了心理咨询和心理治疗的区别,主要表现在工作对象、工作内容、工作目标等方面,见下表。

区别项目	心理咨询	心理治疗
工作对象	正常人或恢复期病人	心理障碍患者
针对问题	人际、教育、家庭、就业	神经症、性变态、精神病等
所需时间	短,一次至数次	长,几十次到数月或数年
干预层次	在意识层次进行,重视其教育性、支持性,使之得到发展	主要在无意识领域进行工作,并重点在于重建病人的人格
工作目标	具体、有限	比较模糊,促使人改变

(四)大学生心理咨询应注意的问题

有一部分大学生对心理咨询存在着一些误解,认为寻求心理咨询是一件见不得人的事情,咨询时总是有很多的顾忌,不敢主动咨询;还有一部分学生希冀着在咨询中,咨询师能给自己拿主意,帮助自己解决问题等。大学生在寻求咨询的过程中要注意以下几点:

(1)本人有求助动机。心理咨询要遵循的基本原则就是来访者自愿原则,咨询者本人要有求助的动机,才能促进其前往咨询中心。

(2)咨询中讲实话。在咨询过程中要对心理咨询师讲实话,实事求是,不要认为自己的问题很特殊,羞于开口或对咨询师有所隐瞒。咨询师关注的是问题的本身,而不会对来访者进行评判。只有实话实说才能真正解决问题。

(3)咨询师不会为来访者做决策。在咨询的过程中不要期望着咨询师为你拿主意、做决定。咨询师能做的是帮助来访者澄清事实,分析利弊,开阔思路,转变思维,疏导不良情绪,使来访者发现自己的优势和潜能。

(4)不要期待一次咨询就能解决问题。心理问题不是一天两天形成的,通常是长期积累的结果,它的解决同样也需要时间和过程,更需要来访者个人的耐心和努力,不能急于求成,渴望速战速决。

【课堂感悟与收获】

请你用一至两句话写下对本节的感悟与收获:

(1)______________________________

____

______________________________。

(2)______________________________

____

______________________________。

课后习题

一、单选题

1.人的生理和心理发展趋于成熟的关键时期是(　　)。

A 初中时期　　B 高中时期　　C 大学时期　　D 成年期

2.21 世纪成为人才的首要条件是(　　)。

A 身体健康　　B 心理健康

C 社会适应良好　　D 人际关系良好

3.我们常见的嫉妒心理属于(　　)。

A 轻微的心理失调　　B 轻度的心理障碍

C 中度的心理障碍　　D 严重的心理疾病

4.大学生常见的社会障碍主要表现为(　　)。

A 情绪障碍　　B 适应不良　　C 人格障碍　　D 精神障碍

5.大学生常见的情绪障碍不包括(　　)。

A 焦虑症　　B 抑郁症　　C 疑病症　　D 精神分裂症

6.下面说法正确的是(　　)。

A 心理问题是完全能够解决的

B 心理健康就是没有心理疾病

C 心理疾病就像感冒、发烧一样,随时都可能发生

D 心理疾病康复是很快的

7.近年来,成为大学校园一大杀手的是(　　)。

A 焦虑症　　B 疑病症　　C 恐怖症　　D 抑郁症

8.某生患有一种严重的心理疾病,一旦发病起来,情绪会异常兴奋或低落,或兴奋与低落交替出现。请问该生患有什么心理疾病(　　)。

A 反应性精神病　　B 情感性精神障碍　　C 精神分裂症　　D 人格障碍

9.某大一学生小明,经常感觉寝室的门没有上锁,然后回寝室查看,请问该生的表现属于哪种心理障碍?(　　)。

A 焦虑症　　B 强迫症　　C 疑病症　　D 偏执症

10.皮亚杰认为,智慧的本质就是(　　)。

A 变化　　B 适应　　C 成长　　D 发展

二、多选题

1.常用的鉴别心理健康问题的标准包括(　　)。

A 个人经验标准　　B 社会文化标准

C 症状检查标准　　D 数理统计标准

2.大学生常见的情绪障碍包括(　　)。

A 焦虑症　　B 强迫症　　C 恐怖症　　D 精神分裂症

3.人格障碍包括哪几种类型(　　)。

A 偏执型　　B 分裂型　　C 冲动型　　D 强迫型

4.大学生常见的精神病有(　　)。

A 精神分裂症　B 情感性精神障碍　C 反应性精神病　D 人格障碍

5.进行自我心理保健的基本要求包括(　　)。

A 自我意识良好　B 社会功能良好　C 社会支持良好　D 价值观合理

三、简答题

1.大学新生心理适应问题主要有哪些方面?

2.大学生常见的心理问题包括哪些方面?

综合训练

一、心理测试

大学生心理适应性调查量表

指导语:下面列出了一些关于你个人情况的句子。请你仔细阅读每一个句子,并根据你自己最近一段时间内的实际情况,从题后的5个选项(1=不同意、2=不太同意、3=不确定、4=比较同意、5=同意)中选出你同意或不同意的程度,并在相应的数字上划“√”。

1.每天的生活中总是有我感兴趣的事情	不同意	不太同意	不确定	比较同意	同意
2.如果让我再选择一次,我还是会像现在这样生活	1	2	3	4	5
3.我总是感到心情愉快	1	2	3	4	5
4.我平时常看与专业有关的书	1	2	3	4	5
5.我很少去了解社会对人才的需求	5	4	3	2	1
6.遇到灰心的事情,我常常一筹莫展	5	4	3	2	1
7.我对现在的大学生活很满意	1	2	3	4	5
8.我清楚地知道毕业后该继续深造还是工作	1	2	3	4	5
9.我对现在的学习有很高的热情	1	2	3	4	5
10.我认为自己的优点多于缺点	1	2	3	4	5
11.很多人都找我和他们一起玩	1	2	3	4	5
12.我从不通过阅读各种有关择业的书籍来了解不同职业的特点和要求	5	4	3	2	1
13.当我不想一个人做事时,总能找到人陪我	1	2	3	4	5
14.我知道自己适合做什么工作	1	2	3	4	5
15.我从不感到孤独	1	2	3	4	5
16.我总是去发现自己的优点并以此来鼓励自己	1	2	3	4	5
17.我的业余生活很丰富,不需要做任何改变	1	2	3	4	5
18.我不知道怎么夸奖别人	5	4	3	2	1
19.我不会为实现自己的职业目标而制定计划	5	4	3	2	1
20.和别人发生冲突时,我不知道该怎么办	5	4	3	2	1
21.我很少感到紧张或焦虑	1	2	3	4	5

续表

22.我会根据自己的实际情况培养一些业余爱好	1	2	3	4	5
23.我总拿自己的短处与别人的长处比较	5	4	3	2	1
24.我经常对学习进行反思	1	2	3	4	5
25.当我受到打击时,我会想到自己好的一面	1	2	3	4	5
26.虽然我的业余生活很贫乏,但我不知道怎样改变这种状况	5	4	3	2	1
27.我总是精力充沛、精神饱满	1	2	3	4	5
28.我不知道如何分配学习时间	5	4	3	2	1
29.我觉得自己的能力比别人强	1	2	3	4	5
30.我非常厌烦现在的学习	5	4	3	2	1
31.与同龄人相比,我感到很知足	1	2	3	4	5
32.我不习惯学校规定的作息时间	5	4	3	2	1
33.我不为自己的外貌而烦恼	1	2	3	4	5
34.在不同的学习阶段我总是制定不同的学习目标	1	2	3	4	5
35.当我有困难时,有很多的人愿意帮助我	1	2	3	4	5
36.我有明确的职业目标	1	2	3	4	5
37.我知道如何关心别人	1	2	3	4	5
38.我的业余生活单调乏味	5	4	3	2	1
39.我常常通过转移自己的注意来调整情绪状态	1	2	3	4	5
40.我很少对前一阶段的学习进行总结	5	4	3	2	1
41.我会综合各种因素来确定自己的择业目标	1	2	3	4	5
42.我不知道用什么办法让自己接纳自己	5	4	3	2	1
43.很多人都愿意和我交往	1	2	3	4	5
44.我非常喜欢自己的专业	1	2	3	4	5
45.我不知道做什么事情能使自己高兴起来	5	4	3	2	1
46.我喜欢学校的娱乐、休闲或锻炼场所	1	2	3	4	5
47.我总是总结考试失败的经验教训	1	2	3	4	5
48.我认为大学生活中有很多不尽如人意的地方	5	4	3	2	1
49.我总是想办法来提高记忆力、注意力等学习能力	1	2	3	4	5
50.我善于用言语和别人进行沟通	1	2	3	4	5
51.我经常有意识地通过参加社会实践活动为将来的工作做准备	1	2	3	4	5
52.我非常适应大学里的生活	1	2	3	4	5

续表

53.不高兴时,我只会抱怨	5	4	3	2	1
54.我觉得现在的宿舍很舒适	1	2	3	4	5
55.遇到陌生人时,我不知道如何与他们交谈	5	4	3	2	1
56.当我想聊天时,总能找到人和我一起聊	1	2	3	4	5
57.我觉得自己对未来从事什么工作越来越迷惘了	5	4	3	2	1
58.当心情不好时我会出去散散心	1	2	3	4	5
59.我觉得自己越来越适应大学的学习了	1	2	3	4	5
60.我会努力参加各种活动来丰富我的业余生活	1	2	3	4	5

适应量表计分:不同意=1分,不太同意=2分,不确定=3分,比较同意=4分,同意=5分。其中有19项反向计题:5、6、12、18、19、20、23、26、28、30、32、38、40、42、45、48、53、55、57。之后加总分,分数越高,说明适应越好。

适应量表七个分量表题项及得分

人际关系适应	题项	11	13	18	20	35	37	43	50	55	56		合计
	得分												
学习适应	题项	4	9	24	28	30	34	40	44	47	49	59	合计
	得分												
校园适应	题项	17	22	26	32	38	46	54	60				合计
	得分												
择业适应	题项	5	8	12	14	19	36	41	51	57			合计
	得分												
情绪适应	题项	1	3	15	21	27	39	45	53	58			合计
	得分												
自我适应	题项	6	10	16	23	29	33	42					合计
	得分												
满意度	题项	2	7	31	48	52							合计
	得分												

二、能力训练

滚雪球

活动目的:促进同学间的了解,扩大人际交往的范围;为新生融入新的人际环境打下基础。

活动时间:10~15分钟。

活动规则:5~8人一组,听从指令。

活动步骤:

以小组为单位围圈坐好,成员依次用一句话介绍自己,内容包括:姓名、所在系及班级、个人特征、性格、爱好等。

在依次介绍中,每个后面介绍的同学都要附带介绍前面同学的所有信息。介绍的格式:我是来自×××学院××系××班的×××同学,左边是来自机械系机电一体化专业的喜欢踢球的李××同学,右边是来自计算机系网络技术专业的说话嗓门特别大的张××同学。

当小组全体同学顺利做完这种滚雪球似的自我介绍之后,群组为他们鼓掌以示鼓励。

老师请每组选出一位代表将全组成员的情况向全班同学作介绍,并谈谈对活动的感想。

【心理书籍推荐】

1.《偷影子的人》

作者简介:《偷影子的人》是马克·李维的第10部作品,自中文版上市以来,连续多年位居销量排行榜,被评选为“大众喜爱的50本书之一”。这部作品完美展现了马克·李维温柔风趣的写作风格,有催人泪下的亲情,浪漫感人的爱情和不离不弃的友情,清新浪漫的气息和温柔感人的故事相互交织,带给读者笑中带泪的阅读感受,是一部唤醒童年回忆和内心梦想的温情疗愈小说。

内容简介:一个老是受班上同学欺负的瘦弱小男孩,因为拥有一种特殊能力而强大——他能“偷别人的影子”,因而能看见他人心事,听见人们心中不愿说出口的秘密。他开始成为需要帮助者的心灵伙伴,为每个偷来的影子找到点亮生命的小小光芒。某年灿烂的夏天,他在海边邂逅了一位又聋又哑的女孩。他该如何用自己的能力帮助她?他将如何信守与她共许的承诺?

2.《情绪障碍跨诊断治疗的统一方案》

作者简介:《情绪障碍跨诊断治疗的统一方案》是由美国波士顿大学心理与精神病学教授、焦虑及情绪障碍循证治疗方面的权威学者 David H.Barlow 及其团队开发的针对多种情绪障碍的治疗项目,被全球治疗界誉为循证治疗领域的重大突破。

内容简介:本书主要针对患者,可以帮助患有惊恐障碍、场所恐怖症、社交恐怖症、广泛性焦虑障碍、强迫症、创伤后应激障碍、抑郁症等心理问题的人士更好地理解自己的情绪,并认识到自己对不良情绪的反应亦将影响自己的情绪健康。读者可以从中学会控制自己的情绪、思维以及行为,抚平不安的情绪,并学习更有效的应对方式。坚持完成每一章提供的练习、家庭作业以及自测题可以帮助读者学会管理好自己的情绪并重拾愉快而富有成效的生活。

3.《登天的感觉:我在哈佛大学做心理咨询》

作者简介:岳晓东,美国哈佛大学心理学博士,香港城市大学教授,香港心理学会辅导分会首任会长与候任会长,中央电视台特邀心理专家。岳晓东博士在心理健康、创新心理、咨询心理、幽默心理和青少年偶像崇拜等方面做出了大量的研究,成绩斐然。他先后在国内外各类学术刊物上发表学术论文150余篇,影响深远。岳晓东博士还著有《少年我心》《心理咨询基本功技术》等心理学科普读物,深受读者喜爱。此外,岳晓东博士还受聘为南京大学、南京师范大学、华南师范大学等20余所大学的客座教授。

内容简介:《登天的感觉:我在哈佛大学做心理咨询》的第一部分记述了作者在哈佛大学心理咨询中心经手的10个心理咨询个案,涉及爱情、婚姻、职业选择、新生适应不良、同性恋等一般心理困惑的咨询,也涉及人格缺陷的矫正及潜意识作用的解析等特殊心理障碍的治疗。日常生活中的大多数问题实际都是心理问题。作者在处理这些心理案例的过程中,展现出非凡的心理咨询的神奇技巧。

《登天的感觉:我在哈佛大学做心理咨询》的第二部分记录了作者与其督导之间的相处故事,说明了心理督导制度在心理咨询师成长过程中的关键作用—助心理咨询师更美妙地舞蹈于心灵之巅。本书这一版本新增5万字内容,将督导部分分为十讲,广大读者将可以更有针对性地阅读。

【心理电影推荐】

1.《心灵捕手》:在生命深处捕捉你的心灵

剧情简介:成长于波士顿南区贫民窟的威尔·杭汀,是《心灵捕手》剧中一位绝顶聪明却叛逆不羁的年轻人。平日除了在麻省理工学院担任大楼的清洁工作之外,便是与三五好友在酒吧喝酒、泡妞、整整别人;一人独处之时,就学习各式人文与科学知识。某天威尔解决了数学系蓝勃教授所留下的数学难题,随即引起学校师生们的惊异。在与他人打架滋事,并宣判送进少年观护所之后,蓝勃教授便费心地将他保释出来,要求他参与数学研讨与接受心理辅导。蓝勃教授期望威尔能重视并发挥自己的天赋,不再搞恶作剧、耍蠢、吹擂而耗费生命。不过,威尔却毫不在意,经常耍弄前来为他辅导治疗的心理专家。

蓝勃教授在无计可施的情况下,只好求助大学好友肖恩出马,开导并救助前途岌岌可危的威尔。肖恩本着“信任是突破心防的重要关键,不彼此信任就无法坦诚相待”的信念和“不以作之师而以作之友”的心态倾听威尔对知识求问、人际互动、爱情探索、人生信念以及亲情伤害等知性问难与情绪宣泄;日渐抚慰他受创的心灵,帮助他重新拾回对人的信任,并鼓起勇气向女友表达爱意。与此同时,难忘丧妻之痛的肖恩在与威尔彼此“角力互动”的过程中,受到来自威尔莽撞的生命力冲击,亦逐渐开启因丧妻而封闭的心房,重新追寻情感的归宿。

资料来源:https://baike.so.com/doc/1454699-1537926.html

影评:美国影片《Good Will Hunting》(《心灵捕手》或《骄阳似我》)讲述了一个成天和朋友泡在酒吧、球场的天才少年威尔·杭汀,因幼年被遗弃、被虐待的经历让他在成年后表现出极强的防御性和攻击性。由于他解出了一道世界上只有两人才能解出的数学题,而让麻省理工学院的教授杰洛·蓝勃发现了他的天赋,将其从少年监狱保释出来,但提出了两个要求,一是要求威尔与他一道解数学题,二是要求威尔必须每周接受心理咨询。威尔为了享受自由,被迫接受了。

从此,威尔踏上了心理咨询的道路,故事也就由此展开了。

由于威尔将接受心理咨询作为他可以获得保释的手段,但他自己并不具备寻求心理帮助的动机,因此在他眼里每见一位心理咨询师都是一次战斗,这就注定了威尔要运用所有的方式来实现他对心理咨询的拒绝。

蓝勃一共为威尔安排了5位心理咨询师,而威尔一次又一次将心理咨询师打败,直到影片中展现的第3位心理咨询师出现,即威尔的第6位心理咨询师——肖恩出场时,我们才看到了一名优秀的咨询师是如何在来访者没有咨询动机的情况下有效地帮助来访者的。

记忆中最深刻的会谈,是肖恩和威尔的第七次会面。在那次会面里,肖恩对威尔重复且坚定地说着:“孩子,这不是你的错!”在肖恩一遍又一遍地重申下,威尔用力地抱着肖恩,痛快地哭了出来。

为什么肖恩一次又一次地重复这句话呢？为什么威尔那样坚硬的外表会一下就崩溃了呢？

在威尔认为，那些所谓的心理咨询师不过是以他们多年生活的经验和专业技能来判断、认知自己罢了，而且幼年时的他遭遇了遗弃和被虐待，让他的心理防御很强，他自己很清楚自己的问题，他知道自己有依附情结，所以他害怕被人看透内心孤独、脆弱的一面，害怕去回顾那痛苦的童年，更不愿向人提起自己的过去。所以他在受到伤害之前，一定要先去攻击别人。而肖恩却没有像其他心理咨询师那样借着专业和经验去判断和否定威尔，而是坦诚地告诉威尔："我知道的不多，但孩子，这不是你的错。"

确实，幼年的经历对我们每个人都有着深远的影响。我们每个人都有弱小无助的童年时期，那时孩子的大脑皮层还未发育完全，还不足以面对发生在自己身上的不幸，只会把那些不幸的事看成是对自己不好的惩罚，于是在心里认定：因为自己不好，所以被遗弃；因为自己不好，所以被侵犯；因为自己不好，所以被侮辱……在那样的情形下，我们开始学会了自己评判自己的负面语言，开始学会了自己处理外界的防御机制……等到有一天，我们长大了，虽然知识增长了，智商提高了，四肢有力了，人格独立了，可是幼年那个受伤的我们还仍然停留在那个受伤的年纪，当再次面对外界出现的类似小时情形的事情时，我们仍然是以那个受伤小孩处理问题的方式来处理成人世界的问题，就算我们看到了那个受伤小孩，可我们却表现出不接纳，甚至责怪自己的无能和软弱，却忘了要去保护和呵护那个受伤的自己。我们日复一日地责怪和抱怨自己，也日复一日地用幼年时建立起的防御机制保护自己，却使得我们的成人生活过得更不快乐，过得更加孤独。

而肖恩用这样的方式，让威尔心中那道又高又厚的心墙终于彻底地崩解了，他哭了，释放出多年来的压力，所有的一切仿佛被人所理解，第一次感受到真正受人信任、尊重，心灵的空虚被肖恩的关爱填补起来，也终于走出了自己的那个心灵牢房。

透过影片，我们看到一名优秀的心理咨询师——肖恩一直坚持着人本主义的咨询方法，以真实不带论断的关怀，去帮助来访者成为他自己生命的建筑师，这不仅体现在他在咨询环境下坚持把解决问题的主动权交还给威尔，同时在面对蓝勃教授一定要为威尔安排未来和工作时，他那么坚定地回应：一定要让他自己明白他究竟要什么。正是基于这样的人本精神，肖恩才一次次地问威尔："你热爱什么，你要什么？"并且在最后一次会面时，他真挚地对威尔说，不管做什么，只要跟着心走就好。肖恩认为，人生的成功不在于拥有多少荣耀，而在于自觉地选择人生！

2.《美丽心灵》：精神分裂症患者的成功之路

美国影片《美丽心灵》是以1994年诺贝尔奖获得者纳什的生平经历为基础而创作的人物传记片，描写了一个严重的精神分裂症患者从成功到颓废，再从人生的低谷走向辉煌的曲折故事，阐述了人性的力量与脆弱，同时也告诉人们，有精神问题并不可怕，可怕的是不能正视问题的存在并积极走出。

影片中的纳什是一个沉浸在数字世界里的天才，他孤傲、不合群、充满咄咄逼人的学术野心，对优雅的社会交际不屑一顾或者说一窍不通，像大多数天才一样，他自我封闭成性。1947年9月，不到20岁的纳什到普林斯顿大学读数学系的博士，他整天沉迷的只是一件事：寻找一个真正有创意的原创理论——管理动力学。他像一切对事业成功雄心勃勃的人一样,以自我为中心,赋予自己从事的研究以强烈的使命感。但纳什也是一个悲剧人物,他的一生为精神分裂症所困扰,在历经苦痛的人生里,纳什一方面运用自己那聪慧绝伦的大脑进行科学研究,另一方面也在与他大脑中的幻想进行着顽强的抗争,在妻子、同事与朋友的支持与帮助下,经过30年的痛苦磨砺,最终,理性为他带来了心灵的和平,纳什终于摘取了科学事业上的桂冠,1994年纳什获得了诺贝尔经济学奖。

项目二
遇见更好的自己——认识自我

【心灵寄语】

知人者智,自知者明。胜人者有力,自胜者强。

——老子

【项目导入】

“人贵有自知之明”,只有正确地认识到自己,清楚地了解自己的优点、缺点、长处、短处,才能判断自己适合做什么事情、做多大的事情,这样才能扬长避短,准确定位自身,摆正自己的位置。了解自己的长处,我们会清楚自己的发展方向;了解自己的缺陷,我们才会少犯错误,避免去做一些自己力所不能及的事情。你了解你自己吗?很多同学可能认为,没有人比自己更了解自己了,事实上并非如此。俗语说:“当局者迷,旁观者清”“不识庐山真面目,只缘身在此山中”。其实,世界上最难的就是正确客观地认识自己,了解自己。

通过本项目的学习,使同学们明确自我意识的内容、结构,自我意识的形成和发展,自我意识的矛盾和偏差,健全自我意识的标准及自我意识完善的途径。

【热身活动】

相知相识

活动目的:找到自我支持的资源,建立安全的氛围;培养小组氛围,建立团体工作的基础。

活动场地要求:室内外环境均可,不需要器材,人数不限。

活动规则:全体成员站在一个圆圈里,然后由任意一个人大声喊出:“我很想知道,有没有人和我一样……(可以是相同的兴趣爱好,性格特点,也可以是相似的身体特征等)”,所有和他相似的人向前迈一步,互相击掌,然后站回大圈。下一个成员继续发问,直到每一个成员都有机会问问题。

活动分享:在这个活动中,你有什么感受,请与大家分享。

任务一　自我意识巧分析

一、自我意识的概念

(一)自我

自我一直是心理学研究的重要内容。心理学家弗洛伊德将自我分为“本我”“自我”和“超我”。本我遵循“快乐原则”,自我遵循“现实原则”,超我遵循“道德原则”。詹姆斯提出“物质自我”“精神自我”及“社会自我”的概念。米德将自我分为“主体我”和“客体我”。罗杰斯提出两类不同的自我概念,真实自我(realself):此时此刻真实存在的自我;理想自我(idealself):个体最喜欢拥有的自我,个体希望自己是一个什么样的人的看法。一个心理健康的人的真实自我和理想自我是相当接近或相互符合的。

(二)自我意识

自我意识是对自己身心活动的觉察,即自己对自己的认识,具体包括认识自己生理状况(如身高、体重、体态等)、心理特征(如兴趣、能力、气质、性格等)以及自己与他人的关系(如自己与周围人们相处的关系,自己在集体中的位置与作用等。)

二、自我意识的分类

自我意识可以从不同方面分为不同内容。

(一)从内容上分为生理自我、社会自我、心理自我

1.生理自我

生理自我是指个体对自己身体和生理状态的认识。是我们在与他人交往的过程中通过学习而逐渐形成的,让个人把自我和非我区别开来,具体包括对身高、体重、容貌、性别以及生理病痛、温饱饥饿、劳累疲乏的感受等的认识体验。生理自我是与生俱来的,随着自我意识的成长,我们逐渐对生理自我有了明晰的看法与正确的认识。

2.心理自我

心理自我是指对自己的心理活动、个性特点及心理品质的认识。具体包括感知、记忆、思维、能力、情绪、兴趣、爱好、性格、气质等的认识和体验。心理自我随着我们的成长而不断发展,我们的情感、智力、能力、兴趣、情绪等都与日俱增。

3.社会自我

社会自我是指个体对自身与外界事物关系的认识和体验。具体包括:自己在群体中的地位、作用以及自己和他人相互关系的认识、评价和体验。

(二)从观念上分为现实自我、投射自我、理想自我

1.现实自我

现实自我是指个体对现实中的自我的各种特征的认识。比如,某同学谈到“我是一个外

向开朗的人”。现实自我主观性较强。

2.投射自我

投射自我是指个体所认为的他人对自己的评价和看法。比如,某同学谈到“我觉得老师眼中的我一无是处”。投射自我往往与现实自我有差距,刚才这位同学的投射自我评价较低,这会影响到自我的发展。

3.理想自我

理想自我是指个体希望达到的自我的状态。比如,某同学写到“理想自我应该是表达能力很强的一个人”。理想自我是个人追求的目标,推动个人去努力和前进。

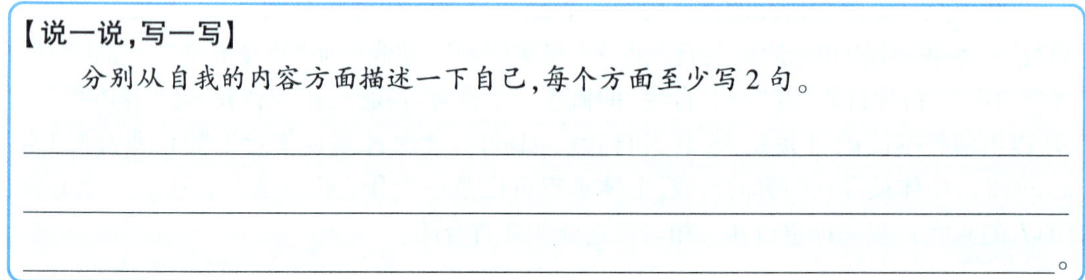
【说一说,写一写】

分别从自我的内容方面描述一下自己,每个方面至少写2句。

____

____

______________________________。

三、自我意识的结构

从形式结构上看,自我意识是一个包括认知、情感和意识的完整的多层次、多维度的心理系统,包括自我认知、自我体验和自我控制三个方面。

(一)自我认知

自我认知包括自我感觉、自我观察、自我图式、自我分析、自我评价等。回答的是“我是一个什么样的人”“我为什么是这样的人”等。自我评价集中反映了自我认识的发展水平,也是自我体验和自我调节的前提。如,某同学对自己的评价是“我是一个爱学习爱交际,人缘不错的人”,这样的自我评价就会让自己很自信。

(二)自我体验

自我体验是在自我认知基础之上产生的情绪体验。自我体验包括自尊、自信、自豪、自卑等。自尊是最主要的自我体验,是其他自我体验产生的基础。自我体验回答的是“我是否喜欢自己”“我是否满意自己”等。上面的例子中,该同学对自己的评价是积极的,他会产生高自尊的体验。

(三)自我控制

自我控制,如自我监督、自我调节、自我教育等,是自我意识中的意志成分,自我控制回答的是“我怎样节制自己”“我如何改变自己”“我如何成为理想的那种人”等。如,某同学说:“要成为理想中的那种人,我必须努力学习。”

四、自我意识的形成和发展

自我意识的产生和发展不是与生俱来的,有其萌芽、发生和发展的过程。自我意识的形成大体经历了以下三个阶段:生理自我、社会自我和心理自我。

(一)生理自我阶段

自我中心期是自我意识发展的最原始形态,其时间跨度一般为0~3岁。人类对生理自我的认识是自我意识发展的第一阶段。这一阶段的自我意识,是以躯体需要为基础的生理自我。这个时期表现出来的行为是以自我为中心的,以自己的想法来解释外界的现象,认为外部世界为他而存在,以他为中心。

(二)社会自我阶段

在3~14岁,自我意识的发展进入第二阶段。这一阶段的自我意识是服从于社会和他人,用别人的观点去评价事物、认识他人,对自己的认识也服从于权威或同伴的评价。这一以"社会自我"为主要内容的自我意识发展阶段,也被称为"客观化时期"。

(三)心理自我阶段

从青春期开始到青年后期,是自我意识发展的第三阶段。这一时期个体开始清晰地意识到自己的内心世界,关注自己的内在体验,喜欢用自己的眼光和观点去认识外部世界,开始有明确的价值探索和追求,强烈要求独立,产生了自我塑造、自我教育的紧迫感和实现自我目标的驱动力。这一时期也被称为自我意识的"主观化时期"。

【资料窗】

艾里克森的自我同一性理论

自我同一性,也称为自我认同,是指个体寻求内在合一及连续的能力。自我同一性是个体在寻求自我的发展中,对自我的确认和对有关自我发展的一些重大问题,诸如理想、职业、价值观、人生观等的思考和选择。在这一过程中必然要涉及个体的过去、现在和将来这一发展的时间维度。而自我同一性的确立就意味着个体对自身有充分的了解,能够将自我的过去、现在和将来组合成一个有机的整体,确立自己的理想与价值观念,并对未来自我的发展做出了自己的思考。自我同一性是大学生在寻求自我发展、寻求自我了解与自我追寻的必然历程。

艾里克森认为,青年期的发展课题是自我同一性的确立。他率先提出"人生历程八阶段"理论,并详细论述了每个阶段特定的心理和社会发展课题,称之为"心理社会危机"。艾里克森认为,每个阶段心理、社会发展课题的完成和危机的解决,就会产生积极的品质,反之,就会产生消极的品质。

人格发展的八阶段

年龄段	社会转变时期的心理冲突	相应获得的品质	
		积极的	消极的
婴儿期(0~1.5岁)	信任感——怀疑感	希望、信任	恐惧、不信任
儿童期(1.5~3岁)	自主感——羞怯感	意志(自制力)	自我怀疑
学龄初期(3~5岁)	主动感——内疚感	自主和价值感	无价值感

续表

年龄段	社会转变时期的心理冲突	相应获得的品质	
		积极的	消极的
学龄期(5~12岁)	勤奋感——自卑感	能力、勤奋	无能
青春期(12~18岁)	自我同一——角色混乱	忠诚、自信	不确定感
成年早期(18~25岁)	亲密感——孤独感	爱和友谊	泛爱(杂乱)
成年期(25~65岁)	生育感——自我专注	关心他人和创新	自私自利
成熟期(65岁以上)	自我调整——绝望感	智慧	绝望和无意义感

任务二　自我意识偏差巧探索

大学阶段是一个人的自我意识逐步发展成熟,趋向稳定的阶段。在这个时期,自我意识的发展与分化,一方面使大学生们逐步意识到自己不曾注意的许多“我”的细节;另一方面也带来了主体我与客体我的矛盾斗争,呈现出理想我和现实我的矛盾并且加剧,随之产生各种各样复杂的矛盾与冲突,这便成为大学生存在自我意识缺陷的渊源。

一、大学生自我意识的矛盾

(一)主观我与客观我之间的矛盾

主观我是自己所认识和评价的我,客观我是他人所认识和评价的我。大学生会通过自身的实践活动经历及学习成绩等在自己头脑中形成对自我的认识,这就是主观自我;而别人对自己的评价又在头脑中构成另一个自我形象,这是客观自我。自我评价与别人评价之间往往存在着差距,这就构成了主观的我和客观的我之间的矛盾。这种矛盾使得大学生对自我的认识模糊,但是主观的我和客观的我之间的矛盾能促进自我认识的发展。

(二)理想我与现实我的矛盾

理想我是指个人期待达到的未来的形象。现实我是个人从自己的立场出发,对现实中自我的各种特征的认识。理想我与现实我总是存在着一定差距的,合理的差距能够使人不断进步、奋发有为。

(三)独立与依附的矛盾

大学生渴望独立,希望自己能够独立面对大学生活、学习及人际交往等方面出现的问题。但由于长期的校园生活使他们的社会阅历和社会经验相对匮乏,当遇到问题时,却又盼望亲人、老师、同学能够替自己分担。另一方面,他们迫切希望摆脱约束,但是由于经济不独立,却又不可能真正摆脱家长、老师的支持和帮助。

(四)渴望交往与心灵闭锁的矛盾

没有哪个时期比青少年时期更加渴望友情与爱情的滋养,更加渴望同辈群体的认同与归属感。在这个时期,每个人都渴望着爱与友谊,渴望着交往与分享,渴望着自我价值得到实现。然而另一方面,人们的自我表露又受着心灵闭锁的影响,总是不经意地将自己的心灵深藏起来,与同学有意无意保持着一定的距离,存在着戒备心理,不能完全敞开心扉交流,进行思想沟通。

【能力训练】

画出理想我与现实我

活动目的:促进对自我的了解,澄清理想我和现实我,协调两者之间的关系。

活动时间:15~20 分钟。

活动规则:

(1)请把一张纸对折,在折线的左侧画出现实我,在折线的右侧画出理想我。然后在左侧写出代表现实我的几个关键词,在右侧写出代表理想我的几个关键词。

(2)思考并分享:

1)在哪些方面,理想我与现实我是一致的?

2)在哪些方面,理想我与现实我是不一致的?

3)在哪些方面,理想我与现实我悬殊较大?是什么原因导致的?

4)如何缩小理想我与现实我之间的差距?我打算何时开始行动?

二、大学生自我意识的偏差

大学生自我意识发展的过程中容易出现问题或偏差,而且这些问题往往是复杂多样的,可能导致大学生人际交往困难、社会适应不良、学习动力不足等不良后果,进而影响大学生的发展道路。大学生自我意识的偏差主要表现在以下几方面。

(一)自我中心

适当的自我关注有利于自己的发展,但是一切都以自我为中心,过于关注自己,不考虑别人的感受,会很难与人相处。

(二)从众

从众是指在群体的压力下,放下自己的看法,而采取和群体一样的行为。这样的同学很在意“别人眼中的自己”,所以,从众之前,必须要慎重考虑,这种从众行为是否对自己的发展有利。比如,你们寝室的同学都早起去学习,那么这时你的从众是很好的行为;要是你们寝室的同学都去上网,并邀请你也一起去,这时候的你就要委婉谢绝同学的邀请,而不要从众。

（三）过度自卑

自卑心理人人都有，但是过度自卑需要我们去注意。过度自卑是由于个体对自我评价过低而导致的。过度自卑的同学只看自己的劣势，如常常认为各方面都不如别人。认为自己不如别人长得好看，不如别人家庭条件好，不如别人交往能力强等。这些不全面的看法严重影响了自我的成长。

【案例分析】

自卑的小兰

小兰，女，高职二年级学生。她来到咨询室和咨询老师说，对自己的相貌和学习成绩都很不满意，认为自己一无是处。特别在乎别人对自己的看法，害怕听到别人谈论或者批评自己。不敢也不愿意与同学打交道，怕同学看不起自己，平时基本大部分时间都是一个人独处。内心很羡慕那些长相好、学习好而且各方面能力强的同学，觉得自己的人生很失败。

小兰对自我就是进行了过度否定，有严重的自卑心理。她总认为自己一无是处，对现实的自我表示强烈的不满，理想自我与现实自我的差距太大，自己无法改变现实自我，因此只得放弃理想自我，感到痛苦、逃避、退缩。

教师可以引导小兰写出自己的成就故事，挖掘自己的闪光点。鼓励小兰多参加各种实践锻炼自己，增加成功体验。学习上循序渐进，先从小事情小目标开始做起，不断获得成就感，提高自我效能感。

（四）自负

自信是大学生较为普遍的优秀品质，但是自信过度就变成了自负。自负表现为：过高评价自己，认为自己能力等各方面都要比别人强，听不进别人的意见，目空一切。

（五）自我妨碍

自我妨碍是指在表现情境中，个体为了回避或降低因不佳表现所带来的负面影响而采取的任何能够增大将失败原因外化机会的行动和选择。自我妨碍行为在日常生活中经常可见，像学生在考试之前不努力学习而四处游玩或声称身体不适，其实这个时候个体很可能在进行自我妨碍。自我妨碍是个体故意给自己的成功施加阻力，可以说是一种自我保护的归因策略。自我妨碍是为了给预期可能的失败找到一个合理的借口。

（六）自我设限

曾有科学家做过一个有趣的实验，把跳蚤放在桌上，一拍桌子跳蚤迅即跳起，跳起高度在其身高的100倍以上，堪称世界上跳得最高的动物。然后在跳蚤头上罩一个玻璃罩再让它跳，这一次跳蚤碰到了玻璃罩。连续多次后，跳蚤改变了起跳高度以适应环境，每次跳跃总保持在罩顶以下的高度。接下来逐渐降低玻璃罩的高度，跳蚤都在碰壁后被动改变自己的高度。最后，当玻璃罩接近桌面时，跳蚤已无法再跳了。科学家于是把玻璃罩打开再拍桌子，跳蚤仍然不会跳，变成“爬蚤”了。科学家把这种现象叫做自我设限，即个体在心中为自己设了限制，认为自己没有能力、不够优秀、注定失败等。

"自我设限"就是在自己的心里默认了一个"高度",这个"心理高度"常常暗示自己:这么多困难,我不可能做到的,也无法做到,成功概率几乎是零,想成功那是不可能的!"心理高度"是人无法取得成就的重要原因之一。它是一块巨石、顽石,阻碍人生及事业成长的道路。

【说一说,写一写】

如何克服自我意识的偏差?

____

____

____。

三、影响大学生自我意识偏差的因素

(一)个体因素

个体因素主要指的是个体的思维方式。如果一个人的思维方式总是朝向消极的方面看,那么对自我的评价就容易出现偏差。例如,有的大学生认为自己皮肤黑、个子矮及表达能力差而导致自卑、敏感等。如果一个人的思维方式是积极的,他就会习惯关注自己的优势,就会体验到自信、自豪、成就感等积极的情感。

(二)家庭因素

1.家庭成员的榜样作用和教养方式

如果家人是乐观积极、自强自立的,子女就会模仿这种方式中,培养这种特质。

2.父母的教养方式

民主型的教养方式有利于培养健全的自我意识。民主型的教养方式中,父母和孩子是一种朋友式的关系,彼此尊重。这有利于培养独立、自主、自信、自强,情绪稳定和自控能力强等特质。而溺爱型家庭里的子女,往往成人后依赖性强,任性、自私,情绪不稳定。

3.家庭的氛围

一个充满关爱、和谐温馨的家庭氛围及家庭成员间亲密无间的良好关系,能使个体形成较好的个性品质,自我意识得到较好的发展。反之,如果一个家庭缺少关爱,成员间冷漠、嫉妒,容易使个体感到无所适从、性格孤僻、自尊受挫。

(三)学校因素

积极向上的学校氛围,良好的学风和班风,丰富多彩的教育实践活动有利于培养个体的自尊和自信。优秀的教师不仅能给人以知识的启迪,也会激发大学生强烈的成就动机,唤起大学生自尊、自重、自强的良好体验。

任务三　完善自我助成长

自我意识的完善也是一个不断地进行自我认知、自我评价、自我改造、自我完善的过程，完善自我是每个人的毕生追求。

一、健全的自我意识的标准

健全的自我意识是心理健康的重要标准，是人类自身内在的一种成功的机制，在人生的发展道路上发挥着重要作用。健全的自我意识的标准如下：

(1)自我意识健全的人应该是一个有自知之明的人，既知道自己的优势，也知道自己的劣势，能正确评价自我，有效促进自我发展。

(2)自我意识健全的人应该是自我认识、自我体验和自我控制相协调一致的人。

(3)自我意识健全的人应该是积极自我肯定的、独立的并与外界保持一致的人。

(4)自我意识健全的人应该是理想自我与现实自我相统一的人，有积极的目标意识和内省意识，乐于探索，积极进取。

二、完善自我的途径

(一)正确地认识自我

大学生只有正确认识自我，才能形成正确的自我意识。正确认识自我是健全自我意识的基础，有利于调适现在的我和构建未来的我。如果一个人能够对自己有一个全面、正确的认识和评价，就能够扬长避短、取长补短，根据自己的实际情况，选择相应的目标并为之努力奋斗。

认识自我，就是要正确全面了解自己，认识自己的身体、相貌等生理方面的特点(生理自我)，也包括认识自己的气质、性格、能力、兴趣、爱好、意志、品质等心理方面的特点(心理自我)，还包括认识自己在大学生群体心目中的位置，了解自己在周围人际交往环境中的形象，了解自己的职业理想及对社会应承担的责任 (社会自我)等。要做到正确认识自我，主要有以下几种方法。

1.他人评价法——在他人的评价中认识自我

他人评价是全面认识自我的一种方法。可以帮助我们纠正自我认识的偏差，克服自我认识的主观性和片面性。心理学家认为，当一个人的自我评价与别人对他的客观评价有较大程度的一致性时，表明他的自我意识较为成熟。了解他人对自己的看法，常有助于发现自己忽视的问题。但是对别人的评价应有一个正确的态度，学会辩证看待，不因过高的评价而飘飘然，也不为过低的评价而失去信心。

【能力训练】

他人眼中的我

目的：培养学生客观对待他人评价的积极心态；通过他人评价，让学生意识到“别人眼中的我”是什么样子的，通过他人的评价来整合和完善自我意识。

时间：大约 25 分钟。

操作：每人拿着他人评价表，去邀请熟悉自己的同学，请该同学用几个关键词来对自己做出评价，并签上评价者的名字。

他人评价表

签名：	签名：	签名：
签名：	签名：	签名：
签名：	签名：	签名：

2.比较法

与他人比较可以让你更全面地认识自我。但是应注意两点：一是比较对象的选择。比较的对象应与“我”有同质性和相似性。要尽量找与自己各方面比较接近的人去比较；二是比较的恰当性。用他人的优点和自己的缺点相比，或用他人的缺点和自己的优点相比，或以年龄、性别、家庭出身等不可变因素相比，这些比较都是不恰当的。

【心灵感悟】

森林里的小动物

有一天，森林里的几种小动物聚在一起。他们彼此羡慕对方的优点，抱怨自己的缺点。于是，他们决定成立一所学校，希望通过训练，使自己成为一个各方面都很不错的通才。他们设计了一系列课程，包括奔跑、游泳、飞翔和攀登。所有的动物都选修了所有的课程。最后的结果是，小白兔在奔跑方面名列前茅，但是一到游泳课就浑身发抖；小鸭子在游泳方面成绩优异，飞翔还差强人意，但奔跑与攀登的成绩却糟糕透顶；小麻雀在飞翔方面轻松愉快，但就是不能正经地奔跑，尤其是碰到水就几乎精神崩溃；至于小松鼠，爬树的本领高人一筹，奔跑的成绩也不错，但在飞翔和游泳课中，成绩一塌糊涂。大家越学越迷茫，越学越痛苦，终于决定，停止盲目学习别人，好好发挥自己的长处。于是他们不再抱怨自己、羡慕别人，因此，森林里的生活又恢复了往日的活泼和快乐。

3.实践成果法

实践活动成果的价值有时直接体现着实践活动者自身的价值，这也是大学生了解自我的客观尺度。通过活动成果可以使个体进一步认识自我的能力，发现自我的价值。大学生要积极参加社会实践活动，了解自己的兴趣，挖掘自身的潜能。

【资料窗】

乔韩窗口理论

美国心理学家约翰(Jone)和哈利(Hary)提出了关于自我认知的窗口理论,被称为"乔韩窗口"理论。该理论将每个人的自我分成四部分,即公开的自我、盲目的自我、秘密的自我和未知的自我。

公开的自我是指自己了解、别人也了解的个人特质。一般来说,一个能够客观看待自己、又善于与他人沟通的人,他的这部分所占有的比例就会大一些。

盲目的自我是指别人了解而自己却不清楚的个人特质。这部分所占比例较大的人,有的是个人思想方法主观片面,有的是人际交往方式不恰当导致他人误解。

秘密的自我是指自己了解、别人不了解的个人特质。这部分所占比例较大的人,有的是想故意隐藏一些自认为不够优秀的特质,有的则是由于自己不善交际和自我展示。

未知的自我是指自己和别人都不了解的个人特质。

在自我认知方面,人人都有这四个部分。不同的人,他们这四个部分所占的比重各不相同。在自我认知上存在着千差万别。正是这种差别,显示了人们自我认知的深度和人际交往的状况。

人对自己的认识是一个不断探索的过程。我们要想尽可能客观、全面地认识自己,必须注意提高个人的人际沟通能力,在自我评价的基础上,重视他人对自己的评价(这种评价常能反映自我认知的盲区),认真整合这两部分信息,逐渐使个体的自我认知一步步深化和准确。

乔韩窗口理论

		自我	
		自知	自不知
他人	他知	公开的我	盲目的我
	他不知	秘密的我	未知的我

【能力训练】

认知自我——乔韩窗口

目的:全面认识自我。

时间:大约25分钟。

过程:按照以下表格填写。

		自我	
		自知	自不知
他人	他知		
	他不知		

4.内省法

内省法是指通过反省自己、分析自己来认识自我。孔子曰:“吾日三省吾身”。大学生要不断地通过内省来认知自我的优势和劣势,发现自我的价值。大学生已具备了内省的能力,能够与自我进行内心的对话,通过反省,思考自己有哪些事情做得比较完美,值得肯定和鼓励;哪些事情和工作做得不好,应该吸取经验教训,争取今后做得更好。

扫一扫,看视频《正确认知自我,避免苏东坡效应》

(二)积极悦纳自我

心理学研究证明,心理健康者更多地表现出对自我的接受、认可和悦纳。

悦纳自我就是个体要对自身持有积极认可的态度,既满意自己的某些长处,也欣然承认自己有不足之处,坦然地面对自己的不足。不足有两种,一种是能够改进的,如不良习惯等;另一种是无法补救的,如先天的身材矮小等。对前一种不足要努力改变;而对后一种不足,则要勇敢地面对和接受。

【小贴士】

建立自信的方法

1.挑前面的位子坐

你是否注意到,不管是会议还是教室,后面的座位总是先被坐满。大部分占据后排座位的人,都希望自己不会“太显眼”。当然,坐在前面比较显眼。但是你要记住,有关成功的一切都是显眼的。

2.练习正视别人

一个人的眼神可以透露出许多有关自己的信息。某人不敢正视你的时候,你凭直觉会问自己:“他想要隐藏什么?他怕什么?他是不是干了对不起我的事?”正视别人等于告诉他:“我很诚实,而且光明正大,毫不心虚。”正视别人,这不但能给你信心,也能为你赢得别人的信任。

3.挺起胸膛,让步态轻松稳健

心理学家告诉我们,步态的调整,可以改变心理状态。你仔细观察就会发现,那些遭受打击、受排斥的人,走路时都是懒懒散散、拖拖拉拉,完全没有自信感。自信的人则是胸背挺拔,走起路来稳健轻松,他的体态告诉别人:“我真的认为自己不错。”挺起胸膛,我敢担保,你的自信心会慢慢增长。

4.练习当众说话

当众说话是建立自信最快的手段,在会议中或社交场合要尽量发言,记住,只要敢讲,就比那些不敢讲的人收获大。不用担心别人会反对你的意见,有人反对是正常的,正像总会有人同意你的意见一样。尽管大胆去说!

(三)不断超越自我

1.设置合理目标,建立符合实际的理想自我

人的行为特点是有目的的行为,个体的行为有无目的性,结果是不一样的。一般来说,

有目标指向的行为较无目标指向的行为成就大得多。因为正确的目标能够诱发人的动机，强化人的行为，并促使其指向预定的方向。例如有的同学能够抵御种种诱惑，刻苦攻读，学业优秀，是因为他把学习成绩与自己未来的发展联系起来了。大学生要根据自身的特点，确立合理的理想自我发展目标，然后付诸行动，逐渐接近理想自我。

2.培养坚强的自制力

要实现理想自我，就要培养坚强的自控能力，约束自己的行为。要检验一个人的自制能力强弱，可以看他的行为主要是屈服于本能的欲望，选择"我要做"的事情；还是受理智的制约，选择"应该做"的事情。如果要培养较强的自制力，就要注意"应当做"的事情，努力克服妨碍这样做的愿望和动机（如恐惧、懒惰、不良的习惯等），从而不断超越自我。例如，学习的时候，朋友找你一起打游戏，如果能想到自己的首要任务和长远目标，就会有自控的动力。

在成功的路上，很多人并不缺乏机会和才华，而是缺乏自制力。自我控制是自我意识发挥能动作用的一个重要方面，是不断超越自我的保证。

【课堂感悟与收获】

请你用一至两句话写下对本节的感悟与收获：

（1）______________________________

____

______________________________。

（2）______________________________

____

______________________________。

课后习题

一、单选题

1.从内容上看，自我意识可以分为生理自我，心理自我和（　　）。

A 理想自我　　B 现实自我　　C 社会自我　　D 投射自我

2.大学生维护心理健康的基本原则和要求是（　　）。

A 健全自我意识　　B 意志坚定　　C 人格健全　　D 自我统合

3.青年期大学生自我意识发展的核心问题是（　　）。

A 健全人格　　B 培养意志　　C 自我统合性　　D 情绪稳定

4.个体自我意识从发生、发展到相对稳定成熟，需要（　　）。

A 15 年　　B 20 多年　　C 30 多年　　D 40 年

5.大学生个体自我意识迅速发展并趋向成熟的关键时期是（　　）。

A 少年期　　B 青年期　　C 成年期　　D 中年期

6.自我意识是个体意识发展的（　　）。

A 初级阶段　　B 中级阶段　　C 高级阶段　　D 最终阶段

7.当代大学生一般处于（　　）。

A 青年初期　　B 青年中期

C 少年期　　D 青年晚期

8.根据埃里克森的人格发展八阶段理论，当代大学生目前的主要解决的任务是（　　）。

A 自我统一性　　B 克服自卑感

C 获得自我完美感　　D 获得信任感

9.当代大学生追求卓越人生、追求自我实现必须面对的终生课题是（　　）。

A 健全自我意识　　B 健全人格

C 培养坚定的意志　　D 调控自己的情绪

10.“认识你自己”是由（　　）提出来的。

A 苏格拉底　　B 亚里士多德　　C 马斯洛　　D 罗洛梅

二、多选题

1.从结构形式上看，自我意识可以分为（　　）。

A 自我认识　　B 心理自我　　C 自我体验　　D 自我调控

2.大学生自我认识方面的主要特点是（　　）。

A 广度和深度发展迅速　　B 自觉性增强

C 自我评价能力提高　　D 主动性增强

3.从自我体验的形式看，大学生的自我体验表现是以下几个方面的特点（　　）。

A 丰富性　　B 敏感性　　C 波动性　　D 深刻性

4.从自我体验的内容看，大学生的自我体验的特点包括（　　）。

A 自尊心强　　B 好胜心强　　C 孤独感强　　D 成就感强

5.大学生自我意识发展存在的主要问题包括（　　）。

A 现实自我与理想自我矛盾突出　　B 过分依赖

C 自卑过强　　D 过度沉溺于自我反省

三、简答题

1.什么是自我意识？

2.如何完善自我？

综合训练

一、心理测试

自我和谐量表

下面的自我和谐量表（sclf consistency and congruence scale，SCCS）中是一些个人对自己看法的陈述，填答时，请您看清每句话的意思，然后选一个数字（“1”代表该句话完全不符合您的情况，“2”代表比较不符合您的情况，“3”代表不确定，“4”代表比较符合您的情况，“5”代表完全符合您的情况）以代表该句话与您现在对自己的看法相符合的程度，每个人对自己的看法都有其独特性，因此答案是没有对错的，您只要如实回答就行了。

题　　目	完全不符合	比较不符合	不确定	比较符合	完全符合
1.我周围的人往往觉得我对自己的看法有些矛盾	1	2	3	4	5
2.有时我会对自己在某些地方的表现不满意	1	2	3	4	5

续表

题　　目	完全不符合	比较不符合	不确定	比较符合	完全符合
3.每当遇到困难,我总是首先分析造成困难的原因	1	2	3	4	5
4.我很难恰当表达我对别人的情感反应	1	2	3	4	5
5.我对很多事情都有自己的观点,但我并不要求别人也与我一样	1	2	3	4	5
6.我一旦形成对事物的看法,就不会再改变	1	2	3	4	5
7.我经常对自己的行为不满意	1	2	3	4	5
8.尽管有时候做一些不愿意的事,但我基本上是按自己意愿办事的	1	2	3	4	5
9.一件事好是好,不好是不好,没有什么可含糊的	1	2	3	4	5
10.如果我在某件事上不顺利,我就往往会怀疑自己的能力	1	2	3	4	5
11.我至少有几个知心朋友	1	2	3	4	5
12.我觉得我所做的很多事情都是不该做的	1	2	3	4	5
13.不论别人怎么说,我的观点决不改变	1	2	3	4	5
14.别人常常会误解我对他们的好意	1	2	3	4	5
15.很多情况下我不得不对自己的能力表示怀疑	1	2	3	4	5
16.我朋友中有些是与我截然不同的人,这并不影响我们的关系	1	2	3	4	5
17.与朋友交往过多容易暴露自己的隐私	1	2	3	4	5
18.我很了解自己对周围人的情感	1	2	3	4	5
19.我觉得自己目前的处境与我的要求相距太远	1	2	3	4	5
20.我很少去想自己所做的事情是否应该	1	2	3	4	5
21.我所遇到的很多问题都无法自己解决	1	2	3	4	5
22.我很清楚自己是什么样的人	1	2	3	4	5
23.我很能自如地表达自己所要表达的意思	1	2	3	4	5

续表

题　　目	完全不符合	比较不符合	不确定	比较符合	完全符合
24.如果有足够的证据,我也可以改变自己的观点	1	2	3	4	5
25.我很少考虑自己是一个什么样的人	1	2	3	4	5
26.把心里话告诉别人不仅得不到帮助,还可能招致麻烦	1	2	3	4	5
27.在遇到问题时,我总觉得别人都离我很远	1	2	3	4	5
28.我觉得很难发挥出自己应有的水平	1	2	3	4	5
29.我很担心自己的所作所为会引起别人的误解	1	2	3	4	5
30.如果我发现自己某些方面表现不佳,总希望尽快弥补	1	2	3	4	5
31.每个人都在忙自己的事,很难与他们沟通	1	2	3	4	5
32.我认为能力再强的人也可能遇上难题	1	2	3	4	5
33.我经常感到自己是孤独无援的	1	2	3	4	5
34.一旦遇到麻烦,无论怎么做都无济于事	1	2	3	4	5
35.我总能清楚地了解自己的感受	1	2	3	4	5

计分方法与结果解释:

本量表经因素分析得到三个分量表:“自我与经验的不和谐”“自我的灵活性”及“自我的刻板性”。各分量表的得分为其所包含的项目分直接相加。三个分量表包含的项目分别为:

自我与经验的不和谐	1、4、7、10、12、14、15、17、19、21、23、27、28、29、31、33,共16项
自我的灵活性	2、3、5、8、11、16、18、22、24、30、32、35,共12项
自我的刻板性	6、9、13、20、25、26、34,共7项

“自我与经验的不和谐”反映的是自我与经验之间的关系,包含对能力和情感的自我评价、自我一致性、无助感等,它所产生的症状更多地反映了对经验的不合理期望;“自我的灵活性”与敌对和恐怖的相关显著,可能预示了自我改变的刻板和僵化;“自我的刻板性”不仅同质性信度较低,而且仅与偏执有显著相关,说明这一分量表的含义有待进一步研究。

计算三个量表总分的方法是将“自我的灵活性”项目反向计分,再与其他两个分量表得分相加,得分越高自我和谐程度越低。在大学生中,可以以低于74分为低分组,75~102分为中间组,103分以上为高分组。

自尊测试

自尊量表(self-esteem scale,SES)由 Rosenberg 于 1965 年编制,最初用以评定青少年关于自我价值和自我接纳的总体感受,目前是我国心理学界使用较多的自尊测量工具。该量表由 5 个正向计分和 5 个反向计分的条目组成。为了测定的方便,受试者直接报告这些描述是否符合他们自己即可。

题　目	非常不同意	不同意	同意	非常同意
1. 我感到我是一个有价值的人,至少与其他人在同一水平上	1	2	3	4
2.我感到我有许多好的品质	1	2	3	4
3.归根结底,我倾向于觉得自己是一个失败者	4	3	2	1
4.我能像大多数人一样把事情做好	1	2	3	4
5.我感到自己值得自豪的地方不多	4	3	2	1
6.我对自己持肯定态度	1	2	3	4
7.总的来说,我对自己是满意的	1	2	3	4
8.我希望我能为自己赢得更多尊重	4	3	2	1
9.我确实时常感到自己毫无用处	4	3	2	1
10.我时常认为自己一无是处	4	3	2	1

量表分四级评分,“非常同意”计 4 分,“同意”计 3 分,“不同意”计 2 分,“非常不同意”计 1 分。1 题、2 题、4 题、6 题及 7 题正向记分,3 题、5 题、8 题、9 题及 10 题反向记分。总分范围是 10~40 分,分值越高,自尊程度越高。

评分标准:量表总得分在 10 到 40 分之间。如果你上述测验分值较低,那就意味着你存在一定的自卑感。

二、能力训练

1.题目:20 个“我是谁”

首先在下面写出 20 个“我是怎样的人”,要求尽量选择一些能反映个人风格的语句,避免出现类似“我是一个男生”这样的句子。

(1)我是一个____________________。

(2)我是一个____________________。

(3)我是一个____________________。

(4)我是一个____________________。

(5)我是一个____________________。

(6)我是一个____________________。

(7)我是一个____________________。

(8)我是一个____________________。

(9)我是一个____。
(10)我是一个____。
(11)我是一个____。
(12)我是一个____。
(13)我是一个____。
(14)我是一个____。
(15)我是一个____。
(16)我是一个____。
(17)我是一个____。
(18)我是一个____。
(19)我是一个____。
(20)我是一个____。

然后将陈述的20项内容作下列归类。

(1)身体状况(属于你的体貌特征,如年龄、身高、体型等)。

编号:

(2)情绪状况(你常持有的情绪情感,如乐观开朗、振奋人心、烦恼沮丧等)。

编号:

(3)才智状况(你的智力、能力情况,如聪明、灵活、迟钝、能力、机灵等)。

编号:

(4)社会关系状况(与他人的关系、如何与别人应对进退、对他人常持有的态度和原则,如乐于助人、爱交朋友、坦诚的、孤独的等)。

编号:

接着评估一下你对自己的陈述是积极的还是消极的。在你列出的每句话的后面画上加号(+)或减号(-),加号表示“这句话表达了你对自己肯定、满意的态度”;减号的意义则相反,表示“这句话表达了你对自己不满意、否定的态度”。看看你的减号与加号的数量各多少。如果你加号的数量大于减号的,说明你的自我接纳状况良好;相反,你的减号将近一半甚至超过一半,这显示你不能很好地接纳自己,你的自尊程度较低,这时你需要内省一番,寻找问题的根源。比如,你是否过低地评价了自己?是什么原因使你成为这样?有没有改善的可能?

2.题目:人际关系中的我

目的:促进成员全面认识自我。

时间:约60分钟

准备:给每人准备好1支笔,1张问卷。问卷内容如下:

父亲眼中的我

兄弟姐妹眼中的我

朋友眼中的我

自己眼中的我

母亲眼中的我

同事同学眼中的我

爱人(恋人)眼中的我

自由理想中的我

操作:每人发1张问卷,自己思考后填写,填完后大家一起交流。填写的过程会反映出不同的心态:有些人再一次肯定积极而可爱的自我,但有些人却引发一些长期压抑的感受。指导者要特别注意:成员对哪一个人的看法最重视?为什么?最难填写的又是什么?为什么有人填不出来?成员填的内容多是正面还是负面的?然后引导成员做出探索。这个活动可以从多个角度来看自我,有助于成员全面认识自己。同时,也可以在他人的鼓励下做深入的自我探索。

3.题目:自画像

目的:强化成员自我认识,促进自觉。

时间:50~60分钟。

准备:1张图画纸,1盒彩色水笔或油画棒。

操作:指导者给每位成员发1张图画纸,每人或几个人合用1盒彩笔。然后请成员画出自己。可以有标题,也可以无标题。若有标题,如:大学生活中的我、我的梦等。无标题成员随自己的意愿,可以用任何形式来画出自己,抽象的、形象的、写实的、动物的、植物的等都可以。总之,把自己心目中的最能代表自己的东西画出来。这种方法可以使成员发现隐藏在潜意识层面的自我,不知不觉中对自己做出评估和内省。画完后挂在墙上,开"画展",让团体成员自由观看他人的画,不加评论。欣赏完毕,请每一位画家对他的画解释并答疑。

自画像用非语言的方法将画者的内心投射出来,是一种独特的自我探索、自我分析、自我展示的方法。通过团体内交流,可以促进成员深化自我认识,加深对他人的认识和理解。

4.题目:我欣赏我自己

活动目的:学会发现个人的长处,建立自信和肯定自己的价值。

活动时间:10分钟。

活动内容:每人填写下面的句子,填好后在小组内分享交流。

我最欣赏自己的外表是________________。

我最欣赏自己的性格是________________。

我最欣赏自己对家人的态度是________________。

我最欣赏自己对朋友的态度是________________。

我最欣赏自己对学习的态度是________________。

我最欣赏自己做事的态度是________________。

我最欣赏自己的一次成功是________________。

5.题目:找准自我心中的位置

时间:10~15分钟。

人数:10~20人。

目的:在无语言交流的情况下,根据某一个特征要求调整自己在一群人中的位置。帮助大家了解在群体中自我认知的偏差。

步骤:

(1)选一块宽阔平整的游戏场地。

(2)队员们随机站成一排。

(3)主持人规定一种特征,例如身高,队员们在无交流的情况下按照身高排序。

(4)当队员们了解游戏规则后,主持人变换排序的特征。

(5)在使用各种不同的特征排序后,邀请小组成员对自己在游戏中正确与错误的排序进行总结。

(6)主持人总结自我认知的重要性。

【心理书籍推荐】

1.《心灵七游戏》——毕淑敏

如何知道自己心理是否健康?如何增强心灵的免疫力?怎样快速有效地进行自我心理诊视、调整?怎样使自己的心理潜能得到更好发挥,享受幸福,走向成功?这是一本为你,为我,为他,为所有"有心"人而写的书。书中的七个游戏,都直指人生重大问题,深入浅出,梳理过去,指导现在,昭示未来。人生非游戏,游戏却可以改变人生。如果你渴求对自己有更多了解;如果你愁眉不展常怀戚戚并有意愿改变;如果你希望自己变得更轻捷而有力,向着既定的目标速跑;如果你顺风顺水还求更多的进步和欢乐,让咱们一起来做游戏吧!

2.《自卑与超越》——阿德勒

这是一本从个体心理学观点出发,阐明人生道路和人生意义的通俗性读物。但通俗中包含着极深的哲理和巨大的学术价值。在本书中,作者提出:每个人都有不同程度的自卑感,因为没有一个人对其现时的地位感到满意,对优越感的追求是所有人的通性。然而,并不是人人都能超越自卑,关键在于正确对待职业、社会和性,在于正确理解生活。那些自幼就有器官缺陷或被娇纵、被忽视的儿童,以后在生活中容易走上错误的道路。家长和教师应培养他们对别人、对社会的兴趣,使他们真正认识"奉献乃是生活的真正意义"。这样,他们就能够从自卑走向超越。本书大大修正了弗洛伊德泛性论的精神分析观,开辟了精神分析的新阶段。

3.《做最好的自己》——李开复

这本书里的许多想法都是作者在过去的文章或信函中表达过的。如果由职业作家来写本书,语言以及文字一定能更加流畅、更加生动。但是,作者自己总有一种提笔写作的冲动,因为作者相信自己在青年一代中有一定的影响力,希望自己能尽力帮助他们。

作者深信,读者无法理解、说教或难以产生共鸣的案例是不可能被读者接受的。在年轻人看来,发生在成功者身边的故事最值得学习和品味,最容易从中汲取经验和教训。如果说作者的写作还有某些特点可循的话,那就是,作者更倾向于用缜密的逻辑和真实的案例来阐释成功的秘诀。虽然这本书不是一本自传,但是在书中也有许多发生在作者身上的有意思和价值的事情。

作者把这本书献给深爱的祖国,献给渴求进步的青年一代,因为他深信:

唯有更多的青年找到了自信和快乐,找到了真正属于自己的成功之路,中华民族才能够拥有更加辉煌的未来。

【心理电影推荐】

1.《风雨哈佛路》

《风雨哈佛路》这部电影根据真实事件改编,这是一个女孩与命运抗争的故事,面对逆境与绝望,她不屈服的勇者精神,令人动容!

主人公莉丝出生在纽约的贫民窟,尽管父母吸毒,莉丝仍然深爱着他们。她在毒品、艾滋、饥饿充斥的环境中度过童年。在学校，莉丝肮脏的衣着和藏在头发里的虱子让她饱受同学嘲弄，终因逃课被送进女童院。15岁时，莉丝拼尽全力维持的家庭最终破碎，她开始流落街头，捡拾垃圾，偷东西，她整夜乘坐地铁，因为只有在这里才能温暖入梦。莉丝早就知道，自己的生活之外，还有一个光鲜明亮的世界，只是她与那世界始终相隔。

影片的原型莉丝·默里(Liz Murray) 1980年出生于纽约市布朗克斯区，父母吸毒，15岁莉丝便无家可归。她在居无定所，流浪街头的日子里，用两年时间完成了高中四年的学业，以全优的成绩考入哈佛，并获得“《纽约时报》一等奖学金”。莉丝还曾获得“白宫计划榜样奖”及美国脱口秀女王奥普拉·温弗瑞特别颁发的“无所畏惧奖”，更受到美国前总统克林顿的接见。2003年，莉丝的故事被搬上荧幕，该片获得第55届艾美奖三项提名。如今，莉丝在全球各地发表演说，以激励人们跨越困境去追寻心中的梦想，赋予人生意义，实现自我价值。她的故事已经成为了永不放弃、自强不息的代名词。

2.《沙漠之花》

主人公华莉丝出生在索马里的沙漠，和母亲过着游牧民族的生活。在三岁时，华莉丝按照索马里习俗被施以女性割礼。在她十二岁时，父亲为了得到五头骆驼，要将华莉丝嫁给六十岁的老叟。就在出嫁前夜，华莉丝在母亲的默许下，在沙漠中徒步很久去投奔摩加迪沙的外祖母，她在外祖母那里获得了给当时索马里驻英国大使夫人的姨妈做女佣的机会。到英国后不久，索马里爆发战争，旧政府被推翻，华莉丝趁乱逃出大使馆而流浪英国街头。华莉丝在街头邂逅了收留自己的玛丽莲，随后又在打工的餐厅里遇到伯乐，最终被发掘成为世界名模，并投身于妇女解放事业。

项目三
不一样的焰火——人格面面观

【心灵寄语】

我的许多面貌帮助我成长,充盈自身,快乐地生活。却从不要求我放弃自己的喜好。这就像面对著名餐厅中琳琅满目的菜品一样,我并不会全部尝试,而只选择自己所爱就好。但那口味不适合我的并不会被拒绝、被抛弃,仅仅是置之一旁而已,更不会去责怪餐厅为什么要将它们留在菜单上。这其中的差别极其微妙,常不被体察。许多人常把"依着自己的本性生活"与"拒绝或压制他人"这两件完全不同的事相混淆,好像不牵制他人便无法维持真我似的。

人与人相处亦是如此。有些人也许不是我们喜欢的,但这并不表示他们不好,不过是气味不投罢了。我们可以尝试去接受从前不喜欢或不了解的人或事物。但人们常常在还没有真正尝试之前,就武断地说这不适合自己。

我们需要认识到:内心世界也是会变化的。我们的经验其实是一连串的分析、归纳、改变、加强或放弃的过程。这也是奇迹的一部分。无论我们的内在世界如何改变或者一成不变,我们永远是世界上唯一如我的人。

——摘自维吉尼亚·萨提亚的《心的面貌》

【项目导入】

在生活中,我们的学习成绩、工作效率与我们的人格特点息息相关。对于正处在青少年时期的大学生来说,认识、了解自己的人格特点,塑造良好的个性尤为重要。青少年时期的人格特点每天都在发生着某些微小的变化,而正是这些微小的变化正在影响着他们未来的成长与生活。

通过本项目的学习,我们将了解人格的内涵及特征、人格与身心发展的关系、人格的理论及完善人格的方法。

【热身活动】

大风吹

活动目的:营造轻松愉快的气氛,快速调动学生上课状态和注意力。

活动场地要求:室内外环境均可,不需要器材,人数不限。

活动规则：

（1）所有人围成一个圆圈，先由一人站在团队中央说："大风吹。"旁人问："吹什么？"，如果那人说："吹穿红衣服的人。"那么所有穿红衣服人就必须离开座位重新寻找位子。没有位子的人就站到团队中央继续进行活动。

（2）接下来站在团队中央的人如果说："小风吹。"旁人问："吹什么？"，如果那人说："吹穿红衣服的人。"那么所有穿红衣服人不动，其他人就必须离开座位重新寻找位子。没有位子的人就站到团队中央继续进行活动。

（3）站在团队中央的人如果说："台风吹。"则所有人都需要离开座位重新寻找新的位子。

任务一　人格的概述

有一名教授昔日培养了三个得意门生，他们个个事业有成，一个在官场上春风得意；一个在商场上捷报频传；一个做学问成了学术专家。于是有人问老教授，你认为这三个人中哪个会更有出息？老教授说："现在看不出来。人生的较量有三个层次，最低层次是技巧的较量；其次是智慧的较量，他们现在正处于这个层次；而最高层次的较量是人格的较量。"

健全人格能够帮助人们充分体验生活的乐趣，挖掘人自身的潜能，充实人的精神世界，有助于营造健康的心理环境，提高生活的质量。

一、人格的内涵

"人格"一词源于古希腊语"Persona"，即舞台上演员戴的面具，类似于中国京剧中的脸谱。后来心理学借用这个术语来说明在人生的大舞台上，人也会根据社会角色的不同来更换面具，这些面具就是人格的外在表现。面具后面还有一个实实在在的真我，即真实的人格。人格既包含人们的动机、兴趣、信念、情绪、价值观、人生观等个性心理倾向，又包含气质、性格、能力等个性心理特征。这些因素互相影响，有机结合成一个人的整体，形成一个人的整体精神面貌。

人格的形成在一定程度上受先天遗传因素的影响，气质、性格、能力等个性心理特征相对稳定；而动机、兴趣、信念、情绪、价值观、人生观等个性心理倾向主要在后天的社会化过程中逐渐形成，集中反映了人性独特的一面。只有当人的心理特征、心理倾向性在与环境相互作用过程中表现出独特的行为模式、思维方式和情绪反应时，其人格才可能表现出来，成为可观察、可实现的人格。从这个角度来说，人格就是个体在先天生物遗传素质的基础上，通过与后天社会环境的相互作用而逐渐形成起来的相对稳定和独特的心理行为模式。

二、人格的特征

从人格的含义可以看出人格具有独特性、稳定性、整体性和功能性的特点。

（一）独特性

一个人的人格是先天遗传、后天环境和教育等多方面因素交互作用的结果。不同的遗传、不同的环境和教育的影响，形成了人们各自独特的心理特点。如有的人外向，有的人内向;有的人热情,有的人冷漠;有的人细心,有的人粗心。我们常说的“人心不同,各如其面”就是指的人格的独特性。

(二)稳定性

一个人的某种人格特点一旦形成,就相对稳定下来了。这种稳定性表现在不同场合、不同情境及不同时空下的一致性。比如一个人具有认真的人格特征,那么他在学习、生活及人际交往中都会表现出很认真;今天的他是认真的,明天的他也是认真的,未来的他也是认真的。俗话“江山易改,禀性难移”指的就是人格的稳定性。

(三)整体性

人格是由多种成分构成的一个有机整体,具有内在的一致性。当一个人的人格结构的各方面彼此和谐一致时,就会呈现出健康人格特征;否则,就会使人发生心理冲突,产生各种生活适应困难,甚至出现“分裂人格”。

(四)功能性

人格是一个人喜怒哀乐和事业成败的根源。人格决定一个人的生活方式,甚至有时会决定一个人的命运。人们经常会使用人格特征来解释某人的言行及事件的原因。面对挫折与失败,坚强者发奋拼搏,懦弱者一蹶不振;面对悲痛,一些人可以将悲痛化为力量,而另一些人则表现为消沉颓废。当人格具有功能性时,表现为健康而有力;当人格功能失调时,就会表现出懦弱、无力。

三、人格与身心发展的关系

人格是人的心理行为的基础。它在很大程度上决定了人如何对外界刺激做出反应以及反应的方向、速度、程度和效果。所以说人格会对人的身心健康、活动效率、潜能开发以及社会适应状况有重要的影响。因此重视人格的培养与塑造,既是自我成长与发展的需要,也是自我实现的需要。

(一)人格与身心健康

现代医学研究发现,许多身心疾病与相应的人格特征有密切的关系。这些人格特征在疾病的生成、发展中起到了促进、催化的作用。例如,冠心病的患者多表现为个性强、固执、急躁、好冲动、好胜心强的人格特征。癌症患者多表现为压抑、忧郁、逆来顺受的人格特征。哮喘病患者有过分依赖、敏感、暗示性很高的人格特征。具有强迫性、抑郁特征的人容易得结肠炎、胃溃疡等疾病。

(二)人格与潜能开发

大学生塑造健全的人格,不仅是为了避免身心疾病,更重要的是为了自我价值的充分实现,使人格发挥最佳作用,也就是健全的人格能够帮助人实现任何一种个人潜能,能够塑造自己的生活,促进周围环境的发展。近年来,人们逐渐认识到,影响大学生成才的除了智力因素以外,更重要的是非智力因素,也叫“情商”。情商是指除智力之外的综合人格品质。其中情绪起着非常重要的作用。通过心理数据分析发现,学习最优秀的大学生和成绩一般的大学生相比,在智力水平上并没有明显的差别,但是他们却发现这些优秀学生在心态上,也就是情绪的稳定性上,要比一般的学生强很多。

(三)人格与自我完善

人格与人的思想品质互相影响,互相包容。塑造大学生健全的人格的过程,也是培养思想品质的过程,两者相辅相成,互相促进。人格健全的过程就是一个人自我不断成长,日臻完善的过程。

(四)人格与事业成败

一个在人格上比较强大的人,往往比较容易获得群体和他人的接纳和认可,也较容易获得帮助。既有利于自己心理健康的发展,又会创造一种和谐的人际环境。研究表明,大学新生入学后的适应不良,往往与人格素质有关。在高校毕业生就业市场上,那些具有乐观、独立、自律的人格特征的毕业生,获得就业的机会就多,在今后的事业发展中,也容易取得成就。人生的较量最终就是人格的较量。

任务二　人格理论

一、气质

(一)气质的含义

在日常生活中,我们可以看到,有的人总是活泼好动,反应灵活;有的人总是安静稳重,反应缓慢;有的人不论做什么事总显得十分急躁,情绪明显表露于外;有的人不论做什么事总是不动声色,情绪总是那么细腻深刻。人与人在这些心理特性等方面的差异,就是不同气质类型的表现。

气质是一个人生来就有的心理活动的动力特征。所谓心理活动的动力是指心理过程的程度(例如,情绪体验的强度、意志努力的程度)、心理过程的速度和稳定性(例如,知觉的速度、思维的灵活程度、注意力集中时间的长短)以及心理活动指向性特点(有的人倾向于外部事物,从外界获得新印象;有的人倾向于内心世界,经常体验自己的情绪,分析自己的思想和印象)等。人们气质的不同就表现为心理活动的动力特征上的差异。

(二)气质的类型

气质类型的分类有多种,主要有体液说、血型说、体型说、活动特性说等,但目前使用较多的是古希腊著名医生希波克拉底提出的体液说。希波克拉底认为人体内含有四种体液,分别为血液、黄胆汁、黑胆汁和黏液,并根据每一种体液在人体内所占优势不同,把人的气质分为四种类型:胆汁质、多血质、黏液质及抑郁质。

(1)胆汁质的人脾气暴躁,喜欢争强好胜,精力旺盛,易兴奋,这种人热情直爽,做事勇敢果断,常常感情用事,但表里如一,很讲哥们儿义气。工作积极,遇到困难时能以极大毅力去克服困难。

(2)多血质的人热情,有能力,适应性强,活泼好动,注意力容易改变,情绪多变,富于幻想,办事凭兴趣,不愿做耐心细致的工作,反应灵活,喜欢交际,容易适应新环境,可塑性强。

(3)黏液质的人稳重,喜欢深思,沉着冷静,情绪不易外露,灵活性差,自制力强,有耐力,不喜欢人际交往,一般朋友少但知心朋友交情很深,做事慢但扎实,为人踏实可靠。

(4)抑郁质的人感受性强,善于觉察细节,多愁善感,心事重重,不喜欢交往,孤僻离群,胆小畏缩,消极防御反应强。内心体验深刻但外部表现不强烈,行动迟缓,缺乏信心。

下面举个例子,介绍一下四种气质类型的人在面对同一情境时采取的不同行为。四种气质类型的人去听演唱会,可是都迟到了。胆汁质的人会推开保安,要求立刻入场,如果保安拦截,就会和保安大吵大闹,不会听保安的劝阻;多血质的人会尽量和保安套近乎,争取让保安让自己入场;黏液质的人会直接回家,他会想回家看电视也不错;抑郁质的人心想自己怎么这么倒霉,感到很沮丧,垂头丧气地回家了。

在现实生活中,单一型气质的人是极少有的,绝大多数都是介于各类型之间的中间类型,即混合型。

(三)对气质类型的认识

1.气质类型无好坏之分

在评价一个人的气质时,不能认为一种气质类型好,另一种不好。因为任何一种类型都有积极性的一面,也有消极性的一面。比如,胆汁质的人积极、热情、开朗、办事效率高,但却暴躁、任性、感情用事;多血质的人活泼、反应快、善交际,但却感情不专一,精力不集中;黏液质的人沉着、冷静、坚毅,但却缺乏活力、冷漠;抑郁质的人情感深刻稳定,但却孤僻、羞怯。气质虽无好坏之分,但在了解自己的气质类型后,可以帮助人们有意识地发挥积极作用,克服消极作用。

2.气质类型为职业选择提供依据

每种气质类型都有适合的职业,而且都可以取得成就。例如:多血质的人在职业市场上往往很受青睐,占有较强和有利的竞争优势,相对来说有较宽广的选择范围和机会。一般适合选择抛头露面和与人交往方面的职业,如记者、律师、公关人员、艺术工作者、秘书和其他一些社会性工作;胆汁质的人在面临职业选择时,往往表现出很高的积极性,主动出击,求职和竞争意识强烈,这种热情和主动性往往为用人单位所赏识,易被录用。一般倾向于选择而且适合竞争激烈、冒险性和风险意识强的职业或社会服务性行业,如体育运动员、企业改革者、飞行员、勘探工作者、探险者、富有激情的演说家、营销员等;黏液质的人在职业选择中一旦认准自己满意的职业目标后会很有耐性,大有不达目的不罢休的精神,这种坚持不懈的韧性往往能弥补其他方面的欠缺,一般适合于医务、情报翻译、商务营业、教学、思想教育等方面的工作;抑郁质的人,在职业市场上往往“貌不惊人”,不过在通过权衡比较之后,会找到适合自己的工作。一般适合当诗人、作家、画家、音乐家或从事理论方面的研究工作等。可见,在职业选择和人员的安排方面,如果考虑了人的气质特点,就会更有利于发挥个人在实践活动中的特殊作用。

【说一说,写一写】

你的气质类型是哪几种类型的混合?如何发挥这种气质类型的优势?

____

____

____。

二、性格

(一)性格的定义

性格一词来源于希腊语,原意为雕刻的痕迹,这一概念说明性格是个人的典型行为。在现代心理学中,性格是指一个人对现实的稳定的态度,以及与这种态度相应的、习惯化的行为方式中表现出来的人格特征。

(二)性格的特征

从性格的含义来看,性格有如下特征。

1.性格的态度特征

性格的态度特征是指一个人如何处理社会各方面关系的性格特征,即他对社会、集体、工作、劳动、他人以及对待自己的态度。性格的态度特征是性格的核心。性格的态度特征主要有三种:一是对社会、集体和他人的态度特征,表现为热爱集体、关心同学(或同事)、正直坦诚等;二是对学习、工作、劳动和劳动产品的态度特征,表现为认真学习、喜欢劳动等;三是对自己态度的性格特征,表现为谦虚谨慎、自我反思等。

2.性格的意志特征

性格的意志特征指一个人对自己的行为自觉地进行调节的特征。良好的意志特征是有远大理想,行动有计划,独立自主,不受别人左右;果断、勇敢、坚韧不拔、有毅力、自制力强。不良的意志特征则表现为盲目性强、随大流、易受暗示、优柔寡断、放任自流、固执己见、怯懦、任性等。

3.性格的情绪特征

性格的情绪特征是指个体在情绪方面表现出来的心理特征。主要表现在情绪的强度、情绪的稳定性、情绪的持久性、主导心境等。良好的情绪可以提高心理健康的水平,改善学习和生活的心理条件,提高工作的效能。

4.性格的理智特征

性格的理智特征表现在感知、记忆、思维、想象等认知方面的差异。例如有的人善于洞察,有的人观察肤浅;有的人记忆主动灵活,有的人健忘;有的人善于发现问题,富于创造性,有的人对问题熟视无睹,思维呆板;有的人富于想象,有的人想象贫乏。

需要我们注意的是性格的各种特征并不是孤立、静止存在的,它们之间相互联系、相互制约、灵活结合,构成完整的性格系统。同时,人的性格还因受环境中各种因素的影响,呈现出各种不同的发展趋势。

(三)性格的类型

心理学家们试图按一定标准和原则对性格进行分类,但迄今还没有一个公认的观点。下面简要介绍几种常见的有代表性的分类观点。

1.按个体心理机能来划分

以个体心理机能为划分标准,可将性格分为理智型、情感型和意志型。这是英国心理学家培因(A.Bain)和法国心理学家李波(T.A.Ribot)提出的分类观点。他们认为,依据智力、情绪和意志这三种心理机能在具体人身上何者占优势,可将性格划分为理智型、情绪型和意志型。理智型的人常以理智衡量一切,并支配自己的行为,做事能三思而后行,很少受情绪影响;情绪型的人不善于思考,行为易受情绪左右,常感情用事;意志型的人行动目标明确,富有主动性和自制力,行为不易受外界因素干扰。在现实生活中,这三种类型的典型情况是极少的,大多数人都属于中间类型。

2.按心理活动的倾向性来划分

以心理活动的倾向性为划分标准,可将性格分为内倾型和外倾型。这是一种最有影响力、最著名的观点,起初是由瑞士心理学家荣格(C.G.Jung)提出来的。按照个人心理活动倾向于内心世界还是倾向于外部世界,可把性格分为内倾型和外倾型。外倾型的人活泼开朗,情感外露,热情大方,不拘小节,善于交际,独立性强,领导能力强,易适应环境的变化,不介意别人的评价,有时易轻率、散漫、感情用事;内倾型的人深沉稳重,办事谨慎,三思而后行,不善于交往,反应缓慢,较难适应环境的变化,很注重别人的评价,有时显得拘谨、冷漠和孤僻。在现实生活中,大多数人属于中间型。

3.按个体的价值观来划分

以个体的价值观为划分标准,可将性格分为理论型、经济型、权力型、社会型、审美型和宗教型等六种。这是德国心理学家斯普兰格(E.Spranger)提出来的。他认为人类的社会生活有六个基本领域:理论、经济、权力、社会、审美和宗教。依据每个人对这六个基本领域中某一个领域所产生的特殊的价值观,把性格分为与之相对应的六种类型。理论型的人以追求真理为生活目的,常根据自己的知识体系来评判事物的价值,重视理论,但在现实问题面前却无能为力;经济型的人以获取财物和追求利润为生活目的,以经济观念为中心,根据实际功利评价事物价值;权力型的人以获得权力为生活目的,有较强的权力意识和支配欲,他自己的所作所为总是由自己决定;社会型的人以重视他人、造福社会为生活目的,有很强的奉献精神,以爱他人为人生的最高目标;审美型的人以追求美和实现美为最高目标,总是从美的角度评价事物的价值,不太关心实际生活;宗教型的人以爱人、爱物为生活目的,把宗教信仰作为最高价值,富有同情心,以慈善为怀,坚信有永恒的生命。现实生活中,大多数人都不是单纯的某一类型,往往主要侧重一种类型,但同时又兼有其他类型的某些特征,属于中间型或混合型。

4.按个体独立性程度来划分

以个体独立性程度为划分标准,可将性格分为独立型和顺从型。这种观点源于美国心理学家威特金(H.A.WitKin)的理论。独立型的人具有坚定的个人信念,善于独立思考,自信心强，不易受暗示和干扰，喜欢将自己的意见强加于人。顺从型的人遇事缺乏主见，易受暗示和干扰，不加分析地执行一切指示，屈服于他人的权势，不能适应紧急情况。

【小贴士】

为什么一些人会害羞

有调查发现：超过50%的大学生认为他们自己是"经常害羞"的人(Carbucci 1995)。他们中的许多人认为害羞是一种令人不快的状态，与它所带来的积极效果相比，它对人格和社会后果具有更多的负面影响。另外一群学生说他们有"情境性害羞"，而不是大部分学生所具有的"气质性害羞"。他们认为：如果他们在一定情境，比如新奇、窘迫、社会压力下(如看不到前途、单独被拒绝或在没有准备的情况下被推上舞台给大家表演)，"好像"会感到害羞。研究者对成年人的害羞进行调查，却惊奇地发现，那些"不害羞"的人在美国和其他受调查的国家中非常少见(Zmbardo 1991)。

害羞(shyness)可以界定为一种在人际环境中使人感到不舒服和压抑的状态，它影响了一个人的人际交往和是否能顺利达到人生目标。害羞可能是缓慢的、气质性的，作为一种人格特质起作用，是自我概念的核心。

这里有几个给害羞学生的简单原则和策略：

(1)要意识到，并不只有你一个人感到害羞。每一个你见到的人可能都会比你更害羞。

(2)即使存在着遗传因素，害羞也是可以改变的。但是这需要勇气和毅力，就像你要改变一个存在了很久的习惯一样。

(3)尝试对你所接触到的人微笑，并与他们进行目光的接触。

(4)与别人交谈时，大声说话，用最清晰的声音，特别是当你说出你的名字或是询问信息时。

(5)在一个新的社会环境中努力使自己第一个提出问题或是发表观点。准备一些有趣的东西去说，第一个去说。每一个人都会欣赏"破冰者"，以后也就不会再有人认为你害羞了。

(6)永远不要小瞧你自己。相反，想一下为了达到你想要得到的成就，下一步你要采取怎样的行动。

(7)注意要使别人感到舒服，特别是当你寻找其他害羞者时。这样做会降低你的自我意识。

(8)在你去通常会使你感到害羞的地方之前，练习沉思，放松，使思想集中到理想的状态。

资料来源：【美】理查德·格里格，菲利普·津巴多.《心理学与生活》.王垒，王甦等译.

三、能力

(一)能力的定义

能力是完成一项目标或者任务所体现出来的综合素质。人们在完成活动中表现出来的能力有所不同，能力是直接影响活动效率、并使活动顺利完成的个性心理特征。能力和活动是紧密联系的。个体的能力是在活动中形成、发展起来的，并在活动中得以表现。

（二）能力的种类

能力按不同的标准可分为不同的种类。

1.按适用范围，可将能力分为一般能力和特殊能力

一般能力是个体完成多种活动所必备的基本能力。如观察力、记忆力、思维能力、注意力、想象力等。一般能力的适用范围广，符合多种活动要求，是工作、学习、生活、创造发明等活动顺利完成的不可缺少的最基本能力。一般能力和认识活动有密切联系，能保证人们容易和有效地掌握知识。在心理学著作中，一般能力往往指的是智力。智力是各种一般能力的综合体。

特殊能力又称专门能力，指个体完成某种专门活动所必备的能力。如数学能力、音乐能力、教育能力等。它只在特殊活动领域内发挥作用，是完成有关活动必不可少的能力。人要顺利地完成某项活动，既要具备一般能力，也要依靠特殊能力。一般能力和特殊能力是不可分割的统一体，存在有机联系。一般能力的发展能为特殊能力发展创造条件；而特殊能力的发展，也会促进一般能力的提高。但有研究表明，一般能力和特殊能力之间的这种联系也有例外，其突出的例子就是“白痴学者”。

2.按创造性成分，可把能力分为模仿能力、再造能力和创造能力

模仿能力是指仿效他人的言谈举止而做出与之相似的行为的能力；再造能力是指在活动中顺利地掌握前人所积累的知识、技能，并按现成的模式进行活动的能力；创造能力是指不依据现成的模式或程序，独立地掌握知识和技能，发现新的规律，创造新的方法的能力。

3.按功能可将能力分为认知能力、操作能力和社交能力

认知能力是指人脑加工、存储和提取信息的能力，即我们一般所讲的智力，如观察力、记忆力、想象力等；操作能力是指人们操作自己的肢体以完成各项活动的能力，如劳动能力、艺术表演能力、体育运动能力、实验操作能力等；社交能力是人们在社会交往活动中表现出来的能力，如组织管理能力、言语感染力、判断决策能力、调解纠纷能力、处理意外事故的能力等。

4.按先天禀赋与社会文化，可将能力分为液体能力和晶体能力

液体能力是指在信息加工和问题解决过程中所表现出来的能力。如对关系的认识，类比、演绎推理能力，形成抽象概念的能力等。它较少地依赖于文化和知识的内容，而决定于个人的禀赋；晶体能力是指获得语言、数学等知识的能力，它决定于后天的学习，与社会文化有密切的关系。

（三）能力发展的个体差异

1.能力发展的一般趋势

在人的一生中，能力发展是有趋势的：

（1）童年期和少年期是某些能力发展最重要的时期。从三四岁到十二三岁，智力的发展与年龄的增长几乎等速。以后随着年龄的增长，智力的发展成负加速变化，智力发展趋于缓和。

（2）人的智力在18~25岁间达到顶峰。智力的不同成分达到顶峰的时间是不同的。

(3)根据对人的智力的毕生发展研究,人的液体智力在中年之后有下降的趋势,而人的晶体智力在人的一生中却是稳步上升的。

(4)成年是人生最漫长的时期,也是能力发展最稳定的时期。成年期又是一个工作时期。在二十五六岁至四十岁间,人们常出现富有创造性的活动。

2.能力的个体差异

能力个体差异是指个体在成长过程中因受遗传与环境的交互影响,使不同个体之间在身心特征上所显示的彼此不同的现象。

(1)能力个体差异表现在能力发展水平上有高低的差异。一般情况下,能力在全人口中的表现为正态分布:两头小,中间大。智力的高度发展称为智力超常或者天才;智力低于一般人水平的为智力落后;中间划分出不同的层次。

(2)能力的个体差异表现在能力表现时间上有早晚的差异。人的能力的充分发挥有早有晚。有些人的能力表现较早,年轻时就显露出卓越的才华;另一种情况是“大器晚成”,智力的充分发展在较晚的年龄才表现出来。这些人在年轻时并未显示出众的能力,但在中年时却表现出惊人的才智。

(3)能力个体差异表现在能力结构的差异上。能力有各种各样的成分,它们可以按不同的方式结合起来。由于能力的不同结合,构成了结构上的差异。例如,有人长于想像;有人长于记忆;有人长于思维等。不同能力的结合,使人们之间具有了个别差异。

(4)能力个体差异表现在能力性别差异上。男女的性别差异并未表现在一般智力因素上,而是反映在特殊智力因素中。比如在数学能力、语言能力、空间能力上,存在着不同程度的性别差异。能力发展的趋势存在个体差异。能力个体差异表现在很多方面,能力高的发展快,达到高峰的时间晚;能力低的发展慢,达到高峰的时间早。

任务三　健康人格的培养

一、健康人格的内容

健康人格是指各种良好人格特征在个体身上的集中体现。对健全人格的理解因人性观、价值取向及方法论的不同而各异。心理学家从各方面描述健康人格的特征。

奥尔波特认为具有健康人格的人是成熟的人。成熟的人有七条标准:(1)专注于某些活动,在这些活动中是一个真正的参与者;(2)对父母、朋友等具有显示爱的能力;(3)有安全感;(4)能够客观地看待世界;(5)能够胜任自己所承担的工作;(6)客观地认识自己;(7)有坚定的价值观和道德心。

罗杰斯认为具有健康人格的人是充分起作用的人。充分起作用的人有五个具体的特征:(1)情感和态度上是无拘无束的、开放性的,没有任何东西需要防备;(2)对新的经验有很强的适应性,能够自由地分享这些经验;(3)信任自己的感觉;(4)有自由感;(5)具有极高的创造力。

弗洛姆认为具有健康人格的人是创造性的人。除了生理需要,每个人都有各种各样的心理需要,这正是人与动物的重要区别。具有健康人格的人将以创造性的、生产性的方式来满足自己的心理需要。

弗兰克认为具有健康人格的人是超越自我的人。超越自我的人被概括为:在选择自己行动方向上是自由的;自己负责处理自己的生活;不受自己之外的力量支配;缔造适合自己的有意义的生活;有意识地控制自己的生活;能够表现出创造的、体验的态度;超越了对自我的关心。

结合以上的观点,我们认为大学生健康的人格应包含以下方面。

1.积极的自我意识

具有健康人格的大学生对自己有恰如其分的、全面客观的评价,充满自信,扬长避短,不苛求自己,不追求十全十美,不为自己存在的缺点和不足而懊恼,愉悦地接纳自己,并在日常生活中能有效地调节自己的行为以与环境保持平衡。

2.良好的情绪调控能力

情绪标志着人格的成熟程度。人格健康的大学生情绪反应适度,具有调节和控制情绪的能力。经常保持愉快、满意、开朗的心境,对生活充满热情,善于自得其乐,并富有幽默感。当消极情绪出现时能合理地宣泄、排解、转移和升华。

3.和谐的人际关系

人格健康的大学生乐于与他人交往,并与他人建立良好的关系。与人相处时,能用尊重、信任、接纳、真诚、平等、谦虚、理解、宽容关爱等积极态度对待他人。

4.良好的社会适应能力

人格健康的大学生能很快适应新的环境,包括学习环境、生活环境和人际环境等。

5.乐观的生活态度

乐观的大学生常常能看到生活中的阳光,对前途充满信心和希望,对自己所做的事情抱有浓厚的兴趣,并在其中努力发挥自身的智慧和能力。即使在遇到困难和挫折时,也不畏艰险,勇于拼搏。

二、健康人格的培养方法

1.优化人格整合

优化人格整合,一要择优,二要汰劣。择优即选择某些优良的人格特征作为自己努力的目标,如自信、勇敢、勤奋、坚毅、善良、正直等可作为人格塑造的依据;汰劣即针对自己人格上的缺点、弱点予以纠正,比如自卑、胆怯、抑郁、冷漠、懒惰、任性、自我中心等。当然,择优与汰劣往往是同步进行的。

2.多读书

不少人格发展缺陷源于无知,无知容易使人自卑、粗鲁,而丰富的知识则使人自信、坚强、理智等。大学生要多读书,读史使人明智,读诗使人灵秀,数学使人周密,科学使人深刻,伦理学使人庄重,逻辑修辞学使人善辩。凡有所学,皆成性格。

3.积极参加实践活动

实践是人格发展的必由之路。无论是知识的获取,能力的形成,还是意志的磨炼都离不开实践。诸如一个人的勤奋、坚韧、乐观、细致等人格特征都是长期实践锻炼的结果。大学生应积极参加各种有益身心健康的实践活动,在这些实践活动中,锻炼自己,提高自己。

4.适度交往

人格发展、塑造的过程是个体实现社会化的过程,是个体与他人、集体、社会相互作用的过程。人格是在行为中表现的,健全的人格也只有在与人交往中才能体现出来。良好的人际关系对塑造健全的人格至关重要。塑造健全人格,必须发展良好的人际关系。如关心他人的需要,真诚地赞美,不作无建设性的批评,多与他人沟通意见,保持自尊和独立等。通过交往,自己的某些人格品质或受到赞扬、鼓励;或受到压制、排斥,从而有助于做出有针对性的调整。

凡事都有“度”,人格发展和表现的“度”是十分重要的,人格塑造过程中应把握辩证法,掌握好“度”,否则就会过犹不及,适得其反。比如,自信而不自负,自谦而不自卑,勇敢而不鲁莽,果断而不冒失,稳重而不犹豫,谨慎而不怯懦,豪放而不粗俗,好强而不逞强等。

人格“度”的把握还表现在不同的人格特质要协调发展,做到“刚柔兼济”。对于“刚”者应多发展些“柔”;对于“柔”者应多发展些“刚”,这样才能形成合理、和谐的人格结构。此外,还要因人因时因地地表现人格特征,有时表现“刚”比表现“柔”好,有时表现“柔”比表现“刚”好;有时应多表现自信,有时应多谦恭,即所塑造出的人格应有韧性,有较强的应变、适应能力。

塑造健全人格,是一项自我改造、自我实现的工程,要从小做起,贵在坚持。当代大学生应从塑造健全人格做起,努力将自己塑造成为符合时代要求的具有良好综合素质的人才。

课后习题

一、单选题

1.俗话说的“江山易改,禀性难移”表明了人格的(　　)。

A 独特性　　B 稳定性　　C 功能性　　D 复杂性

2.将性格分为内倾性和外倾性的提出者是(　　)。

A 荣格　　B 斯普兰格　　C 威特金　　D 弗洛姆

3.本我遵循(　　)。

A 现实原则　　B 快乐原则　　C 道德原则　　D 法治原则

4.自我受(　　)支配。

A 本能冲动　　B 社会现实　　C 道德良心　　D 社会法治

5.热情,有能力,适应性强,但情绪多变,做事缺乏持久性的气质类型是(　　)。

A 多血质　　B 胆汁质　　C 黏液质　　D 抑郁质

二、多选题

1.人格包括(　　)。

A 个性心理特征　　B 动机　　C 个性心理倾向性　　D 性格

2.弗洛伊德的人格结构包括(　　)。

A 自我　　B 本我　　C 超我　　D 无我

3.希波克拉底提出的体液说将气质类型分为(　　)。

A 多血质　　B 胆汁质　　C 黏液质　　D 抑郁质

4.性格的特征包括(　　)。

A 态度特征　　B 意志特征　　C 情绪特征　　D 理智特征

5.按创造性成分,可把能力分为(　　)。

A 模仿能力　　B 再造能力　　C 创造能力　　D 晶体能力

三、简答

1. 简述奥尔波特的健康人格观。

2. 简述健康人格的培养方法。

综合训练

一、心理测试

气质类型测验

下面60道题可以帮助你大致确定自己的气质类型。在回答这些问题时,你认为很符合自己的情况 记+2分;比较符合自己的情况记+1分;介于符合与不符合之间记0分;比较不符合自己的情况记-1分;完全不符合自己的情况记-2分。

1.做事力求稳妥,一般不做无把握的事。

2.遇到可气的事就怒不可遏,想把心里话全都说出来才痛快。

3.宁可一个人干事,也不愿意很多人在一起。

4.到一个新环境很快就能适应。

5.厌恶那些强烈的刺激,如尖叫、噪音、危险镜头等。

6.和人争吵时,总是先发制人,喜欢挑衅。

7.喜欢安静的环境。

8.善于和人交往。

9.羡慕那种善于克制自己感情的人。

10.生活有规律,很少违反作息制度。

11.在多数情况下情绪是乐观的。

12.碰到陌生人觉得拘束。

13.遇到令人气愤的事,能很好地自我克制。

14.做事总是有很旺盛的精力。

15.遇到问题总是举棋不定、优柔寡断。

16.在人群中从不觉得过分拘束。

17.情绪高昂时,觉得干什么都有趣;反之,又觉得什么都没有意思。

18.当注意力集中于一事物时,别的事很难使自己分心。

19.理解问题总比别人快。

20.碰到危险情景,常有一种极度恐怖感。

21.对学习、工作、事业怀有很高的热情。

22.能够长时间做枯燥、单调的工作。

23.符合兴趣的事情,干起来劲头十足;否则就不想干。

24.一点小事就能引起情绪波动。

25.讨厌做那种需要耐心细致的工作。

26.与人交往不卑不亢。

27.喜欢参加热烈的活动。

28.喜爱感情细腻、描写人物内心活动的文学作品。

29.工作、学习时间长了,常感到厌倦。
30.不喜欢长时间谈论一个问题,愿意实际动手干。
31.宁愿侃侃而谈,不愿窃窃私语。
32.别人总是说我闷闷不乐。
33.理解问题常比别人慢些。
34.疲倦时只要短暂的休息就能精神抖擞重新投入工作。
35.心里话宁愿自己想,不愿说出来。
36.认准一个目标,就希望尽快实现,不达目的誓不罢休。
37.学习、工作同样一段时间后,常比别人更疲倦
38.做事有些莽撞,常常不考虑后果。
39.老师讲授新知识时,总希望他讲得慢些,多重复几遍。
40.能够很快忘记那些不愉快的事情。
41.做作业或完成一件工作总比别人花时间多。
42.喜欢运动量大的剧烈体育运动或参加各种文艺活动。
43.不能很快地把注意力从一件事情转移到另一件事情。
44.接受一个任务后,就希望把它迅速解决。
45.认为墨守成规比冒风险好些。
46.能够同时注意几件事物。
47.当自己烦闷时别人很难使自己高兴起来。
48.爱看情节起伏跌宕、激动人心的小说。
49.对工作抱认真严谨、始终一贯的态度。
50.和周围人的关系总是相处不好。
51.喜欢复习学过的知识,重复做熟练做的工作。
52.希望做变化大的花样多的事。
53.小时候会背的诗歌,自己似乎比别人记得清楚。
54.别人说我"出语伤人",可我并不觉得这样。
55.在体育活动中,常因反应慢而落后。
56.反应敏捷,头脑机智。
57.喜欢有条理而不甚麻烦的工作。
58.兴奋的事情常使自己失眠。
59.老师讲新概念,常常听不懂,但是弄懂后很难忘记。
60.假如工作枯燥无味,马上就会情绪低落。

评价:

将每题得分填入下表相应得分栏内,计算每种气质类型的总分。

胆汁质	2	6	9	14	17	21	27	31	36	38	42	48	50	54	58
得分															
多血质	4	8	11	16	19	23	25	29	34	40	44	46	52	56	60
得分															

续表

黏液质	1	7	10	13	18	22	26	30	33	39	43	45	49	55	57
得分															
抑郁质	3	5	12	15	20	24	28	32	35	37	41	47	51	53	59
得分															

(1)如果某种气质类型得分明显高出其他3种且均高出4分以上,可定为该类型气质。(超20分,则为典型型;得分在10~20分,则为一般型)

(2)两种气质类型得分接近,其差异低于3分,而且明显高于其他两种4分以上,则可定为这两种气质的混合型。

(3)三种气质得分均高于第四种,而且接近,则为三种气质的混合型。

1.胆汁质

心理特点:坦率热情,精力旺盛,容易冲动,脾气暴躁,思维敏捷,但准确性差,感情外露,但持续性时间不长。

典型表现:胆汁质又称不可遏制型或战斗型,具有强烈的兴奋过程和抑制过程。感情易激动,反应迅速,行动敏捷,暴躁而有力,在语言上、表情上、姿态上都有一种强烈而迅速的情感表现;在克服困难上有坚忍不拔的劲头,而不善于考虑是否做得到;性急,易爆发而不能自制。这种人的工作特点有明显的周期性,埋头于事业,也准备去克服通往目标路上的重重困难和障碍;但是当精力耗尽时,易失去信心。

代表人物:张飞、李逵。

2.多血质

心理特点:活泼好动,善于交际,思维敏捷,容易接受新鲜事物,情绪情感容易产生也容易变化和消失,容易外露,体验不深刻。

典型表现:多血质又称活泼型,敏捷好动,善于交际,在新的环境里不感到拘束;在工作学习上富有精力而效率高,表现出机敏的工作能力,善于适应新环境,在集体中精神愉快,朝气蓬勃,对事业心向神往;兴趣广泛,积极主动,但情感易变,如果事业不顺利,热情可能消退。

代表人物:燕青。

3.黏液质

心理特点:稳重,考虑问题全面,安静,善于克制自己,忍耐性高,情绪不容易外露,注意力稳定而不容易转移。

典型表现:在生活中是一个坚持而稳健的辛勤工作者,行动缓慢沉着,严格恪守既定的生活秩序和工作制度;态度稳重,交际适度;不容易激动或发脾气,能长时间坚持不懈。不足之处是不够灵活,惰性使其因循守旧,没有创新精神。

代表人物:林冲、关羽。

4.抑郁质

心理特点:沉静,对问题感受和体验深刻,持久,情绪不容易表露,反应迟缓但是深刻,准确性高。

典型表现：易动感情，能观察别人不容易观察到的细节，对外部环境变化敏感，内心体验深刻，外表行为非常迟缓，忸怩，怯弱，怀疑，孤僻，优柔寡断，容易恐惧。

代表人物：林黛玉。

二、能力训练

发现性格优势

活动目的：促进成员的自我反省，认识到自己的优势性格，增强个体的内在力量，懂得做最好的自己本身就是生命精彩的表现。

1.活动要求

(1)每名成员在性格优势表(表1)中勾选自己的优势性格。

(2)每名同学说出本组成员身上的优势性格。描述词语必须是正向的、积极的、符合该同学实际的。

(3)每名同学填写自己的优势卡片(表2)。

表1　性格优势表(24项积极人格品质——6大美德，24项优势)

1. 智慧	(1)创造性；(2)好奇心；(3)批判性思维；(4)好学；(5)洞察力
2. 勇气	(6)勇敢；(7)毅力；(8)诚实；(9)热情
3. 仁爱	(10)爱与被爱的能力；(11)善良；(12)社交智慧
4. 公正	(13)忠诚；(14)公平；(15)领导力
5. 节制	(16)宽恕；(17)谦虚；(18)谨慎；(19)自制
6. 卓越	(20)对美的欣赏；(21)感恩；(22)乐观；(23)幽默；(24)灵性

表2　我的优势卡片

我认我最大的优势性格	同学们认为我还有的优势性格

2.活动讨论与分享

(1)你是否发现了你以前所没有发现的性格优势？

(2)当你听到同学指出你身上你没有发现的优势时，你有什么样的感受？

(3)你觉得同学们说的优势符合你自己吗？

(4)通过这个活动，你有何感受？

【心理书籍推荐】

1.《九型人格》——海伦·帕尔默

九型人格是一种深层次了解人的方法和学问，它按照人们的思维、情绪和行为，将人分为九种：完美主义者、给予者、实干者、悲情浪漫者、观察者、怀疑者、享乐主义者、调停者。我们每个人都是独一无二的个体。九型人格论所描述的九种人格类型，并没有好坏之别，只不过不同类型的人回应世界的方式具有可被辨识的根本差异。这个世界上五十亿人口中，每个类型大概占了五亿。虽然如此，我们每个人还是很独特的，而且九型人格论也容许我们如此。纵使我们的人格类型是可被辨识的，然而我们的人格——经验、记忆、梦、抱负，以及我们的处理方式——却是自己的。

"九型人格"中的每一种人对这个世界的看法都是不一样的。但是通常，我们并不知道别人的看法，我们只是根据自己的看法来判断他人的思想。"九型人格"的教义所强调的，就是要走出自己的固有观念，去感受他人的思想。它帮助你对他人的处境有更多了解，从而设身处地为他人着想。九型人格最卓越之处在于能穿透人们表面的喜怒哀乐，进入人心最隐秘之处，发现人的最真实、最根本的需求和渴望。九型人格能够帮助我们洞察人心，用有效的方式对应他人，最终促成我们人生的幸福和成功。

2.《人格心理学：人与人有何不同》——大卫·范德

人格心理学是心理学的基础课程，也是人们一直感兴趣的话题。《人格心理学：人与人有何不同》是加州大学河滨分校心理学教授大卫·范德的力作。范德教授曾在多所大学讲授人格心理学，在人格心理学领域颇有建树。本书既可作为教材供心理学专业教师及学生使用，也可成为心理学专业从业人员了解人格领域的通识读本。本书内容涵盖主要人格理论，并追溯其历史渊源，也收纳了大量的当前研究，包括生物学角度的研究、跨文化心理学以及与人格相关的认知加工等。

3.《天才在左 疯子在右》——高铭

《天才在左 疯子在右》是2010年由武汉大学出版社出版的图书，作者是高铭。该书以访谈录的形式记载了生活在另一个角落的人群（精神病患者、心理障碍者等边缘人）深刻、视角独特的所思所想，让人们可以了解到疯子抑或是天才真正的内心世界。

【心理电影推荐】

《美丽心灵》

《美丽心灵》是一部关于一个真实天才的极富人性的剧情片。故事的原型是数学家小约翰·福布斯·纳什（John Forbes Nash Jr）。英俊而又十分古怪的纳什早年就作出了惊人的数学发现，开始享有国际声誉。但纳什出众的直觉受到了精神分裂症的困扰，使他向学术上最高层次进军的辉煌历程发生了巨大改变。面对这个曾经击毁了许多人的挑战，纳什在深爱着的妻子艾丽西亚（Alicia）的相助下，毫不畏惧，顽强抗争。经过了几十年的艰难努力，他终于战胜了这个不幸，并于1994年获得诺贝尔奖。这是一个真实的传奇故事。

1947年小约翰·福布斯·纳什进入普林斯顿大学学习并研究数学。这个"神秘的来自西弗吉尼亚的天才"并没有上预备班的经历，也没有遗产或富足的亲戚资助他进入"常春藤盟校"（Ivy League）。但普林斯顿最具声誉的奖学金证明他确实属于普林斯顿这个团队。

这对纳什或是对普林斯顿来说是很不容易的。优雅的社会交际他根本不屑一顾，上课也提不起什么兴致。他整天沉迷着的只是一件事：寻找一个真正有创意的理论。他深信这才是他应该从事的事情。

普林斯顿的数学系竞争十分激烈，纳什的一些同学也十分乐于看到纳什的失败。但是，他们仍然十分容忍他，有意无意地怂恿他当个伟人。一个晚上他与一些同学在当地酒吧娱乐，当时他们对一个热情的金发碧眼女人的反应引发了他的灵感。当纳什观察着这些竞争对手时，常常在他脑海里酝酿的想法突然变得清晰起来。他随之撰写出了关于博奕论的论文——“竞争中的数学”——大胆地将现代经济之父亚当·斯密(Adam Smith)的理论作出了不同的解释。这个已经被人们接受了150年的思想突然变得陈旧过时了，纳什的生活也从此发生了改变。

纳什后来获得了在麻省理工学院(MIT)进行研究和教学的工作，这可是一个众人觊觎的工作，但是他对这些并不满意。科学曾为美国在第二次世界大战中的获胜发挥了巨大的作用。现在，冷战盛行，纳什渴望在这场新的冲突中发挥自己的优势。他的愿望得到了实现，神秘兮兮的威廉·帕彻招募他参加一个绝密的任务，破解敌人的密码。

纳什在麻省理工学院工作的同时，全身心地投入到这个耗神的工作中。在这里，纳什遇到了一种全新的挑战，但是这次的挑战却是来自光彩照人的艾丽西亚·拉迪，一个物理系学生，她向纳什引入了一个从来没有认真考虑过的观念——爱情。

不久，纳什和艾丽西亚结婚了，但是他不能告诉她自己正在为帕彻所从事的危险项目。这项工作稍有不慎泄了密，后果将不堪设想。纳什一直是悄悄地在干，他被这项工作深深地迷住了，并最终迷失在这些无法抵御的错觉中。经诊断，他得的是妄想型精神分裂症。

纳什的遭遇让艾丽西亚吓坏了，她挣扎在被毁天才爱的重压下。随着每一天似乎都会给他们带来新的恐怖，这对伴侣已失去了当初让人羡慕的份儿。但是艾丽西亚仍然在她爱着的男人身上发现了他的超凡魅力，这也是支撑她对他承诺的源泉所在。受到她那坚贞不渝的爱情和忠诚的感动，纳什最终决定与这场被认为是只能好转、无法治愈的疾病作斗争。

谦卑的纳什目标很简单，但要实现这些目标却是难上加难。处在病魔的重压之下，他仍然被那令人兴奋的数学理论所驱使着，他决心寻找自己恢复常态的方法。绝对是通过意志的力量，他才能一如既往地继续进行着他的工作，并于1994年获得了诺贝尔奖。与此同时，他在博奕论方面颇具前瞻性的工作成为20世纪最具影响力的理论，而纳什也成为了一个不仅拥有美好情感，而且具有美丽心灵的人。

项目四
拥有和谐的关系——人际交往

【心灵寄语】

谁也不能像一座孤岛，
在大海里独踞，
每个人都像一块小小的泥土，
连接成整个陆地。
如果有一块泥土被海水冲去，
欧洲就会失去一角。
这如同一座山岬，
也如同你的朋友和你自己。
无论谁死了，
都得是自己的一部分在死去。
因为我包含在人类这个概念里，
因此我从不问丧钟为谁而鸣。
它为我，也为你。

——选自17世纪英国诗人约翰·堂恩的《钟为谁鸣》

我和你不可分，我们同住地球村；我和你心连心，我们共同抵御风和雨。

人际交往将我和你紧密联系在一起，只有开展人际交往，才让我们不再孤单；只有开展人际交往，才让我们在未来求学之路上，勠力同心，勇往直前；只有开展人际交往，才让我们更容易实现预定目标，跨越沟堑，达到理想的彼岸。

【项目导入】

著名成功学专家卡耐基提出一个著名的观点：一个人事业的成功，只有15%是基于专业技术，其他的85%则靠与人相处的品德与能力，即人际关系。我们每个人都是社会这张大网中的一个结点，每个人都不可避免与他人建立各种各样的连接，正是这种人际关系才促成学业或事业上的成功。进入信息化的社会，学会与人交往、培养与人共处和合作的品德就显得更为重要了。

人际关系问题是学校心理咨询的热门话题，是心理健康教育中重点关注的主要问题。

人是群居动物,当一个人独处时,会感到孤独,而与大家在一起时,痛苦由大家分担,能够有效化解内心的痛苦,快速走出心理困境。人际交往是自我与他人、自我与世界相互联系的方式,人总是在与他人交往的过程中,不断地认识自我,发展自我,获得自我成长的力量,完成社会化的重要任务。大学阶段正是一个人自我统一性发展的关键时期,人际交往对于个人的发展发挥着重要的作用。

通过本项目的学习,引导学生正确理解人际交往的含义,掌握影响人际关系因素,帮助学生识别自我人际关系现状,能够有效利用适合自己的人际沟通技巧,打破自我舒适圈,扩大自己的人脉圈,成为善于沟通的达人。了解人际冲突处理的各种方法,有的放矢地处理人际冲突。

【热身活动】

妙手解开千千结

活动目的:营造轻松愉快的气氛,感受人际交往重要性。目标的实现,不是一个人单打独斗能够完成的,需要大家通力合作才能实现。

活动要求:室外宽敞场地,背景音乐,人数不限。

活动流程:

(1)将全班学生分成若干个小组,每组 10 人,让每组成员手拉手围站成一个圆圈,记住自己左右手各相握的人。

(2)在节奏感较强的背景音乐中,大家放开手,随意走动,音乐一停,脚步即停。然后,大家迅速找到原来左右手相握的人分别握住。

(3)小组中所有参与者的手都彼此相握,形成了一个错综复杂的"手链"。在节奏舒缓的背景音乐中,主持人要求大家在手不松开的情况下,用各种方法,如跨、钻、套、转等(但手不能放开),将交错的"手链"解开,变成一个大圆圈。

(4)团体分享感受。

任务一　人际关系初判断

一、人际交往与人际关系

人际交往是人们在社会活动过程中,人与人之间沟通信息、交流思想、表达感情,从而在心理和行为上相互影响的动态过程。

人际关系就是人们在生产或生活活动过程中所建立的一种社会关系,描述的是一种静态的关系。人们在与人交往的过程中形成了各种各样的人际关系。确切地说,人际关系是人们在社会生活和社会交往过程中发生、发展和建立起来的人与人之间的一种关系。人际关系属于社会学的范畴,包括亲属关系、朋友关系、学友(同学)关系、师生关系、雇佣关系、战友关系、同事关系及领导与被领导关系等。

一方面两者相互依赖。人际交往是人际关系实现的前提和基础;人际关系是人际交往的起点和依据,对建立、巩固和发展人际关系都十分重要。人际关系的建立需要经历一个过程,这个过程是一个人不断打破自己的舒适圈开展新的人际交往的过程。所谓的“舒适圈”是指所有人都活在一个无形的界线里，在自己熟悉的环境，与认识的人相处，做着自己会做的事，在此界线内感到很舒服；反之，当走出这个界线，就会感到不舒服。另一方面，两者又互相影响。人际关系发展和变化是人际交往的结果，交往状况与人际关系发展的程度成正比；人际关系亲疏程度又影响和制约人际交往深度，决定交往的内容与性质。

【资料窗】

人际舒适圈

一直以来我都很信奉“物以类聚，人以群分”这句话，生活中我也是将其诠释得淋漓尽致。以至于我身边的好友一直不多，也很难交些新朋友，甚至本能抗拒与自己明显不相同的人相处。

刚入学的时候，碰巧几个室友都是与我明显“殊途”的人。她们性格外向、善于社交，才一天不到的功夫就把班上同学的微信加了个遍。不论男女，无意间碰到了都能自然熟稔地聊上几句，每次我都是尴尬地站在旁边盯着手机。她们也长于玩乐、不拘小节，即便大家都来自外省，她们也能快速地找到当地的美食、美景且感受一番。如果不是知情者，丝毫感觉不到她们是一群刚来不久的外地女孩。

我处在这样一个寝室可真谓是格格不入，最奇异的点在于，她们和网上盛传的那种“分分钟想撕逼的奇葩室友”完全不一样，她们为人处事上没有可挑剔的，并且我是喜欢她们的，只是不想和她们生活。听起来确实有点滑稽，居然喜欢一群不想和其一起生活的人。其实就是，我们之间的价值观、人生观不相似；原本性格、处世方法不一致；兴趣点、闪光点不重合。没有对错只是相异，所以我喜欢并且欣赏她们，同时我也害怕被改变和有落差。

离入学差不多也有一个月的时间了，我基本上适应了学校的生活，也基本上适应了寝室的生活。我发现自己似乎“突兀”的坚硬棱角渐渐地羽化了。我开始喜欢和她们在一起生活，我能够接受的我就尝试着去改变，我无法接受的我就会明确表明，她们似乎有时候也被我改变了。我和阿瑾打电话抱怨的次数越来越少，阿瑾说我这就是从自己的“舒适圈”跳出来了，所以我才会有着更大的格局和宽容度。

如果我们自己主动跳出这个无形的人际交往“舒适圈”，尝试着以不卑不亢的态度去看待别人的语言行为，对照着自己言行举止，也许会发现很多的你认为并非你认为，很多的不可能就是要追求。当思想和看法开始发生改变，你的行为和举动必定会发生变化，就像是连锁反应一样。最后会发现自己的交际圈已经增加了一批人，自己似乎也站在了更高的格局上去看待 -事- 物一人。

走出地域上的“舒适圈”会看到更大的世界，走出生活中的“舒适圈”会看到更多的机会，走出交际里的“舒适圈”会看到更高的自己。

资料来源：百度网络《从容不迫是生活》https://baijiahao.baidu.com/

【说一说，写一写】

打开手机微信通讯录，回想下自己朋友圈内有多少好友？常联络的有多少位？常联络的这些人具有哪些共同的性格特征？你跟他们如何进行沟通与交流的？为帮助你对自己有个深入的了解，请你归纳一下你的舒适圈的特点。

我的舒适圈

____

____

____

____

____

二、大学生人际交往的意义

一般来说，良好的人际关系往往具有积极作用，而不良的人际关系则具有消极的作用。良好的人际关系是社会正常运转的润滑剂，是保证其人格完整、事业成功、生活幸福的必要前提，所以，塑造良好的人际关系具有十分重要的意义。

1.人际交往有助于完善人格

社会化，是个体从自然人到社会人的过程，是一个人接受社会文化规范、形成独立人格的过程。人只有在社会交往中才能形成社会化的个体，才能具有完整的人格。心理学的研究结果表明，儿童与其照看者之间通过交流、互动形成亲密关系，是其身体乃至心理正常发展不可缺少的条件。如果儿童缺乏与成人的正常交往及由此建立起来的亲密关系，不仅影响日后良好性格的形成，而且智力也会出现障碍。

俗话说："独学而无友，则孤陋而寡闻。"大学生正处于个性、人格健全发展的关键时期，个体只有通过与其他个体发生联系，彼此间交流思想、情感、意向、价值等，才能彼此取长补短，共同进步，共同发展。

2.人际交往有助于心理健康

我国著名医学、心理学家丁攒教授曾指出："人类的心理适应，最主要的就是对人际关系的适应。"新精神分析学家霍妮也认为，神经症是人际关系紊乱的表现。现代心理学研究表明，人类的心理病态，主要是由于人际关系失调而来的。人际关系的问题成为影响和制约大学生心理健康的主要问题。

大学生在成长的过程中，会有快乐，也会有忧愁。快乐与朋友分享，快乐加倍，会更快乐；忧愁向朋友倾诉，会缓解紧张、减轻心理压力，得到朋友的支持和帮助，更有利于困难的解决。心理学家研究发现，如果一个人长期缺乏与别人的积极交往，缺乏稳定而良好的人际关系，这个人往往就有明显的性格缺陷。在青少年心理咨询中，绝大多数青少年心理危机都与缺乏正常的人际交往和良好的人际关系有关，这就直接有力地证明了人际交往与心理健康间的必然联系。

一系列的心理学研究结果都表明，良好的人际关系是心理健康的基础。

(1)心理学家研究结果表明，心理健康水平越高的人，往往与别人交往就越积极，越符合社会的期望，与别人的关系也就越密切。

(2)心理学家奥尔波特发现个性成熟的人，都同别人有良好的交往与融洽的关系，他们可以很好地理解别人，容忍别人的不足和缺陷，能够对别人表示同情，具有给人以温暖、关怀、亲密和爱的能力。

(3)研究结果也发现，那些高心理健康水平的优秀者，往往来自于人际关系良好的家庭。

这些研究结果都从侧面提供了人际交往状况影响个体心理健康的佐证。

【知识窗】

美国加州大学著名心理学家劳伦斯·哈特教授在对一些孩子进行长达10年的追逐调查中仔细观察了这些孩子们是怎样生活的：哪些孩子喜欢与人交往，哪些孩子喜欢独处，并对这些孩子的学习进行了跟踪调查。哈特教授通过分析认为，从小善于与人交往的孩子，不仅容易与人相处得融洽，而且可以从其他人那里学到一些更广阔的知识。善于与他人交往的孩子在入学后，不仅能够从容地与同龄人交往，而且能够从容地与老师等成人交往。良好的人际交往是社会适应的表现。孩子是否善于同别人打交道，在人群中人缘如何，对他以后的学习和人生的发展都有很大的影响。

3.人际交往有助于个人成才

21世纪是人才竞争的时代，但对于一个事业成功的佼佼者来说，他若想在人才竞争中脱颖而出，靠的不仅仅是出众的才华，而且更在于有良好的适应社会生活的能力、良好的人际协调的能力。在当今科技日新月异的时代，知识的更新换代极为频繁，每个人都需要不断地进行知识的补充与更新。但是，单靠个人的能力是有限的，光靠书本上的知识很难适应社会发展的实际需要，而积极的人际沟通与交往，是获取新知识的有效途径。“独学而无友，孤陋而寡闻。”彼此间的畅所欲言、互通有无，将会使人们在思想碰撞中产生新的火花，增长他们对事业、人生、成功的积极看法。纵观科学发展史，不难发现：科学家间的彼此合作，很有可能出现科学的奇迹。控制论之父维纳，在建立控制论早期，曾组织过一个科学方法讨论班，参加的人有数学家、物理学家、工程师、医生等。他们分别从不同角度对新理论进行发难、质疑、补充、完善，结果使原来许多问题得以澄清。在现代社会，各门学科间的相互渗透越来越强，单靠一门学科的知识很难有大的成就。所以，应该学会与不同学科人才进行交流的能力，从而在心灵上相互沟通，行为上相互协调，共同促进、共同提高。

4.人际交往是大学生未来事业成功的必备素质

影响一个人事业成功的因素有很多，其中，良好的人际关系是不可忽视的重要前提。美国钢铁大王、成功学大师卡耐基经过长期研究得出这样一个结论：“专业知识对一个人的成功所起的作用只占15%，而其他85%则取决于人际关系。”拥有广泛、良好的人际关系意味着拥有更多的机会、更多的便利和更大的成功。“一个篱笆三个桩，一个好汉三个帮。”对于任何一个人，想要获取事业的成功，没有良好的人际关系是不可能实现的。

5.人际交往是幸福感的来源

幸福是人生追求的最重要的目的。人们不辞辛劳、不断努力就是为了实现人生的幸福。日常生活中，金钱、名誉、地位、成功等似乎与个人的生活质量关系较大，因此，许多人认为幸福是建立在这些要素的基础上的。但心理学家却否定了这种观点，心理学家通过广泛的调查和研究发现，良好的人际关系，尤其是亲子、夫妻、亲密朋友等关键的人际关系的融洽，才是人生幸福重要的决定因素。

三、人际吸引的影响因素

人际交往过程实质是人与人之间交流情感、沟通信息和交换物资的过程。影响人际交往的因素有很多，其中重要的因素之一便是人际吸引。人际吸引是人与人之间的相互接纳和喜欢，是人与人之间建立交往关系的基础。

心理学家阿伦森通过调查发现，人际吸引的影响因素包括以下四个方面的内容：一是信仰和利益与自己相同；二是有技术，有能力，有成就；三是具有令人愉快或崇敬的品质；四是自我悦纳。心理学家通过广泛研究后认为，人际吸引的条件主要是接近性、互补性、能力以及个性品质等。

1.接近性

在日常生活中，空间距离越近，双方越接近，往往越容易增进人际关系。熟悉性在人际关系建立的早期，发挥的影响作用较大。因为地理上的接近使得相互接触的机会相对变得比较多，双方之间更容易相互了解、熟悉，比如：同桌、同班同学，邻居比普通人之间更容易建立良好的关系。心理学研究结果表明，熟悉更容易引起喜欢，熟悉本身就可以增加一个人对某种对象的喜欢。

大学生进入大学后，最初建立的人际关系多是从宿舍开始的，相比之下，由于安排在一个屋檐下，彼此的熟悉程度显然高于非本宿舍成员，大学生最好的朋友往往都在同一宿舍；"老乡见老乡，两眼泪汪汪"，即使之前不了解的老乡，由于地域关系，在陌生环境中也会产生心理上的亲近感。

相似有着重要的意义，在日常生活中，共同的态度、信仰、价值观与兴趣，共同的语言、种族、国籍、出生地；共同的文化、宗教背景；共同的教育水平、年龄、职业、社会阶层；乃至共同的遭遇、共同的疾病等都能在一定条件下，不同程度地增加人们的相互吸引。

为什么相似导致吸引呢？有以下三个方面的原因：

(1)"物以类聚，人以群分。"人们愿意与自己相似的人交往。相似使两者间更容易彼此理解，有共同语言，产生共鸣。

(2)相似可以为交往双方的信仰和态度提供支持，使两方感到自己不是孤立的而是有社会支持的。在大学里共同的兴趣、爱好，相同的信仰往往成为学生交往的重要因素，志同道合的两方更容易成为知己；相反，对于那些在重要问题上与我们意见不合的人，我们可能会对其人格做出负面推断。

(3)人们喜欢与自己相似的人。"相似效应"即指人们喜欢与自己相似的人。一个成功人士，他的朋友大多也是成功人士；一个高学历的人，他的朋友也多数是高学历；一个喜欢运动的人，他的朋友也多数都热爱运动。

2.互补性

互补也是影响人际吸引的重要因素。大学生群体中性格外向同学喜欢与内倾性性格的人交往；家庭经济条件优越的学生会欣赏那些克服困难求学的学生；依赖性强的人更愿意与独立性强的人交朋友等。这些现象都是补偿心理的作用。似乎接近与互补是对立的两极，但实际上，二者是协同的。建立在态度与价值观上一致性的相似与互补有着重要意义，在互补涉及人际吸引中关键因素和社会角色相互对应时，互补比相似更重要。

3.能力与特长

一个人的能力或特长本身就是一种吸引力，使人容易心生敬佩或爱慕之情而愿意与之接近。表面上似乎在同等条件下，一个人能力越强，越完美，就越受欢迎。研究结果表明，实际上在一个群体中最有能力、最能出好主意的人往往不是最受喜爱的人(E・Aronson)。一个有才华的人，如果表现出一点小过错或个人的小缺点，反而会使普通人更愿意接近他、喜欢他。这个结论在学生群体中也适用。调查发现，大学生中最受欢迎的学生往往不是最优秀的，因为每人都希望自己周围的人有才能，有一个令人愉快的人际关系圈，但如果别人的才能使人们可望而不可及，则会产生心理压力。这也有中国人所讲的“木秀于林，风必摧之”。

4.个性品质

美国心理学家安德森从 1968 年做的一项调查中得出结论：排在序列最前面、受喜爱程度最高的 6 个个性品质中，包括真诚、诚实、理解、忠诚、真实、可信等都或多或少、间接或直接与真诚有关；而排在序列最后的受喜欢程度低的几个品质如说谎、装假、不诚实、不真实等都与真诚有关；真诚受人欢迎，虚伪令人讨厌。一个人要想赢得别人，与别人保持良好的交往，真诚是必须有的品质。因此，建立大学生良好的人际关系，真诚是必不可少的。

任务二　做一个交往达人

一个人必须学会与他人共同生活，学会与人合作，才能够获得幸福。在人际交往中既要掌握人际沟通的基本技巧，也要把握一些基本的原则，才能更好地与他人交往、沟通和合作。

一、人际交往的基本技巧

（一）巧妙运用首因效应

首因效应又叫第一印象，是指在人际交往过程中，人们往往对首次接触时注意到的印象深刻，而对之后的信息则很少注意，或者印象不深刻。

心理学家阿希通过一个实验证明了首因效应的存在。他分别向两组大学生呈现了描述一个人性格特点的语句。一组大学生看到的语句是：这个人聪明、勤奋、易冲动、爱评论人、顽固、嫉妒；另一组大学生看到的语句是：这个人嫉妒、顽固、爱评论人、易冲动、勤奋、聪明。两组描述的词语都一样，只是顺序完全相反。结果发现，先接受了积极信息的一组大学生对被评价者的印象远远优于先接受了消极信息的那一组。心理学家洛钦斯也认为，先出现的信息之所以会对整体印象产生较大的影响，一方面因为人们在接触陌生人时，会比较注意对方的形象、动作等细节，因此最开始得到的印象就较为鲜明和强烈；而且人们对后续信息的解释往往也受到先前信息的影响。

扫一扫，看视频《如何给对方留下良好的第一印象》

在交友、招聘、求职等社交活动中，我们可以利用这种效应，展示给人一种极好的形象，为以后的交流打下良好的基础。当然，这在社交活动中只是一种暂时的形象，更深层次的交往还需要不断完善自己的谈吐、举止、修养、个性品质等。

（二）学会有效倾听

倾听是建立和维系良好的人际关系的法宝。倾听代表一种交往态度，耐心倾听对方的话表明“我对你感兴趣”“我愿意倾听你讲话”，这在无形中能提高对方的自尊心，加深彼此感情；反之，打断对方讲话，表明你不愿意与对方交流，容易使对方的自尊心受挫。事实也说明，越是善于倾听他人意见的人，人际关系就越融洽。要做到一个好的倾听者，既要用耳，还要用心，应该做到“五心”。

1.耐心

智者善于倾听,愚者没有耐心。人人都需要得到他人的尊重,耐心倾听他人讲话是对人的一种最基本的尊重。

2.专心

在听他人讲话时,精神集中,表情专注,不东张西望、心不在焉;看报纸、呵欠连天等,表示你不愿意与人交流;更不要修指甲、剔牙、掏鼻孔、挖耳朵等,这类举止不仅是不礼貌的表现,也传达给对方"你不想听了"的信息。

3.虚心

善于听取别人意见的人往往都是最快通往成功的人,当别人善意地提出忠告时,一定要虚心接受,切忌得理不让人和进行不必要的争辩。

4.会心

听人谈话,不只是在被动地接受,还应该主动反馈,积极地回应。在交谈时,要注意与对方进行目光交流,既要听出对方说出的字面意思,也要听出对方没有表达出的深层含义,通过与对方交流反馈给对方。

5.留心

在倾听的过程中,除了要关注对方语言传达的信息外,还要留意肢体语言传达的信息。

(三)善用微笑

拿破仑·希尔这样总结微笑的力量:"真诚的微笑,其效用如同神奇的按钮,能立即接通他人友善的感情,因为它在告诉对方:我喜欢你,我愿意做你的朋友。同时也在说:我认为你也喜欢我。"微笑是一种令人愉快的表情,它在人际交往中具有很重要的作用,微笑可以缩短人与人之间的心理距离,生活中,没有什么东西比一个灿烂的微笑更能提升你的个人魅力,更打动人心了。

笑容中,微笑最自然大方,最真诚友善。世界各民族普遍认为微笑是基本笑容或常规表情,在人际交往中保持微笑具有以下几个方面的作用:

(1)表明心境良好。面露微笑,说明心情愉快,充实满足,乐观向上,善待他人,这样的人会产生吸引别人的魅力。

(2)表明充满自信。面带微笑,表明对自己的能力有充分的信心,以不卑不亢的态度与人交往,使人产生信任感,容易被别人真正地接受。

(3)表明真诚友善。微笑反映自己心底坦荡,善良友好,待人真心实意,而非虚情假意,使人在与其交往中自然放松,不知不觉地缩短了心理距离。

(4)表明乐业敬业。工作岗位上保持微笑,说明热爱本职工作,乐于恪尽职守。如在服务岗位,微笑更是可以创造一种和谐融洽的气氛,让服务对象倍感愉快和温暖。

真正的微笑应发自内心,渗透着自己的情感,表里如一。毫无包装或矫饰的微笑才有感染力,才能被视为"参与社交的通行证"。

(四)给人以真诚的赞美

会赞美人是一种能力,赞美要贴近实际,更要诚恳。

首先,选准角度、恰如其分。假如你要赞美一位女同学,而这位同学相貌平平,与其说她美如西施，不如肯定她善良、温柔。这样的赞美更能够引起共鸣，增进人际交往效果。

其次，具体实在。比如，你想赞美一个同学，与其笼统地说“我真的喜欢你”，不如换成“我喜欢你今天的穿着打扮”或者“我喜欢你，因为你刚才说的那番话很真诚”。

最后，赞美要真诚。言不由衷的赞美只会让人生厌，往往会让人敬而远之。

（五）谈对方感兴趣的话题

选择对方感兴趣的话题能够拉近人与人之间的心理距离。荷马·克洛维并不是一个年轻英俊的人，也不是一个拥有巨额财富的人，但是，他却能够让人在15分钟内就对他产生好感，这是为什么呢？因为他是一个善于与人交往的人。荷马·克洛维对人从来不矫揉造作，并且总能让别人感到他对人的喜欢。关心是发自内心的。每当他遇到一个陌生的人，他总有办法与对方攀谈起来，就像是老朋友一样。他交往的秘密就是与人交谈尽量少谈自己的事，多谈对方的事情。通过谈对方的事情，荷马·克洛维不仅可以更多地了解对方是做什么的，有什么爱好等，更重要的是，荷马·克洛维让对方感觉到了尊重，他们会感到克洛维对自己的兴趣和关心，这就是克洛维与人交往的秘密。

谈对方感兴趣的话题能够让对方感受到你是喜欢他、关注他、对他感兴趣、愿意与他交往的，能够让对方对你留下好的印象。谈对方感兴趣的话题是影响人际交往的主要因素之一。

二、人际交往的基本原则

（一）真诚原则

真诚待人是人际交往中最有价值、最重要的原则。真诚是人际交往的基本原则，也是做人的一个最基本的标准。“精诚所至，金石为开”，真诚在人际交往中，最能打动人，最能感化人。以诚待人是人际关系得以延续和深化的保证。

【知识链接】

美国一位心理学家曾列出555个描写人品的形容词，让大学生说出最喜欢、最不喜欢哪些，结果学生评价最高的品质是真诚。在8个评价最高的形容词中，有6个和真诚有关，即真诚、诚实、忠实、真实、信赖和可靠。而评价最低的品质中，虚伪居首位。古人说：“以诚感人者，人亦诚而应。”在交往中，只有彼此抱着心诚意善的动机和态度，相互理解、接纳、信任，感情上引起共鸣，才能使交往关系巩固和发展。

（二）平等原则

人际交往，无论是公务还是私交，都没有高低贵贱之分，要以朋友身份进行交往，才能深交。无论交往双方的身份、地位如何，身体状况如何，学习成绩如何，能力如何，都应该以平等的态度，一视同仁，平等交往。对于自我而言，切忌因学习成绩差、家庭经济条件差而自卑；也不要因为自我的优势和长处而趾高气扬，这些心态都会影响交往。

（三）尊重原则

尊重包括自尊和尊重他人两个方面。自尊是在各种场合都要自重自爱，维护自己的人格;尊重他人是重视他人的人格、习惯与价值。尊重他人是人的一种最基本的需要,尤其是隐私的尊重。由于主客观因素的影响,人与人在气质、性格、能力、知识等方面存在差异,但在人格上是平等的,只有尊重他人才能得到他人的尊重。

何炅——湖南电视台快乐大本营节目主持人,作为主持人,他集一流学识、亲和力、机智、控场能力于一身,是当之无愧的芒果台一哥,是公认娱乐圈中人缘最好的人。在何炅过生日时,收到半个娱乐圈内的明星祝福。人们都很诧异,同为娱乐圈明星,何炅为何拥有广泛的人脉资源,广交各行好友呢?有一次郭麒麟在《拜托了冰箱》节目中,透露出了何炅好人缘的原因,每次录完节目,何老师都会作为东道主请嘉宾吃饭,无论这个人是业内大咖,还是初出茅庐的新人,何炅都会尽到地主之谊。这不是简单的一顿饭,它代表着对于他人工作的一种认可,代表着一种感恩,还代表着对于这个人的一种尊重。

扫一扫,看视频《人际交往尊重原则》

【说一说,写一写】

回忆一下,平时与人交往的过程中,你运用过哪些技能或原则呢?为了融洽人际关系,未来你想付出怎样的努力提升人际交往的能力呢?

____。

任务三　人际冲突巧处理

大学生中大部分学生能够开展正常交往,他们乐于交往,主动交往,善用技巧,协调冲突,拥有朋友。但是,也有一部分学生存在一些交往不良的问题,主要有不愿与人交往、不敢与人交往和不懂与人交往三大类。

一、不愿与人交往

不愿与人交往是指自我封闭,生活在自己的世界,对外界的事物不适应或不感兴趣,不愿与人交流内心的想法。不愿与人交往者的心理表现为自傲心理、封闭心理、孤独心理等。

(一)自傲心理及其调适

自傲心理是指过高地评价自己,总感觉自己优于别人,盛气凌人,自以为是,甚至不愿与别人为伍。自傲心理对于大学生人际交往是极其不利的,必须加以克服,可以通过以下方式进行调节。

1.认识自傲心理的危害

自傲者多数只看到自己的长处,看不到自己的短处,拿自己的长处与别人的短处进行比较,常常回避自己的短处,这样的自我认知模式常常显示出盛气凌人的气势。每个人都有尊重的需要,傲视别人的人往往自以为是、自恃清高。自傲就是对别人的鄙视和疏远,会导致人际关系紧张。

2.全面认识自己

"人无完人",每个人都有自己的优势和不足,生活中,既要看到自己的优势也要明确自己的不足,不以自己的优势而骄傲自大,也不以自己的不足而自卑逃避。全面认识自己,才能在人际交往中博百家之长为我所用,取长补短,不断提升自我。

3.提高自我的期望值

"人外有人,山外有山",每个人的才能与学识的高低总是相对的,对才能和学识的评价也是有条件的。有不同的自我期望就会有不同的奋斗目标,所以自傲者要提升自我期望值,才能发现自己的才能和学识上的不足,从而克服自傲心理。

(二)闭锁心理及其调适

闭锁心理又称为自我封闭心理,表现为把自己的真实情感和欲望掩盖起来,过分地警觉和自我克制,使交往无法深入。闭锁心理严重的人不信任任何人,还有很强的戒备心理。

大学生中具有闭锁心理的学生往往少言寡语,从不与人推心置腹,往往给人不可捉摸的感觉,很少有知心朋友。人际交往中的闭锁心理实际上是人为地在自己和他人之间建立了一道心理屏障,影响大学生的学习,妨碍个人的全面发展。闭锁心理可采用以下方法加以克服。

1.更新观念

在信息时代的今天,大学生积极利用各种信息技术和手段不断更新观念,认识闭锁心理的危害,建立人际信任,学习与人交往的技巧和方式,提升人际交往能力。

2.开放自我

克服闭锁心理,除了更新认知观念外,还要主动积极行动开放自我。学会敞开心扉,主动与人交流、积极与人交往,变被动为主动,才能克服闭锁心理。

二、不敢与人交往

不敢与人交往是指心里愿意与人交往,但因为过分关注自己,在行动上表现出退缩的心理。尤其在人多的场合或集体活动中不敢和人打交道,不敢表现自己,甚至出现社交恐怖症。

不敢与人交往者心理表现一般有害羞心理、自卑心理、恐惧心理等。

(一)害羞心理及其调适

害羞心理是在他人面前感到不自在和受压抑,害怕与他人接触的倾向和行为。害羞心理是大学生较常见的人际交往障碍,主要表现为:交往中过于羞涩拘束,神情不自在,不能准确、充分表达自己的思想感情,往往成为人际交往的被动者,不利于人际交往的发展。

面对害羞心理,可以从以下几方面着手进行改善。

1.学会正确的自我评价

充分认识到每个人都有自己的长处和短处,既认识到自己的短处,又要善于发现和肯定自己的长处,提高自己在交往中的自信心。

2.加强心理训练和实践锻炼

积极参加各种实践活动,在活动中不断提升自己,发掘自己的潜力,增强自信。

3.放下心理负担

应认识到失败是成功之母,是人生的一段必经经历,不断总结失败教训,化压力为动力,不断努力。

(二)自卑心理及其调适

自卑是一种因过多的自我否定而产生的自惭形秽的情绪体验。在心理学上,自卑属于主体反常的自我意识,是人格的一种缺陷。自卑心理一经产生,就具有扩散性和感染性,它会从某一方面逐渐泛化,影响到学习、工作、生活等各个方面,特别严重的会影响正常的人际交往。在交往中缺乏自信,会感到自己不足的地方太多,优势太少,处处不如别人,失去交往的勇气和信心,严重的自卑心理会给大学生的心理和生活带来精神上的负担。所以,应积极引导大学生克服自卑心理。

1.正确认识和接纳自己

要消除自卑,必须学会多方面、多途径地了解和认识自己,并能够正确地进行自我评价和正确接纳自己。不但能认识和接纳自己的长处,而且也能够容忍和接纳自己的短处。

2.学会积极地自我暗示、自我鼓励

正向、积极的心理暗示能够增强自信。在公共场合要有积极的心理暗示,别人能够做到的事情,自己同样能够做到。

3.积极地开展交往

"实践出真知",只有在不断与他人沟通、交流、互动中,才能够学会人际交往的技巧,有效地开展交往。交往中,性格开朗、乐观的人能够给自己更多的感染,从他们身上能够学习到积极的品质,这些都有助于克服自卑心理。

三、不懂与人交往

许多大学生在人际交往过程中,带着良好的人际期望与其他同学进行交往,但由于不懂与人交往的正确方法,结果往往事与愿违。

不懂与人交往者一般带有自我中心主义。自我中心是一种严重影响人际关系的心理障碍。以自我为中心的人,与人交往总是处处为自己着想,只关心自己的需要和利益,强调自己的感受。不尊重他人的价值和人格,漠视他人的处境和利益。在交往中目中无人,与同伴聚会,不顾场合,也不考虑别人的情绪,高兴时高谈阔论,手舞足蹈;不高兴时,郁郁寡欢或乱发脾气。自我中心的人有很强的自尊心,在别人看来可能是很小的事情,但在他们身上都会引起强烈的自尊心受挫的感觉。要克服自我中心主义,坚持做到以下两点。

扫一扫,看视频《性格内向的人如何提高人际交往能力》

1.虚心

只有能够接受别人正确的意见,承认自己的错误,才可能通过批评改掉过去固执己见、唯我独尊的形象。

2.平等相处

平等相处要求自我中心的人以一种普通人的心态和身份与别人相处,不过分苛责别人,也不冷眼看人,这样才能使人际交往的天平处于平衡的状态。

【课堂感悟与收获】

本课你有哪些收获?人际交往中你存在哪些不足?未来打算如何做?

____

____

____

课后习题

一、单选题

1.(　　)是人际交往的前提。

A.动机　　B.认知　　C.情感　　D.态度

2.(　　)是人际交往的第一原则。

A.平等原则　　B.尊重原则　　C.诚信原则　　D.互利原则

3.(　　)是指由于一些客观条件的限制和认识上的偏差,认为自己在某个方面或某几个方面都不如别人,从而产生轻视自己、失去信心、畏缩的一种情绪体验。

A 习得性无助　　B 妒忌　　C.自卑　　D.害羞

4.根据心理学 (　　)是在人际交往中所产生的心理定势作用,在与陌生人交往中,大学生要注意给人留下良好的第一印象。

A.晕轮效应　　B.首因效应　　C.马太效应　　D.标签效应

5.(　　)是一种最简单、最直接表示对他人友好的一种方式。

A.微笑　　B.打招呼　　C.点头　　D.鞠躬

6.在人际距离中,(　　)属于亲密区。

A.0.5 米以内　　B.0.5~1.2 米　　C.1.2~3.7 米　　D.3.7 米以上

7.言语交往,首先应学会(　　)。

A.表达　　B.沟通　　C.倾听　　D.尊重

8.衡量人际关系好坏的主要指标是交往双方的(　　)。

A.交往次数　　B.心理距离

C.行为表现　　D.互惠程度

9.心理健康在社会交往中可表现为(　　)。

A.经常与素不相识的人十分热情地交谈,表现为十分兴奋的状态

B.对同事、好友无缘无故地表现为冷漠、漠不关心

C.有自己喜欢与不喜欢的人

D.接触异性时经常表现为紧张的情绪

10.有的学生希望通过交往与别人建立和谐的关系,得到别人接纳,其想要满足的人际

需要是(　　)。

A.情感的人际需要　　B.控制的人际需要

C.包容的人际需要　　D.利用的人际需要

二、多选题

1.人际关系按照其形成基础可以分为(　　)。

A.血缘关系　　B 地缘关系

C.业缘关系　　D.网缘

2.人际交往的心理功能包括(　　)。

A.信息沟通功能　　B.心理保健功能

C.自我完善功能　　D.心理调节功能

3.大学生人际交往的特点有(　　)。

A.交往愿望强烈　　B.交往对象单一

C.感情色彩浓厚　　D.交往理想化

4.大学生人际交往的原则有(　　)。

A.平等原则　　B 尊重原则

C.宽容原则　　D.诚信原则

5.大学生克服人际交往中的自卑感,应做到(　　)。

A.要客观地进行自我分析

B.要进行积极的自我暗示、自我鼓励

C.要积极与他人交往

D.善于转移注意力

6.大学生克服人际交往嫉妒感,应做到(　　)。

A.正确看待别人的长处和能力

B.善于调整目标

C.保持良好的心态

D.善于转移注意力

三、案例分析

案例一

南昌大学某女生,学习成绩在班级一直名列前茅。但她内心自卑,看不起自己。在大众场合不敢发言,跟别人交流时总不能恰当地表达自己的想法,尤其是跟老师或陌生人谈话,总觉得十分局促,举手投足不知如何是好,并且脸红得很厉害。很羡慕别的同学在公共场合能够从容不迫,侃侃而谈。强烈希望改变自己,虽然做过很大的努力,但一直得不到明显改善,内心非常苦恼。从高中到大学很少与异性同学交往,别人评价她是个冷漠、孤傲的人。从小养成了以自我为中心的习惯,因此,在成长和交往的过程中,朋友越来越少,慢慢地脱离了群体,把自己封闭起来。后来开始反省自己,自责,觉得都是自己的错。时间一长,发现自己好像已经没有脾气了。不管跟谁发生矛盾,都以为是自己的错,然后深深自责,或者把怨气都闷在心里。总觉得难以与周围的同学建立一种和谐的关系。非常担心毕业后不能适应社会生活。近来更是觉得自己一无是处,极度自卑,没有勇气参加任何活动。

案例二

某女生C,在家是独生女,漂亮聪明,学习优秀,堂、表兄弟姐妹中数她最出色,父母爷姥万千宠爱,家庭经济条件好,很早就有自己独立的卧室。到学校后,四人一间宿舍,感到委屈和不适应,经常抱怨寝室同学,还耍娇小姐脾气,指使别人干这干那,好像是理所当然的。这样,其他三位同学开始逐渐疏远她,她感到十分孤单,却又不知道别人为什么远离她。

综合训练

一、心理测试

人际关系综合诊断量表

这是一份人际关系行为困扰的诊断量表,共28个问题,每个问题做“是”(打√)或“非”(打×)两种回答。请你认真完成,而后参看后面的评分计分办法,对测验结果作出解释。

1.关于自己的烦恼有口难言。

2.和生人见面感觉不自然。

3.过分地羡慕和妒忌别人。

4.与异性交往太少。

5.对连续不断的会谈感到困难。

6.在社交场合感到紧张。

7.时常伤害别人。

8.与异性来往感觉不自然。

9.与一大群朋友在一起,常感到孤寂或失落。

10.极易受窘。

11.与别人不能和睦相处。

12.不知道与异性相处如何行之有效,适可而止。

13.当熟悉的人对自己倾诉他的生平遭遇以求同情时,自己常感到不自在。

14.担心别人对自己有什么坏印象。

15.总是尽力使别人赏识自己。

16.暗自思慕异性。

17.时常避免表达自己的感受。

18.对自己的仪表(容貌)缺乏信心。

19.讨厌某人或被某人所讨厌。

20.瞧不起异性。

21.不能专注地倾听。

22.自己的烦恼无人可申诉。

23.受别人排斥与冷漠。

24.被异性瞧不起。

25.不能广泛地听取各种意见、看法。

26.自己常因受伤害而暗自伤心。

27.常被别人谈论、愚弄。

28.与异性交往不知如何更好地相处。

人际关系综合诊断分栏记分表

栏	题目序号								得分小计	困扰行为
Ⅰ	题目	1	5	9	13	17	21	25	小计	交谈
	分数									
Ⅱ	题目	2	6	10	14	18	22	26	小计	交际与交友
	分数									
Ⅲ	题目	3	7	11	15	19	23	27	小计	待人接物
	分数									
Ⅳ	题目	4	8	12	16	20	24	28	小计	与异性交往
	分数									
标准评分		打“√”的给打1分,打“×”的给0分						总分		

测查结果的解释与辅导:

如果你得到的总分是0~8分,那么说明你在与朋友相处上的困扰较少。你善于交谈,性格比较开朗,能主动关心别人,你对周围的朋友都比较好,愿意和他们在一起,他们也都喜欢你,你们相处得不错。而且,你能够从与朋友相处中,得到许多乐趣。你的生活是比较充实而且丰富多彩的,你与异性朋友也相处得很好。一句话,你不存在或较少存在交友方面的困扰,你善于与朋友相处,人缘很好,获得许多人的好感与赞同。

如果你得到的总分是9~14分之间,那么,你与朋友相处存在一定程度的困扰。你的人缘很一般,换句话说,你和朋友的关系并不牢固,时好时坏,经常处在一种起伏波动之中。

如果你得到的总分是15~20分之间,那就表明你在同朋友相处上的行为困扰较严重。分数超过20分,则表明你的人际关系行为困扰程度很严重,而且在心理上出现较为明显的障碍。你可能不善于交谈,也可能是一个性格孤僻的人,不开朗,或者有明显的自高自大、讨人嫌的行为。

以上是从总体评述你的人际关系。下面,将根据你在每一横栏上的小计分数,具体指出你与朋友相处的困扰行为及其可资参考的纠正方法。

记分表中Ⅰ横栏上的小计分数,表明你在交谈方面的行为困扰程度。

如果你的得分在6分以上,说明你不善于交谈,只有在极需要的情况下你才同别人交谈。你总难以表达自己的感受,无论是愉快还是烦恼。你不是个很好的倾听者,往往无法专心听别人说话或只对单独的话题感兴趣。

如果得分在3~5分之间,说明你的交谈能力一般,你会诉说自己的感受,但不能讲得条理清晰。你努力使自己成为一个好的倾听者,但还是做得不够。如果你与对方不太熟悉,开始时你往往表现得拘谨与沉默,不大愿意跟对方谈。但这种局面在你面前一般不会持续很久。经过一段时间的接触与锻炼,你可能会主动与同学搭话,同时这一切来得自然而非造作,此时,表明你的交谈能力已经大为改观,在这方面的困扰也会逐渐消除。

如果你的得分在 0~2 分之间,说明你有较高的交谈能力和技巧,善于利用恰当的谈话方式来交流思想感情,因而在与别人建立友情方面,你往往比别人获得更多的成功。这些优势不仅为你的学习与生活创造了良好的心境,而且常常有助于你成为伙伴中的领袖人物。

记分表中Ⅱ横栏上的小计分数,表示你在交际与交友方面的困扰程度。

如果你的得分在 6 分以上,则表明你在社交活动与交友方面存在着较大的行为困扰。比如,在正常集体活动与社交场合,你比大多数伙伴更为拘谨;在有陌生人或老师存在的场合,你往往感到更加紧张而扰乱你的思绪;你往往过多地考虑自己的形象而使自己处于越来越被动、越来越孤独的境地。总之,交际与交友方面的严重困扰,使你陷入“感情危机”和孤独困窘的状态。

如果你的得分在 3~5 分之间,则往往表明你在被动地寻找被人喜爱的突破口。你不喜欢独自一个人待着,你需要和朋友在一起,但你又不大善于创造条件并积极主动地寻找知心朋友,而且,你心有余悸,生怕在主动行为后的“冷”体验。

如果得分低于 3 分,则表明你对人较为真诚和热情。总之,你的人际关系和谐,在这些问题上你不存在较明显持久的行为困扰。

记分表中Ⅲ横栏的小计分数,表示你在待人接物方面的困扰程度。

如果你的得分在 6 分以上,则往往表明你缺乏待人接物的机智与技巧。在实际的人际关系中,你也许常有意无意地伤害别人,或者你过分地羡慕别人以致内心妒忌别人。因此,其他一些同学可能回报给你的是冷漠、排斥,甚至是愚弄。

如果你的得分在 3~5 分之间,则往往表明你是个多侧面的人,也许可以算是一个较圆滑的人。对待不同的人,你有不同的态度,而不同的人对你也有不同的评价。你讨厌某人或被某人所讨厌,但你却极喜欢另一个人或被另一个人所喜欢。你的朋友关系某些方面是和谐的、良好的,某些方面却是紧张的、恶劣的。因此,你的情绪很不稳定,内心极不平衡,常常处于矛盾状态。

如果你的得分在 0~3 分之间,表明你较尊重别人,敢承担责任,对环境的适应性强。你常常以你的真诚、宽容、责任心强等个性获得众人的好感与赞同。

记分表中Ⅳ横栏的小计分数表示你跟异性朋友交往的困扰程度。

如果你的得分在 5 分以上,说明你在与异性交往的过程中存在较为严重的困扰。也许你存在着过分的思慕异性或者对异性持有偏见。这两种态度都有它的片面之处。也许是你不知如何把握好与异性同学交往的分寸而陷入困扰之中。

如果你的得分是 3~4 分,表明你与异性同学交往的行为困扰程度一般,有时你可能会觉得与异性同学交往是一种愉快的事,有时又会认为这种交往似乎是一种负担,你不懂得如何与异性交往最适宜。

如果你的得分是 0~2 分,表明你懂得如何正确处理异性朋友之间的关系。对异性同学持公正的态度,能大大方方、自自然然地与他们交往,并且在与异性朋友交往中,得到了许多从同性朋友那里不能得到的东西,增加了对异性的了解,也丰富了自己的个性。你可能是一个较受欢迎的人,无论是同性朋友还是异性朋友,多数人都较喜欢你和赞赏你。

二、能力训练

解开“千千结”

10~12人为一个小组，拉起手围成圈，记住自己的左右手拉的是谁的手，然后松手在圈内自由走动，走动的同时可以和本组的人握手说：“你好，我叫××。”待主持人喊“停”，几个人迅速拉起原来自己左右边同学的手，此时组内同学的手相互绕在一起，就像一个“千千结”，然后逐一解开“千千结”，恢复原来的圆圈状态。在解开“千千结”的过程中，拉着的手不能松开。“千千结”被打开时，大家会很有成就感。

【心理书籍推荐】

《FBI教你破解身体语言》

与陌生人见面，如何在一分钟内，了解这个人？如何与对方拉近距离？如何找到对方喜欢的话题？如何让对方开口说话？听听FBI首席专家的建议吧！他会教你超强的阅人术，让你在第一时间看透对方。

【心理电影推荐】

《牛仔裤的夏天》

根据2001年安布拉谢尔最畅销小说改编而来，2005年上映，讲述了四个闺中密友的故事。这四个小姑娘第一次没有在一起过夏天，将她们联系在一起的是一条有魔法的牛仔裤，尽管这四个女孩体型、个头各不相同，但这条神奇的牛仔裤却总能适合她们。她们为这条神奇的牛仔裤制定了10条穿着原则：

(1)不准洗。

(2)不许卷起裤腿。

(3)不许说也不许想自己穿上会不会显胖。

(4)不许让男孩脱掉你的裤子，当然，你可以在他的面前自己脱。

(5)穿上裤子不许挖鼻屎。

(6)重聚时，必须在牛仔裤上证明自己的印记。

(7)整个夏天都要和姐妹们通信，不论你自己过得多么逍遥快活。

(8)依照约定按时把牛仔裤传递到下一个姐妹手中。

(9)不要把衬衫系在腰带里。

(10)记住：牛仔裤等于爱，爱裤子，爱自己。

在接下来的一个夏天，在分开的日子里，会飞的牛仔裤给身处不同地方的她们带来了不同奇遇，让她们都经历了一个难忘的夏天。这是一个关于友情、生命态度和成长的影片。

项目五
邂逅美好爱情——恋爱中成长

【心灵寄语】

爱情是一种积极的，而不是消极的情绪，是人内心生长的东西，而不是被俘虏的情绪。一般来说可以用另一个说法来表达，即爱情首先是给而不是得。爱情的积极性除了有给的要素外，还有一些其他的基本要素。这些要素是所有爱的形式共有的，那就是：关心、责任心、尊重和认识。

爱情是对生命以及我们所爱之物生长的积极的关心。如果缺乏这种积极的关心，那么这只是一种情绪，而不是爱情。

关心和关怀还包括爱情的另一方面，即责任心。责任心这个词本来的意义是一件完全自觉的行动，是我对另一个生命表达出来或尚未表达出来的愿望的答复。"有责任"意味着有能力并准备对这些愿望给予回答。

尊重就是要努力地使对方能成长和发展自己。因此尊重绝无剥削之意。我希望一个被我爱的人应该以他自己的方式和为了自己去成长、发展，而不是服务于我。

希望同另一个人结合以逃避自我孤独的监禁同另一个完全符合人性的愿望有紧密的联系，那就是认识"人的秘密"。通过人与人的结合，我们认识对方、认识自己、认识所有的人。

——摘自【美】弗洛姆的《爱的艺术》

【项目导入】

"问世间情为何物，直教人生死相许"，爱情的魅力，拨动着每一个人的心弦，也悄悄地潜入大学生的心扉。随着身心发育的日益成熟，大学生对爱情的渴望和追求自然萌发。据不完全统计，当前大学生有过恋爱经历的超过三分之二。按照马斯洛的需要层次理论，爱是人的基本需要，每个人都有追求爱情的需要和权利；而按照埃里克森的人生发展阶段理论，大学生是发展亲密感的关键时期，如果在大学期间能邂逅一场美好爱情，对发展其个人与他人的亲密感也是非常有助益的。

通过本项目的学习，使学生明确爱情的真谛是什么，学会分析自己的恋爱心理，掌握处理恋爱问题的技巧，正确处理恋爱中的性问题以及如何正确对待网络恋情。

【热身活动】

你喜欢我吗?

活动目的:调动学生积极性;活跃课堂氛围;引导学生认识到自己恋爱标准,为本节课的主题做铺垫。

活动地点:教室或空旷的操场。

活动规则:

(1)所有人围成一个圆圈,一人站在圆心。

(2)由站在圆心的人随即问圆圈里的人(比如A)A你喜欢我吗?如果A回答喜欢,则周围相邻的两个人要互换位置。在互换位置的时候,站在圆心的人要迅速地插到A相邻的两个位置之间,这样A周围相邻的两个人有一个就没有位置,那么就由其中一人表演一个节目或做自我介绍,然后由他站在圆心,再开始下一轮游戏。

(3)如果A回答不喜欢,则站在圆心的人将会继续问A:"那你喜欢什么样的人?"如果A回答我喜欢戴眼镜的人,则场上所有戴眼镜的人都必须离开自己的座位寻找空位,而站在圆心的人需要迅速找一个位置,这样没有找到位置的人就需要表演一个节目或做自我介绍,然后由他站在圆心,开始下一轮游戏。

A回答不喜欢之后还可以回答例如我喜欢男人,那么全班男同学必须全部换位。如果A是男生,他自己也要换位。

任务一　"爱"的真谛

爱情是人类永恒的话题,古今中外无数哲学家、文学家、艺术家和心理学家等都对爱情进行了无尽地探索。但直到现在也没有人能够给爱情一个准确的定义。可能正是由于它的神秘性和复杂性才更加地具有吸引力,引得无数人对它心之向往。爱情到底是什么?

一、爱情的含义

对于爱情的含义不同的人有不同的理解。关于爱情的定义,古今中外的学者从不同的角度给予了界定。

古希腊哲学家苏格拉底认为:爱情是爱一切的善,是一种动人的欲望。

保加利亚伦理学家瓦西列夫认为:爱情是在传宗接代的本能基础上产生于男女之间的、使人能获得特别强烈的精神享受的、综合的、既是生物的又是社会的相互倾慕和交往之情。

德国哲学家黑格尔说:"爱情确实有一种高尚的品质,因为它不只停留在性欲上,而是显示出一种本身丰富优美的心灵,要求以生动活泼、勇敢和牺牲的精神与另一个人达到统一。"

柏拉图认为:心灵像一驾马车,它由三部分组成,即驭者与两匹马。驭者是理智,一匹是不驯的劣马,一匹是听话的好马。好马是意志冲动,劣马是情欲。好马"能自治,知廉耻",是正确见解的朋友;而劣马"靠鞭打才能勉强驯服",这匹马朝着肉欲的宴席疾驰,沉湎于享乐之中。

人本主义心理学家卡尔·罗杰斯说:“爱是深深的理解和接受。”

弗洛姆认为:爱是我们对所爱者生命与成长的主动关切,没有这种关切就没有爱。

心理学家海德说:“爱是深度的喜爱。”

综上所述,爱情就是一对男女之间建立在性需要基础上的一种强烈的内心情感体验,是基于一定的社会关系和共同的生活理想,在各自内心形成的对对方的最真挚的倾慕,并渴望对方成为自己终身伴侣的最强烈的感情;是两颗心灵相互向往、吸引,达到精神升华的产物;是人类特有的一种高尚的精神生活。

【说一说,写一写】

你心目中爱情的模样

你觉得在你的心里爱情是什么样子的呢?请写下你的观点。

____

____

______________________________。

二、爱情的特征

爱情具有哪些特征呢?我们通过以下几方面来进行理解。

1.爱情具有排他性

这是爱情最重要的特征之一。爱情是专一的,独一无二的,爱情是一对男女之间的情感,爱情必须是一心一意的,不可三心二意,虚情假意。陶行知说过:“爱情之酒甜而苦,两个人喝是甘露,三个人喝是酸醋,多人喝要中毒。”

2.爱情具有互爱性

爱是相互的,爱不是单相思,不是强求,是双方在真诚的基础上自愿为对方付出,要为对方的利益和幸福着想,对爱侣的前途和命运负责。双方既是爱者,又是被爱者。

3.爱情具有自主性

爱情的前提应该是两个独立的个体,在彼此倾慕的条件下的结合。在爱情中恋爱的双方都有各自的自主性,不是彼此的依附品或附属物。只有在自主的前提下,恋爱的双方才能真正感受到爱情所带来的甜蜜、幸福之感。

4.爱情具有持久性

真正的爱情应该是持久的,而不是短暂的。如果时间很短暂,那只是一时的迷恋,称不上是爱情。真正的爱情要同时包含着激情、亲密和承诺。

【话题讨论】

请你说一说,同性之间有真爱吗?你对同性恋有什么看法?

____

____

______________________________。

三、斯腾伯格爱情三角理论

现实生活中，我们看到每个人的爱情各不相同：有的人爱情平静似水，有的人爱情澎湃如潮；有的人爱情亲密无间，有的人爱情若即若离；有的人爱情天长地久，有的人爱情昙花一现。为什么会有如此不同的爱情表现呢？

对这一问题，美国耶鲁大学的斯腾伯格教授提出了爱情三角理论。他认为，人类的爱情虽然复杂多变，但其基本构成成分不外乎动机、情绪和认知三种。

动机成分是产生爱情行为的驱动力。人类爱情行为动机是极其复杂的，其中性动机包括异性身体容貌特征的彼此吸引，是爱情行为的重要原因之一。

情绪成分是爱情满足人的身心需要所产生的态度体验，如酸甜苦辣的爱情滋味、喜怒哀乐的爱情情绪。

认知成分是爱情的理性认识，对情绪和动机有着控制作用。

有人形象地把爱情动机视为电流，情绪视为火花，而把认知看作是开关，它可以调节爱情之火的热烈程度。

以爱情的三种成分为元素，斯腾伯格进一步把动机、情绪和认知各自在两性间发生的爱情关系，分为激情、亲密、承诺。即以动机为主的两性关系是充满激情的，以情绪为主的两性关系是亲密的，以认知为主的两性关系是承诺的。

其中，激情是指爱情关系趋于浪漫、身体吸引和性爱完美的驱力或一种状态，通俗地说，就是见了对方，会有一种怦然心动的感觉，和对方相处，有一种兴奋的体验；亲密是指在恋爱关系中亲近、融合，结成亲密私人关系的感觉，是两人之间感觉亲近，温馨的一种体验；承诺是指当事人对关系维持的一种认知，决定去爱一个人和对恋爱关系担负责任。承诺由两方面组成：短期的和长期的。短期方面就是要做出爱不爱一个人的决定；长期方面则是做出维护这一爱情关系的承诺，包括对爱情的忠诚、责任心。这三种爱情成分的不同组合构成了不同的爱情类型。斯腾伯格用三角形来表示三种成分的相互关系。亲密是“温暖”的，激情是“热烈”的，而承诺是“冷静”的。

根据这个理论，爱情可以分成七种类型：

喜欢(liking)：只有亲密关系。在一起感觉很舒服，但是觉得缺少激情，也不一定愿意厮守终生。

迷恋(infatuated love)：只有激情体验。认为对方有强烈吸引力，除此之外，对对方了解不多，也没有想过将来。

空洞的爱(empty love)：只有承诺。

浪漫的爱(romantic love)：有亲密关系和激情体验，没有承诺。

同伴的爱(companionate love)：有亲密关系和承诺，缺乏激情。

愚蠢的爱(fatuous love)：有激情和承诺，没有亲密关系。

完美的爱(consummate love)：同时具备三要素。

亲密、激情、承诺单独作用的结果分别是喜欢、迷恋、空洞；亲密和激情结合而无承诺时，产生的是浪漫爱情；亲密和承诺相结合而无激情时，产生的是伴侣式爱情；承诺和激情结合而无亲密时，产生的是愚蠢的爱情；当三种成分相结合时，形成完美的爱情。完美的爱情是相知的亲密、生理的吸引以及对婚姻的追求与承诺。

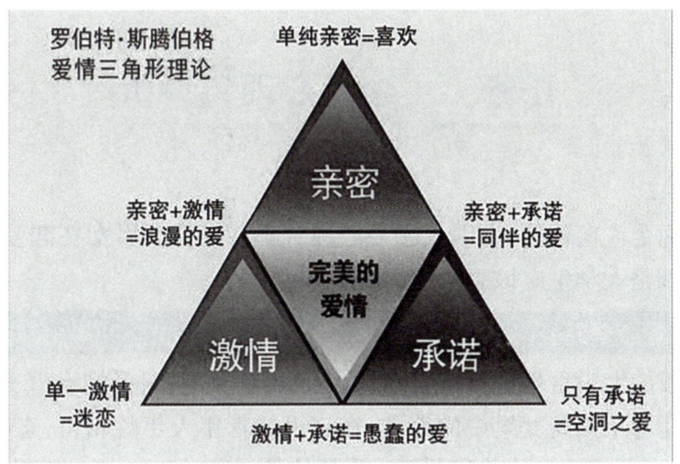

【趣味小测试】

斯腾伯格爱情量表:测你爱得有多深?

网址:https://www.psy525.cn/ceshi/84331.html

【案例讨论】

争吵不断的恋人

某高职院校大一女生,与前男友分手,在半个月的时间内结识了现男友,两人最初的相识是感觉能玩到一起,两人在一起嬉笑打闹很开心,彼此不讨厌,于是便确定了恋爱关系。两人相处一年多,时常吵架。原因是该女生觉得男友小气,不让自己跟班级其他男生有太多交往,总爱动手打人;男生觉得自己的女友总是跟其他男生打打闹闹,担心女友与他人产生好感,而放弃两人的感情。

分析点评:爱情是男方双方基于彼此的好感,并渴望对方成为自己终身伴侣的最强烈的感情,是激情、亲密、承诺三个成分相结合的完美产物。在本案例中,男女双方彼此有好感,两人之间感受到了亲近、温馨的一种体验,并迅速确定了恋爱关系,却缺乏激情和承诺的成分,只有一方确定将来两人会组成家庭,但另一方并没有这个想法。两人在一起并没有体会到怦然心动的感觉,而是时刻提防着对方会不会不高兴,产生了一种不安全感。

那这两个人该如何调整这种状态呢?

请大家运用爱情三角理论,写出你的观点:

(1)你如何看待两人之间的感情?

____

____

______________________________。

(2)如果你是其中的女生或男生,你会如何解决彼此间存在的分歧?

____

____

______________________________。

任务二　恋爱心理巧分析

爱情是美好而令人向往的,大学生恋爱心理有哪些特征?男女在恋爱中会存在哪些心理差异呢?这些都是大学生应该思考的问题。

一、大学生恋爱心理特征

进入大学阶段的大学生生理日渐成熟,性意识不断觉醒,对爱情有着美好的向往和热烈的追求。大学又是青年人高度集中的地方,在这里的青年人年龄相仿、志趣相投、有更多的共同语言,更容易产生感情上的共鸣而萌发爱情的种子。

大学生的恋爱除了具有爱情的基本特征外,还具有一些独特的心理特征。

1.追求浪漫色彩

大学生对爱情有着美好的憧憬,所以在恋爱的过程中较少考虑现实问题,只追求浪漫的爱情。在恋爱时较少甚至根本就没有想过结婚、家庭等具体问题。在恋爱的过程中不在乎天长地久,只在乎曾经拥有。这种浪漫的色彩,在一定程度上掩盖了理想和现实的矛盾,因此,爱情缺乏一定的现实基础,比较脆弱,一旦遇到问题,就容易破裂。

2.情感讲求随缘

很多大学生表示,恋爱随缘,当爱情来临时坦然接受,没有遇到合适的人也不焦急,这是比较正常的心态。但有部分大学生对合适的理解各不相同,对选择的恋爱对象没有一个明确的标准。有的同学表示要有眼缘,这就是一个很难界定的标准。

3.自主性较强

大学生谈恋爱自主性较强,常常是自己看准了对象就去追求,不太考虑他人的建议和家长的意见,几乎不太考虑门当户对、双方的个性特点是否合适等问题。同时在恋爱中遇到问题也会更多地考虑自身的感受,而较少考虑他人的处境和感受等。

4.公开性明显

当前大学生受传统观念的影响较少,恋爱方式公开化,一旦确定恋爱关系,即向他人公开恋情,毫无隐瞒。恋人间举止亲昵,在大学校园里到处可见一对对恋人或牵手、或依偎而坐、或搂肩抱腰,毫无避讳,无视他人存在。大学生对婚前性行为的态度也较为开放,很大一部分学生表示只要双方愿意就可以接受。

【知识窗】

爱的伴侣的选择

精神分析显示,深层的无意识动机促成了对爱的伴侣的选择,使得两个特别的人相互性吸引,彼此满意。男人对女人的感情总是受早期对母亲的依恋的影响。但是这多少是无意识的,表现形式可能也非常隐蔽。男人可能会选择一个在某些特征上与自己母亲完全相反的女人作为爱的伴侣——也许这个所爱的女人的容貌与母亲非常不同,但是她声音或人格中的某些特征与他对母亲的早期印象相符,对他有一种特殊的吸引力。或者,正因为他想要摆脱对母亲过于强烈的依恋,他可能会选择一个与她完全相反的爱的伴侣。

当成长继续，一个姐妹或堂表姐妹常常取代了男孩子性幻想和爱的情感中母亲的位置。显然，虽然伴侣选择受对姐妹的情感影响的男人可能也会在伴侣身上寻求某些母性特征；然而基于这种情感的态度与那些主要在女人身上寻求母性特征的男人的态度不同。在孩子的早期成长环境中各种人的影响创造了种种可能性：看护者、姑姑或姨妈、奶奶或外婆等可能在这方面起了重要作用。当然，在考虑早期关系对后来选择的影响时，我们不要忘记，他想在后来爱的关系中重新发现的，是当他是孩子时对所爱的人的印象，以及那时与她联结在一起的幻想。此外，无意识心理联系事物的基础不同于意识心理所意识到的。为此，各种完全被遗忘的——被压抑的印象使得一个人比另一个与该个体有关的人在性和其他方面更有吸引力。

类似的因素在女人的选择中也起了作用。她对父亲的印象，对他的情感——钦佩、爱等等——在她选择伴侣时可能起了主要作用。但是她对父亲的早期的爱可能已经被动摇。因为过于强烈的冲突，或者因为他让她太失望，也许她很快地就离开他，而一个兄弟，堂表兄弟或者玩伴可能成了对她非常重要的人物；她可能对他既有性的欲望和幻想，又有母性的情感。那么她寻找的爱人或丈夫可能是一个符合她心中兄弟形象的人，而不是一个更有父亲品质的人。在一个成功的爱的关系中，爱的伴侣的无意识心灵相互吻合。如果一个主要具有母性情感的女人寻找一个具有兄弟性质的伴侣，而如果这个男人在寻找一个主要具有母性的女人，他的幻想和欲望就与这个女人相符合了。如果一个女人强烈地与父亲联结在一起，她会无意识地寻找一个需要有女人来让他扮演好父亲这一角色的男人。

尽管成人生活中爱的关系基于早年与父母、兄弟姐妹联结的情感情境，新的关系并不一定仅是早期家庭情境的重复。无意识的记忆、情感和幻想以非常隐蔽的形式进入到新的爱的关系或友谊中。但是除了早期影响外，在复杂的进程中还有很多其他因素帮助建成了爱的关系或友谊。正常的成人关系总是包含了源于新情境的新鲜要素——源于环境，源于与我们接触的人的人格，源于他们对我们作为成人的情感需求和实际兴趣的反应。

——摘自梅兰妮·克莱因，琼·里维埃演讲录《爱·恨与修复》

二、大学生恋爱的类型

大学生的恋爱动机不同，呈现出了不同的恋爱类型，主要包括以下几种。

1.理想浪漫型

这种类型的大学生在恋爱中追求浪漫和完美、追求对方包容自己，有的大学生甚至希望对方每天都能给自己惊喜并甘愿为自己奉献一切，他们追求的是恋爱时的快乐感觉，很少考虑爱情路上的困难和挫折。这种理想化浪漫式的爱情经不起现实挫折的考验，一旦遇到现实困难，这种恋情将难以维持。

2.现实功利型

这种类型的大学生在恋爱中较为现实和功利。比如看重对方的家庭状况和经济条件、父母及其亲戚的社会地位，更多地关注对方的家庭对自己的前途是否有帮助等，他们往往把爱情当成谋取功利的手段，没有真实的爱情所言。这种类型的恋爱在大学校园里所占的比例较小，但工作以后，尤其是经人介绍的相亲活动，这种类型的占大多数。

【案例故事】

靠妻子爬上职场高位的男子

某高职院校一男生，在校期间了解到同班一女同学的父亲是某市政府官员，于是对该女生展开热烈地追求。该女生有一男朋友，但招架不住该男生热烈的爱情攻势，与男友分手，答应该男友的追求，并确定了恋爱关系，两人毕业后回到女生所在的城市并结婚，两人关系一直不错。婚后由于岳父的帮助，逐渐地在市里一重要机关单位谋得高位。

两人结婚多年，但一直没有孩子。某一天，妻子要出差，丈夫帮忙收拾行李，待一切准备就绪，出门前丈夫将妻子谋杀，并制造妻子出差未归的假象。

案发后该男子交代，与妻子相恋就是为了借助妻子的关系谋得一官半职。但结婚后发现妻子并非处女之身，所以耿耿于怀。但为了能爬上职场高位，这些年一直没跟妻子挑明自己在这件事上的态度。如今岳父已经不能动摇他的职位，所以精心设计这场谋杀案。

这就是典型的现实功利型恋爱，为了提高自己的社会地位、改善自己的经济状况而追求对自己有帮助的异性，借助恋人的家庭背景达到自己出人头地的目的，却没有真正地为两人的感情负责任，酿成了这样的悲剧。

3.互爱互助型

这种类型的大学生在恋爱中能相互帮助，彼此促进成长。这类爱情一般是在学习或工作中相互帮助、相互尊重和相互欣赏中产生感情，进而确定恋爱关系。双方志趣相投，注重思想上的沟通，追求和谐的精神生活和事业的共同目标，没有功利的动机，也没有外在因素的干扰。这类大学生大多能处理好爱情与学业的关系。

4.情欲慰藉型

这种类型的大学生在恋爱中是在寻找心理的慰藉，以排除内心的孤独；或将性和爱等同起来，认为有爱必然有性，片面追求性刺激，认为恋爱就是为了满足自己的性欲望，只享受性带来的愉悦，而很少对感情负责，他们忽视爱情的真正的内涵，爱情道德意识薄弱，逢场作戏、玩弄异性常常是这些人的不良行为。

5.盲目从众型

这种类型的大学生对爱情没有太明确的想法，也没有认真思考为什么要谈恋爱，只是看到周围同学或身边的朋友都有恋人了，自己不是当电灯泡就是一个人孤零零的，甚至有部分男同学还会认为自己没有女朋友，别人会误会自己“那方面”有问题，所以很盲目地找一个人来谈恋爱。

三、大学生恋爱心理差异

男女在身体和心理上存在差异，就如男人是在火星，女人在金星。性别的差异决定了大学生在恋爱中心理上存在着不同的差异，主要表现在以下几方面。

1.男生比女生更容易一见钟情

人们之间的了解，总是从相识开始。爱情萌生于好感，而人们之间的好感，也离不开最初的一见。有的初见没有什么，但会日久生情；而有的只要见上一面，就会顿生情愫。通常情况下，男性更注重女性的外貌长相；而女性更注重男性的内心世界，选择对象一般比较慎重。因而男性比女性更易一见钟情。

2.恋爱中女生的自尊心比男生更强

在恋爱中，男生一般并不过分计较求爱时遭到对方拒绝所带来的尴尬。如果求爱受挫，他们会用精神胜利法来安慰自己以求得自身心理上的平衡；而女生则不然，她们在恋爱中极其敏感，自尊心强，并想方设法来满足这种需要。

3.求爱时男生要比女生更积极主动

在恋爱的过程中，男生往往比较主动，敢于率先表白自己的爱情，喜欢速战速决，与对方接触不久，就展开大胆的追求，希望在短期内能够取得成功。而女生则不然，她们喜欢采取迂回、间接的方式，含蓄地表达自己的感情，喜欢将爱情的种子埋藏在心灵深处。

4.恋爱中女生的情感比男生细腻

在恋爱中，男生往往有些粗心，不能体察女方细微的心理变化。他顾及大的方面，而不注意小的细节，发现对方情绪变化时，经常百思不得其解，不知所措。女生的情感很细腻，善于体察对方的心理。她们追求爱情的亲密，同时要求男生的言谈举止都要称心。粗心大意的男友不经意的一句话、一件事，也会使她们伤感不已或大发脾气。

5.恋爱中男生的戒备心理没有女生强

一般来说，男生在恋爱中的戒备心理比女生少一些。不少男生在与女生开始接触后，几乎从来不怀疑对方。女生则不然，她们在恋爱初期显得十分冷静，常常以审视的态度来观察对方是否出自真心实意，唯恐上当受骗。所以在恋爱的初期，女生往往显得十分小心谨慎。在情感表达方面，女生较男生含蓄。

6.恋爱中男生的情绪稳定性比女生差

在恋爱中，男生一般反应迅速、意志坚强、勇敢大胆、激情洋溢，但情绪不稳定。这种个性特点，使他们对爱的感受容易溢于言表、喜形于色。言行多不深思后果，易冲动，受到刺激时不善于控制自己，如急于用亲吻、拥抱等亲昵行为表达爱。而女生一般沉稳持重、灵活好动、情绪多变、感情充沛而脆弱。体现在恋爱过程中，则是她们感情羞涩而少外露，善于掩饰自己，表达爱慕常感到羞涩，喜欢用婉转含蓄、暗示的方法而不喜欢过早用动作、行为的亲昵来表达。

任务三　如何让爱情保鲜

爱情是美好的，但并不是一帆风顺的。恋爱的双方有时会体会到爱的甜蜜，有时也会品尝到爱的苦涩。

一、大学生常见恋爱心理问题及调适方法

（一）单恋

1.单恋的表现

俗称单相思，是指一方对另一方倾慕的情感苦于不被对方知晓或者明知对方不爱自己，而自己却一厢情愿地渴望对方的爱，使自己陷入痛苦的状态。在大学生中单恋的现象比较常见，一方面单恋较多地出现在性格内向、敏感、富于幻想、自卑感强的大学生身上；另一方面单恋也会较多地出现在工作学习中较为熟悉的人中间，由于工作和学习中接触较多，相互间帮助较多，可能会引起另一方的误解，会认为对方对自己有好感，产生恋爱的错觉。

2.单恋的调适方法

（1）要明辨双方的个性特点。首先要明确自己的个性特点及选择恋人的标准；其次也要仔细观察和准确分析暗恋对象的个性特点以及对方对自己的情感和态度，以避免“表错情”而使自己难堪或痛苦。

(2)要学会恰当地自我安慰。如果“告白”遭遇拒绝,或对方已心有所属,要学会恰当地自我安慰。以“酸葡萄心理”和“甜柠檬心理”安慰自己“适合我的那个人还没出现”“TA 不接受我,是 TA 的损失”。

(3)正确区分友情与爱情。仅仅有好感,不能称为是爱情;他人经常帮助自己、照顾自己,也不一定是他人对自己有爱意。所以在生活工作中要学会正确地区分友情和爱情,两者不能混为一谈。

(二)多角恋

1.多角恋的表现

多角恋是指一个人同时与两个或两个以上的异性保持着恋爱的关系。由于爱情具有排他性,因此多角恋隐藏着极大危险性。多角恋是一种畸形的恋爱,是道德观念缺失的一种表现。处于多角恋的大学生应该综合权衡,理智选择适合自己的一个,否则会给多方带来伤害。

2.多角恋的调适方法

(1)要端正认知。要认识到恋爱是两个人彼此倾慕,相互促进,相互成长的过程;爱情具有排他性(专一性),与多人保持恋爱关系是非常危险且有害的。

(2)遵守恋爱道德。忠诚是恋爱道德的核心之一。真正的爱情必须是忠诚的,要对彼此间的爱情负责,承担彼此的责任和义务。只有彼此忠诚才能培育出美丽的爱情之花。

(三)独占心理

1.独占心理的表现

恋爱中的独占心理是指在恋爱中有一方禁止另一方与其他异性(或同性)交往,只允许恋人与自己保持亲密关系的一种现象。在现实生活中,存在着一部分大学生要求恋人时刻陪伴自己左右,要求占有恋爱对象的全部感情、全部空闲时间、全部的社交活动空间。恋爱中的这种独占心理,不利于增进双方的感情,反而会使双方感到失去了自我。

2.独占心理的调适方法

(1)要认识到双方都是独立的个体。谈恋爱的大学生应该认识到在谈恋爱之前每个人都是一个独立的个体。恋爱中恋爱的双方也是独立的个体,任何一个人都不是另一个人的附属品。

(2)要给恋人自由。恋人关系是一种特殊的人际关系,在恋爱中也要遵循人际交往的基本原则,要充分地尊重、包容、理解恋人。爱一个人就要尊重 TA,给 TA 以充分的自由,而不是把恋人紧紧地拴在身边才是真爱。

(3)尊重对方的隐私。每个人都会有自己的隐私,恋人间也不要强求彼此间毫无隐瞒,这是不现实的。尊重恋人的隐私正是一个人包容性的最好体现,同时更会赢得恋人对自己的信任。

(四)猜疑心理

1.猜疑心理的表现

恋爱中的猜疑心理是指在恋爱中恋爱的一方对另一方不信任,常对另一方持怀疑态度。

猜疑心理在大学生中也是比较常见的现象。在恋爱中排他和嫉妒是正常的心理反应,但如果这些心理变成极端的、机械的条件反射,则不利于增进双方的情感。现实生活中,我们可以见到有一部分大学生对恋人的行踪要时时掌握,还有一部分恋爱者不停地翻看恋人的微信、微博、QQ、信箱等。如果见到恋人与其他异性多讲几句话,就不停地质问。这些都是典型的猜疑心理的表现。深究其原因就是恋爱双方彼此缺乏信任,或一方对自己缺乏自信,通过以上的种种行为来求得对方爱自己的保证。

2.猜疑心理的调适方法

(1)要充分信任对方。信任是恋爱的前提。对恋人不信任,时时担心恋人会不会移情别恋,使恋爱双方都小心翼翼,身心俱疲,这样的爱情必然不能维持长久。

(2)要相信自己。在恋爱中之所以怀疑恋人对自己不忠诚,其主要原因是对自己缺乏自信,可能会觉得自己没有魅力、没有能力或不可爱等。大学生在恋爱中要看到自己的优势,也相信自己可以通过努力改善自己某方面的不足,使自己与恋人更般配。

【扩展阅读】

怀疑的本质

怀疑的心理一直存在你心中。怀疑的心理等于是小我的所有想法的缩影。小我的想法都是以怀疑做出发点的,所以其目的就是要控制你所有的知觉,让灵魂无法影响你。在亲密差距,这就意味着你会用怀疑的眼光看待伴侣。如果你对一个人存有怀疑,又怎么能亲近对方呢?

在你面临一个重大的转折点时,怀疑的声音会变得更强大。举例来说,也许你想突破某些障碍,让你和伴侣可以有更亲密的性生活。这时怀疑的心理便会扯你的后腿,或让你的身体不能依灵魂的指示来做动作。

怀疑的心理会把你过去的创伤投射至你的未来。如果你去年从马背上摔下来过,那么怀疑的心理就会向你保证,从今以后你只要想骑马都一定会从马背上摔下来。如果你在之前的亲密关系中遭遇过失败,那么怀疑心理就会企图说服你这一次也一样会失败。

怀疑的心理是小我用来维持你的自我局限观念的工具,它会让你无法了解真正的自己。人们往往会把伴侣当作罪魁祸首,但其实怀疑心理才是让人无法发现自己本质的元凶。

怀疑的声音会用实际的事物来造成你的恐惧心理。如果你想辞掉工作去追寻自己的梦,那么怀疑的心理就会提醒你现在失业率很高,你可能会养不活自己,而且你想做的那一行是很难有所成就的。统计数字往往是小我最爱用的"实质证据",小我会用这样的证据来劝你打消念头。在亲密关系中,怀疑的心理会让你把对方的行为、肢体语言或脸上的表情当作你无法亲近对方的证据。

所有的怀疑都是对自己的怀疑。换句话说,如果你这样说:"我无法相信伴侣的爱,我想他/她早晚会伤害到我。"那么其实你真正表达的意思是你不能相信自己。你所谓对伴侣的"信任",其实是一种期望——你希望对方的行为不会对你造成威胁,或使你的旧伤复发。事实上,你是不相信自己有能力去处理伤痛或爱你自己的。

对自己的怀疑就像胶,让你和你对家庭死忠的观念黏得紧紧的。如果怀疑自己,你就会没有安全感,也就会希望借由家庭的归属感来为自己找回身份。当你想要成长并超脱这个身份的时候,怀疑的声音会尽全力阻挠你,让你只能继续维持这个你为自己塑造的身份。

如果向怀疑的声音屈服,这就表示你不再相信生命。如果你不再相信生命,就是相信死亡。这会让你放弃自己,也放弃生命(死亡的诱惑)。

怀疑的心理会支持“不足”的想法，让你认为自己没有价值，所以不被爱，也不可能成功。如果你抱着“不足”的想法，就会有竞争的冲动，使你处于两难的境地，害怕冒险，而且感到沮丧。这全是因为怀疑的声音在对你说，你没有足够的价值，所以无法去爱人，也无法被爱。

如果怀疑的心理能与爱整合在一起，它就能转变为明辨的态度。也就是说，怀疑变成了单纯地问问题，让你能够明察事物的本质，并做出最好的选择。在怀疑的心理与你的灵魂之光整合之前，你可能常常会由于死忠的观念、自我欺骗、天真无知、恶习或恐惧而做出不适当的选择。这些心理受到灵魂的影响而转变之后，你就能用纯真的心去仔细检查你所遇到的每个事件，不会再受欺骗或误导。这时，怀疑的心理已经变成明辨的态度，而对你有所帮助。

如果你能记得，怀疑的心理在你要做重大决定的时候会变得特别强烈，你就不会那么害怕它了。借由重申追求真理的决心，你会找到突破怀疑心理的方法，从而了解真正的自己。要记得，怀疑的心理会把你过去的创伤和错误（怀疑的心理会将这称为“失败”）投射到你的未来，让你变得畏畏缩缩，不敢勇往直前，却反过来寻求你过去所使用的方法，以得到暂时的安全感。

如果把对怀疑的心理的了解应用在你的亲密关系上，你就会知道，当你遇到下列情形时，怀疑的心理会让你无法得到更深层的爱：

（1）你想离开伴侣，去寻找新欢，或开始幻想拥有一个“更好”的伴侣。

（2）你觉得自己无法在亲密关系中有所进展，因为你怀疑自己或怀疑伴侣不想改变。（所有的怀疑都是对自己的怀疑）

（3）你认为自己和伴侣之间的未来会有愈来愈多的阻碍，而你觉得自己将无法承受更多的困难。（自我放逐）

（4）你发现在亲密关系中总是失败，并开始认为你的生活就只能这样了，所以何不干脆放弃？（死亡的诱惑）

——摘自克里斯多福·孟的《亲密关系》

（五）游戏心理

1.游戏心理的表现

恋爱中的游戏心理是指大学生谈恋爱只是为了找一个玩伴，在恋爱时并没有思考为什么要谈恋爱、爱情的本质等问题。有部分同学表示谈得来就谈，谈不来就分手；还有部分同学开玩笑说，自己未来的妻子正在跟别人谈恋爱，自己现在也是在帮忙照顾别人的妻子。这种恋爱的游戏心理是对双方情感的不负责任，即伤害自己也伤害他人。

2.游戏心理的调适方法

（1）要端正恋爱观。要对爱情有理性的认知，明确爱情的本质是什么，而不是盲目的谈恋爱。

（2）培养负责任的道德观念。要明确爱情是需要两个人共同经营的，要相互付出，互相负责。

（六）失恋

1.失恋的表现

失恋是指恋爱中的一方提出终止恋爱关系或恋爱双方都提出终止恋爱关系。但无论是哪些形式终止恋爱关系,都可称为是失恋。失恋可以说是大学生活中最为严重的心理挫折之一,会给恋爱中的一方或双方带来心理上的创伤。在对高职生的调查时发现在失恋后有24.66%的大学生表示“不知所措”。

大学生在失恋后常见的不良心理主要表现在以下几方面:

(1)自卑心理。有些大学生一旦失恋,就会认为自己没有魅力、没有能力等。感到自卑,意志消沉,有的甚至产生轻生的念头。

(2)报复心理。有些大学生失恋后失去理智,认为自己的痛苦全部来自失恋,把痛苦归因为对方的抛弃,因此产生了报复的心理。前些年报道男友因不满女友与自己分手,往女友脸上泼浓硫酸,致女友毁容,这就是典型的报复心理。报复心理常常带有极大的破坏性,伤害他人,也伤害自己。

(3)消沉心理。有些大学生失恋后悲观消沉,这部分大学生通常将爱情看作生命中最重要的事情,一旦失恋,痛苦万分。他们或是放纵自己,吸烟、喝酒、上网毫无节制;或是漠视他人的关心,冷酷无情。刚刚失恋,出现上述现象也属正常,但长期维持此现象,则需要及时干预,寻求帮助,以免造成更严重的后果。

2.失恋的调适方法

(1)冷静分析失恋的原因。面对失恋,要冷静客观地分析失败的原因,有利于摆脱失恋的痛苦。通过分析原因能够帮助自己更清楚地了解和认知自己,理智地分析自身的优势和劣势,树立自信,重新规划自己的人生目标,调整自己的爱情诉求,为开启下一段恋情提供借鉴。

(2)改变对恋爱的错误认知。面对失恋,不同的人会有不同的反应,由于每个人的认知体系不同,所以要减少失恋对一个人的影响,就要排除一些对恋爱的不合理的认知。要认识到“爱情是美好的,但爱情不是人生的全部”“任何事情都有可能成功,也有可能失败,爱情也不例外”等,正确面对失恋。

(3)调节情绪,转移注意力。面对失恋带来的痛苦与伤害,应学会及时调节情绪,转移注意力。比如把更多的时间和精力投入到学习和工作中,也可以选择外出旅游,找朋友倾诉或一起 K 歌,适当地增加体育运动的时间和强度等,缓解心理压力,转移不良情绪。

(4)升华。爱情虽然是人生不可缺少的一部分,但它不是人生的全部,生活的内容应该是丰富多彩的。当失恋感到痛苦时,应该用理智来战胜痛苦,把更多的情感、精力投入到能充分实现自身价值、对事业的进取和对生活的热爱上去。众所周知的贝多芬的《第一交响曲》的问世是由于他深爱的女孩与别人结婚了,他将失恋的痛苦转化为音乐创作的动力,创作了著名的《第一交响曲》;同样地,歌德因为失恋写成了《少年维特之烦恼》,这些就是升华。

【名人名言】

再好的东西都有失去的一天。再深的记忆也有淡忘的一天。再爱的人,也有远走的一天。再美的梦也有苏醒的一天。该放弃的绝不挽留,该珍惜的绝不放手。分手后不可以做朋友,因为彼此伤害过!也不可以做敌人,因为彼此深爱过。

——莎士比亚

二、培养爱的能力,让爱情保鲜

爱的能力不是与生俱来的,它需要精心地呵护与培养。

(一)爱的能力及其构成

1.爱的能力

富兰克林曾说过:希望被人爱的人,首先要爱别人,同时要使自己可爱。爱是一种能力,它意味着爱和被爱。我们可以把它理解成:积极地建立感情关系(即爱)的能力和接受并承受别人给予的感情(即被爱)的能力。

爱这种感情关系以给予和接受为主要特征。一些人之所以能深受他人的喜爱,是因为她们拥有较强的产生爱的能力。

2.爱的构成

在积极心理中,用“榜样模型”的理论,将“爱”划分了四个维度——对自己的爱、对你的爱、对你们的爱和对世界的爱。下面我们就对“爱”的这四个维度进行深入的阐释。

爱的能力存在四种维度——每个人都会以某种形式建立起来四种基本“爱”,即上述的“爱”的四种维度。每种“爱”都受到一种榜样的影响。而在家庭中,父母及兄弟姐妹是一个孩子的原始关系人,因而他们就成为为孩子提供社会关系形式的榜样。

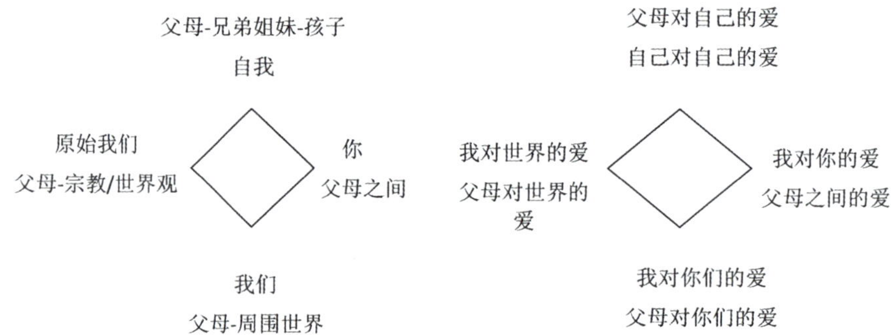

“对自己的爱”简单地讲就是指对于自己的形象和价值的认知。父母如何爱自己,会影响到我们自己如何爱自己。在早期,孩子尝试建立一种对自我的爱,而这种爱的建立特别取决于他的愿望和需要得到怎样的满足。他直接地从父母与自己的关系中以及间接地从父母对待自己的兄弟姐妹的方式中比较而来。通过这种方式,孩子可以获得一种第一体验,这种体验会对孩子以后在证实自我价值时所采用的方式产生影响。

“对你们的爱”是指从父母对待他们的朋友的方式中习得的自己所认为的对待自己的朋友的方式。在儿童的成长的过程中,通过与社会的交互作用来适应并吸收社会的文化,成为一个合格的社会成员,我们将这一过程称为社会化。随着儿童的社会化,他会接受一些关于社会行为的特殊观念,而这些特殊观念的形成大多依赖于其父母的社会行为模式。我们会根据父母爱他们的朋友的方式来爱自己的朋友。

“对世界的爱”依旧会从父母那里沿袭。一个人的世界观、价值观直接造就了他如何看待这个世界,即如何爱这个世界。而这种世界观和价值观的建立往往取决于其父母的固有价值观念。世界观和价值观在一定程度上可以作为人们的思想和行为的坐标。父母如何认识世界、拥有怎样的价值观直接影响孩子如何看待世界、拥有怎样的价值观念。孩子会根据这些观念来选择爱这个世界的方式。

“对你的爱”是指根据父母彼此的相处模式而建立起来的自己对待配偶的方式。“对你的爱”就是我们所说的爱情。我们如何看待爱情,如何证明爱情,都会受到自己父母“爱的方式”的影响。孩子从父母的相处方式中学到了在爱的行为方式上哪些是可能的,哪些是不被接受的。这样孩子便有了以后处理伙伴关系的出发点,并形成一种他所认同的父亲或母亲的行为模式。

资料来源:厉枫,李春青.《大学生心理健康教育》.北京航空航天大学出版社,2010.

(二)培养爱的能力

1.迎接爱的能力

迎接爱的能力包括表达爱的能力和接受爱的能力。大学生要有意识地培养自己迎接爱的能力。要懂得什么是爱,要有健康的恋爱观,明确自己喜欢什么样的人、需要什么样的人、适合什么样的人。能够对自己有清晰的认识,在对他人有足够的了解的基础上,勇于表达对所欣赏之人的爱慕之情;当面对他人对自己求爱时,能及时、准确地做出判断,做出理智的选择。

2.拒绝爱的能力

面对他人的求爱,如果是自己不愿意或不值得接受的爱应当坚持地予以拒绝。但拒绝爱要注意两个方面:(1)爱情并不是自己所希望得到的,要果断、勇敢地说“不”,因为爱情来不得半点勉强和将就。如果优柔寡断或屈服于对方的穷追不舍,发展下去对双方都是不利的;(2)要使用恰当的拒绝方式,委婉并真诚地表达自己的想法,既尊重他人也维护自己。

3.发展爱的能力

在恋爱中要不断地维护、增进、深化爱的能力,才能为日后的婚姻生活奠定稳定的情感基础。在恋爱中和日后的婚姻生活中每个人都会遇到各种各样的困难,要面对各种各样的矛盾冲突。在恋爱的过程中,如果两个人能够共同面对困难,想方设法解决矛盾,设立未来共同的生活目标,这样才能创造出幸福美满的婚恋。爱的能力具有更广泛的意义,还包含着对亲人、朋友、国家和民族的爱。发展爱的能力就是要培养无私的品格和奉献精神,为恋人负责,为社会负责。

【知识窗】

幸福的爱的关系

记着我所讲过的爱的起源,现在让我们来看人间的特殊关系。首先,比如说,男性和女性间令人满意、稳定的爱的关系,这可以存在于幸福的婚姻中。这意味着深深的依恋、彼此奉献的能力,以及分享——痛苦和喜悦、兴趣和性的享受。这种性质的关系为各种各样的爱的表现提供了最为宽泛的范围。如果女性对男性有母亲似的态度,她就(尽可能)满足他最早期渴望从母亲那里得到满足的愿望。在过去,这些愿望从未被完全满足过,也从未被完全放弃过。男性现在似乎有了这个自己的母亲,带着相对少的内疚感。如果这个女性有丰富发展的情感生活,那么除了拥有母性的情感外,她还保留了一些孩子对父亲的态度,这种旧有关系的部分特征会进入到她与丈夫的关系中;比如说,她会信任和钦佩她的丈夫,他会成为她的保护者、帮助者,就像当初她的父亲。这些情感成为一种关系的基础,在这种关系中,作为成人,这个女性的欲望和需求能够获得完全的满足。此外,妻子的这种态度,给了男性以各种方式保护她、帮助她的机会,使他在无意识中扮演了他母亲的好丈夫这样一个角色。

如果一个女性有能力强烈地爱她的丈夫和孩子,可以推断她童年时很可能与双亲和兄弟姐妹有着良好的关系;也就是说,她有能力令人满意地处理针对他们的恨与报复的早期情感。我之前提到过小女孩从父亲那里获得孩子的无意识愿望,以及与此愿望相关联的对父亲的性欲望的重要性。父亲给她的生殖器欲望带来的挫折激起了她强烈的攻击幻想,这对今后成人生活中性满足的能力有重要的影响。小女孩的性幻想与特别针对父亲阴茎的仇恨联结在一起,因为她认为它给予了母亲满足,却拒绝给予她。在她的嫉妒和仇恨中,她希望它成为危险、邪恶的东西——一个同样不能满足母亲的东西——因此在她的幻想中,阴茎具有了破坏性的品质。由于这些聚焦于父母的性满足的无意识愿望,在她的一些幻想中,性器官和性满足具有了坏和危险的性质。这些攻击性的幻想在孩子的心中同样又伴随着修复的愿望——确切地说,幻想治愈她认为已经被她伤害或弄坏的父亲的阴茎。治疗性质的幻想同样是与性的情感和欲望联系在一起的。所有这些无意识的幻想极大地影响了女性对她丈夫的情感。如果他爱她,并给予她性的满足,她无意识的施虐幻想就不再强烈。但是由于这些幻想并没有完全停止作用(虽然这些幻想在某种程度上没有在正常女性身上出现,因而抑制了与更积极、友好的爱欲冲动相混合的倾向),它们激起了修复性质的幻想;由此修复的驱力再一次开始行动。性的满足不仅给她带来了愉悦,还有抵御恐惧和内疚感的安心和支持,这些恐惧和内疚感是早期施虐愿望的结果。这种安心增强了性的满足,引发了女性感激、柔和的情感,并增加了爱的情感。正是由于在她灵魂深处的某个地方有种感觉,认为她的生殖器是危险的,会伤害她的丈夫的生殖器——这是她对父亲的攻击幻想的衍生物——她获得的满足感部分来自这个事实,即她能够给予丈夫愉悦和幸福,由此证明她的生殖器是好的。

由于小女孩幻想父亲的生殖器是危险的,这对女性的无意识心灵仍有一定的影响。但是如果她与丈夫有快乐满足的性关系,他就会感觉他的生殖器是好的,那么她对坏的生殖器的恐惧就会被证明是不真实的。这种性满足有双重的使人安心的效果:她自己的好和丈夫的好,通过这个方式获得的安全感增加了实际的性享受——作为父亲的爱的竞争者——的嫉妒和仇恨在她的攻击幻想中起了很大的作用。由性的满足和与丈夫间快乐、充满深情的关系带来的彼此的幸福也会部分被视为她对母亲的施虐愿望没有实现,或修复成功的迹象。

男性在与妻子关系中的情感态度和性活动自然也受到自身过去的影响。母亲在他的童年给他的生殖器欲望带来的挫折激起了他的幻想,在这幻想中,他的阴茎成为可以给她带来痛苦和伤害的工具。与此同时,对父亲——作为母亲的爱的竞争者——的嫉妒和仇恨启动了针对父亲的施虐性质的幻想。在与爱的伴侣的性关系中,男性早期的攻击幻想,这使他担心自己的阴茎是破坏性的幻想,在某种程度上又开始起作用,通过一个与前面描述过的女性情况相类似的变换过程,施虐冲动,如果它在量上是可以控制的话,激起了修复的幻想。阴茎被感觉为一个好的、治疗性的器官,可以带给女性愉悦、治愈她受伤的生殖器,在她身上创造孩子。与女性之间快乐的、性满足的关系使他得以证明阴茎是好的,并无意识地给他这种感觉,即他修复她的愿望的实现。这不仅增加了他的性乐趣、对女性的爱和柔情,还带来了感激和安全的感觉。另外,这些情感还会在其他方面增加他的创造力,并影响他的工作能力和其他活动能力。如果他的妻子能够分享他的兴趣(如同分享爱与性的满足),她就给他证明了他的工作是有价值的。通过这些不同的方式,他早期的愿望——有能力做父亲为母亲所做的性或其他方面的事,从她那里获得父亲所获得的——在他与妻子的关系中得以实现了。他与她之间快乐的关系还有减少他对父亲的攻击性的作用,这种攻击性很大程度上是由他没有能力让母亲成为自己的妻子所激起的。这就向他保证了他长期以来对父亲的施虐倾向并没有实现。由于对父亲的不满和仇恨影响了他对代表父亲的男性的情感,而对母亲的不满影响了他与代表母亲的女性的关系,令人满意的爱的关系改变了他的整个生活面貌以及他对人和事的态度。拥有妻子的爱给他一种完全成熟也由此与父亲同等的感觉。同父亲之间敌对、攻击性的竞争减少,并让位于一种建设性、带来成就、友好的与父亲或受钦佩的父亲形象的竞赛,而这很可能又增强和增加了他的创造力。

类似地,当女性在与男性间幸福的爱的关系中,无意识地觉得自己能够取代她母亲的位置,获得母亲曾经享受过、而她在孩提时被拒绝的满足,那么她就能够觉得与母亲同等,像母亲以前那样享受了同样的欢乐、权利和特权,而又没有伤害或掠夺母亲。这对女性的态度和人格发展的影响与当男性在幸福的婚姻生活中发现自己与父亲同等时发生的变化是类似的。

因此对伴侣双方,彼此性满足和爱的关系将被感觉为重新创造他们早年家庭生活的快乐。很多愿望和幻想在童年期从未被满足,不仅是因为它们是不现实的,还因为在无意识心灵中同时有相互矛盾的愿望。这似乎是一个自相矛盾的事实,即在某种程度上,很多孩子气的愿望只有当个体长大以后才有可能实现。在成人间幸福的关系中,让母亲或父亲完全归属于自己的早期愿望仍无意识地活跃着。当然,现实并不允许某人成为自己母亲的丈夫或自己父亲的妻子;即便这是有可能的,对他人的内疚感也会干扰到满足感。但是只有当一个人能够在无意识幻想中发展与父母的这种关系,并在一定程度上克服与这些幻想相连的内疚感,逐渐把自己与父母分离同时又保持依恋,他才能把这些愿望转移到其他人身上。这些人代表了过去所渴望的客体,虽然他们之间并不一致。也就是说,只有当个体在真正意义上成长起来,他那孩子气的愿望才能在成人状态被实现。此外,因这些孩子气的愿望而起的内疚感也减轻了,因为童年期所幻想的情境现在以被允许的方式变成了现实,而且幻想中与这种情境相联的各种伤害被证明并没有真正发生。

如我所述,快乐的成人关系可意味着早年家庭情境的重新创造,而这会更加完美,因此放心与安全之链还会通过男性和女性与他们孩子的关系而延伸。

——摘自梅兰妮·克莱因,琼·里维埃演讲录《爱·恨与修复》

任务四　偷食“禁果”需谨慎

一、性心理的发展

性心理是在性生理的基础上,与性征、性欲、性行为有关的心理状态和心理活动,也包括与异性有关的男女交往、婚恋等心理问题,具体为性感知、性思维、性情感、性意识等。

(一)性心理发展阶段

性心理发展是精神分析学派的代表西格蒙德·弗洛伊德在19世纪末20世纪初提出的一个概念,是心理学理论的核心概念。根据弗洛伊德的学说,心理发展的动力主要来自于性本能,性本能冲动是人一切心理活动的内在动力。弗洛伊德把这种内在能量称为力比多,他认为人在不同的年龄阶段,力比多投放到人体的不同部位,因此,人在不同的年龄阶段性心理发展有所不同。它包括 5 个阶段:口欲期、肛欲期、性器官期、潜伏期及生殖期。

性心理发展阶段表

阶段	年龄段	主 要 表 现
口欲期 (婴儿期)	0~1 岁	快感满足和安全感主要通过吸吮母亲的乳房而获得,当然,这一行为也是为了满足对食物的需要
肛欲期 (儿童早期)	1~3 岁	快感区转移到了肛门区,求取满足所需的肌肉动作从吸吮变为排便
性器期 (学前期)	3~5 岁	性别认同开始形成,对自己和他人的生殖器格外好奇,一方面喜欢展示自己的裸体,另一方面对别人的生殖器好奇,对两性差异兴趣浓厚
潜伏期 (学龄期)	5~12 岁	兴趣开始转移到学校、游戏、同伴、体育运动等,通过以上活动获得勤奋感,具有乐于学习、富有好奇心、有坚强的毅力等特征
生殖期 (青少年期)	12~20 岁	对性产生依赖和独立的矛盾冲突,体现在对性别角色和性别认同的矛盾冲突迅速膨胀,可能会由此产生一种惊慌失措的情绪体验

(二)大学生性心理发展历程

大学阶段是大学生性心理迅速发展的时期,大学生的性心理发展大体上经历了以下几个阶段:

(1)异性疏远期。从青春期开始,第二性征出现的 1~2 年内,青少年朦胧地意识到两性的差异,开始有了不安和羞涩的心理,很怕异性注意到自己的变化,于是男女彼此疏远。同时对性有了好奇心和求知欲。

(2)异性接近期。一般女孩在 12~13 岁,男孩在 13~14 岁以后,青少年对异性产生好感与爱慕。这一时期的少男少女们开始喜欢表现自己以引起异性的关注。男女相互接近的渴望使他们乐于参与一些与异性在一起的活动,并对异性表示关心、体贴、帮助,以博得异性的好感。

(3)异性向往期。15~16 岁的青少年向成年人过渡加快,他们在对异性产生好感的基础上各自形成了一个或几个异性的"理想模型",并依据这个模型由群体异性的好感逐渐地转向个别异性的依恋,有的还形成一对一的"专情"行动,萌生恋情。

(4)恋爱尝试期。进入大学的青少年,对异性的爱慕和选择有了一定的方向性,进入了恋爱尝试期。男女双方认识到了爱情的美好并尝试着与心仪的异性接近并确定恋爱关系。

二、健康的性心理的标准

健康的性心理是指对自己的生理性别的认同与悦纳,具有与生物性别一致的社会性角色行为。健康的性心理的标准包括以下几方面:

(1)能认同并接纳自己的性别。性别的认同是对一个人的基本的生物学特征上属于男性或女性的认知和接受。也就是男性和女性对于自己性别的意识,能在心理上认同生理上的性别。

(2)与同龄人的性心理发展水平相当。个体的性心理发展的水平与同龄人的发展水平应该是同步的,超前或滞后都属于不正常。成年后能将性爱的对象指向异性,并随着性心理和性生理的成熟，能与同性和异性和谐相处。

(3)具有正常的性欲望。随着性心理和性生理的成熟，有正常的性欲望和性反应，如看到有关性的影视作品或书籍会产生性反应，同时个体能对性反应进行理智的控制。

(4)具有良好的性适应能力。包括自我性适应和异性适应，对自己的性征和性欲望能够接纳，能够正确认识和处理自己的性行为带来的后果，具有社会责任感。

(5)性行为符合社会道德规范。性行为是爱情发展到一定程度后的必然结果，性行为要符合社会道德规范，应在尊重、自愿、有保护的前提下进行。

【心理测试】

贝姆性别角色量表(BSRI)

测试网址：https://www.psy525.cn/ceshi/84500.html

三、大学生的性心理问题

大学生正处于性生理发育基本成熟、性心理发展日趋激烈的时期，由于性知识的匮乏、性观念的混乱，以及性教育的滞后等因素，大学生中出现了一系列性心理问题，影响了他们的正常学习和生活，甚至导致性犯罪。当前大学生中的性心理问题，按严重程度大致可分为性心理困惑和性心理障碍两类。

(一)性心理困惑

1.性自慰

个体通过抚摸、摩擦性器官等自我性刺激的方式释放性冲动、满足性欲望的活动称为性自慰。弗洛伊德的性心理发展理论认为个体从出生就有性的需要。也有研究表示幼儿在2~3岁时就有性的冲动。性自慰是满足性欲望、消除性饥渴、缓解性烦恼的一种手段，它本身是无害的，是安全且合法的。但过度自慰会引起性欲增强、性冲动加快加重，反而达不到释放目的。

由于性知识的匮乏，加之性教育的滞后，许多大学生在自慰后会产生负罪、羞耻、内心恐惧、自我厌恶、担忧等心理。对于未婚青年，性自慰是一种正常现象，一般一周一次的性自慰行为，是不会影响到身体健康的。

2.性压抑

受中国封建思想的影响，认为性是可耻的。从人类社会有文明记载以来，人类对性反应就一直用理智和意志力、道德规范和社会伦理来要求，并把它作为个人在社会上生存的基本能力和义务。这使得部分大学生认为只要出现性心理活动就是可耻的、不道德的，这种过度的压抑导致了羞愧、自责，甚至会造成焦虑、烦躁、紧张不安和严重的挫折感。

3.性幻想

性幻想是与性有关的虚构想象，又称性想象，是一种带有性色彩的精神自慰行为。性幻想可以分为不伴有性行为的性幻想(又称白日梦)、伴随性自慰的性幻想、伴随性生活的性幻想三种。

4.性梦

性梦是指在睡眠中出现的带有性内容的景象。性梦的内容丰富多彩，有的是谈情说爱,有的是发生性行为,有的是拥抱亲吻等。性梦在青春期的男女中普遍存在,是青春期成熟的正常心理现象,它不受意识的支配,无法控制也无法预防。弗洛伊德认为,梦是愿望的达成。性梦是性欲望和性冲动的自然宣泄,它是性心理和性生理发育正常的标志。

5.边缘性行为

边缘性行为是初级的性行为,是指两性间由于性吸引而产生的一系列亲昵性的行为和动作,但不包括性交。比如在两性交往中,具有性吸引倾向的谈话、握手、拥抱、接吻等。恋人间或夫妻间伴有的性色彩的亲昵动作,均属于边缘性行为。

(二)性心理障碍

性心理障碍又称性变态,是指在两性关系上心理偏离常轨,而导致性行为异常,表现为寻求性欲满足对象的歪曲与性行为方式的异常。大学生常见的性心理障碍主要有以下几种。

1.露阴癖(exhibitionism)

露阴癖主要表现为反复、强烈地,在异性生人面前展露自己的性器官,以求得性兴奋和性满足的一种行为障碍。一般至少持续半年,绝大多数见于男性。以这种露阴行为缓解性欲的紧张感和作为取得性满足的主要或唯一来源,患者对受害者没有进一步的性接触。这与强奸犯以露阴作为性挑逗的一种手段,进而实行强奸行为是有明显区别的。露阴的频率因人而异,可有明显差别,少的可数月或一年仅发生数次,多则可数日、数周一次,有的患者可累计发生数百次露阴行为。大多数发生于青年早期。

一方面露阴癖虽不侵犯对方的身体,但会对异性造成严重的心理伤害和精神创伤,自身对其行为有负责能力,所以通常要负法律责任。另一方面,当遇到露阴癖者时,当事人最好不要表现出任何反应,继续做自己的事情。侮辱露阴癖者也不明智,可能会引起暴力反应,同时也不要表现出过分夸张的震惊和恐惧,那样会强化露阴癖者。

2.窥阴癖

窥阴癖是指以偷看异性的裸体或性器官或两性的性交场面,来达到性满足的变态行为。窥阴癖者很少对异性有正常的性要求,属于行为障碍。窥阴癖以男性为多见。患者往往冒着极大的风险,躲在浴室、厕所里偷看异性,或潜入他人居室偷窥,常因此而被抓获。他们因多次作案而受到舆论的谴责、异性的痛恨和蔑视,内心非常苦恼,但又难以控制自己。窥阴癖侵犯他人隐私,损害他人身心健康,因而要负法律责任。但它与流氓行为有一定的区别。窥阴,只满足于窥视,对异性很少有性要求;流氓犯罪则有性的冲动和心理需要,甚至发生严重的性侵犯行为。

窥阴癖的形成,主要是性生理、性心理的发展出现畸形,与早期生活的影响也有一定关系。要预防窥阴癖发生,早期的性教育非常重要。

3.恋物癖(fetishism)

恋物癖是指反复出现以某种与异性接触的非生命性物品或异性躯体某部分作为性满足的刺激物。抚摸、闻嗅这类接触性敏感区的物品,或在性交时患者本人或性对象持此类物品即能获得性满足。此类性渴求、性想象反复出现不少于半年才能诊断为恋物癖。此类物品称为眷恋物,此类眷恋物如女人的乳罩、内裤、丝袜等,还有的眷恋异性身体的某一部分,如头发、脚趾、腿等,它们都是带有特殊的性刺激意味的东西。一般都是男性患者,通过嗅闻和抚摸眷恋物而达到性满足,但对异性的身体和性器官却毫无兴趣。恋物癖者最早可追溯到童年早期。

4.异装癖(transvestism)

异装癖指以穿异性服装,并以异性形象出现而得到性满足的一种行为障碍。异装癖以男性较为多见。至少持续半年以上才能诊断为异装癖。异装癖患者绝大多数是异性恋男性,通常患者私下穿异性服装,并且自慰时幻想自己是一个女人,正在被抚摸。一些男患者通常幻想自己身体是女性而激起性欲。大多数男患者婚后与妻子进行性生活,但仍通过额外的性满足。异装癖患者通常开始于5~14岁这一年龄阶段。

5.性别烦躁(旧称性别认同障碍)

性别烦躁是指心理上不认同生理上的性别身份。比如男人的身体有一颗女人的心。这种情况相对少见,通常起源于童年,可能在青春期到来之前结束,也可能持续到成年。童年期性别烦躁的主要特征有以下几方面:

(1)强烈渴望成为另一种性别或相信自己是另一种性别;

(2)非常喜欢和另一种性别的人一起玩耍,对另一种性别的玩具、游戏和活动等有强烈的喜好;

(3)对自己的解剖学性别强烈的厌恶和痛苦;

(4)强烈希望拥有自己认同的性别的生理特征(第一或第二性征);

(5)对在角色幻想和扮演游戏中反性别角色的强烈偏好;

(6)对相反性别角色的服装十分喜欢,但对自己性别角色的服装却非常拒绝。

【说一说,写一写】

同性恋是否属于性心理障碍?请写下你的观点。

____

____

____

______________________________。

(三)性心理问题原因分析

1. 缺乏科学的性教育

长期以来,我国性教育奉行一种“无师自通”的原则,处于封闭、薄弱、滞后状态。许多学校的性教育成为“空白地带”,大学生获得性知识的主要途径是图书、杂志、影视作品或是与朋友交谈。家庭教育中的性教育严重缺失,父母很少与孩子谈论有关性的话题,认为性是羞涩、忌讳的,只能意会不可言传,认为谈论性是庸俗、下流的,把性视为“禁区”,造成大学生对性知识了解很少。还有部分父母由于不正确的性别期待和性行为的示范作用对孩子性心理也会造成影响,会引起儿童对自我的性别角色认知不明确,性别认同异化,出现性别的识别障碍，导致性心理异常。

2.社会文化的影响

每个人都是社会文化塑造而成的，社会的性文化、性道德对个体的性心理发展具有深刻的影响。经济、文化的发展，社会的进一步开放，使得人们有更多的机会接受来自外界的性观念和性信息。“性解放”思潮，性淫乱现象，色情书刊、影视和网站等，传播的一些不良的性观念和性信息对于处在青春期“性饥渴”状态中的大学生来说，无异于强烈的“兴奋剂”。然而，人格尚未成熟的他们却没有足够的心理能力来应对，因此，不免会出现种种困惑、焦虑、不适应，甚至出现模仿、尝试行为，进而有可能演变为性心理障碍。

3.性观念的矛盾冲突

大学生性观念的形成，主要来自两种观念的影响：(1)受到我国传统性观念“禁欲”“克制”等根深蒂固的影响；(2)受到西方国家“性自由、性解放”思潮的冲击。在两种性观念的冲突中，有些大学生徘徊于矛盾中：坚持传统性观念，感到情感上太压抑；推崇开放性观念，担心有违道德习俗，产生迷惘、困惑、矛盾的心理。有的受多元化价值观念影响，在两种观念的矛盾中开始分化，性观念发生混乱，呈现多元化倾向，其中不乏不健康、不成熟的成分。缺乏科学、健康、稳定的性观念，容易导致性心理上的困扰和性行为“盲动”。

四、大学生婚前性行为

马克思说过“真正的爱情是表现在恋人对他的偶像采取含蓄、谦恭甚至羞涩的态度，而不是表现在随意流露热情和过早的亲昵。”所以大学生要充分认识到婚前性行为的利与弊，才能更好地享受恋爱带来的美好。

(一)性行为是满足性欲望的有效途径

婚前性行为是指男女间在未履行结婚登记手续的情况下发生的两性关系，是一种婚外性行为。大学生性生理和性心理都已经渐趋成熟，有正常的性需求，与恋人发生性关系实属正常。尤其是当代的大学生是在互联网下成长起来的一代，从小受到中西方文化交融的影响，对性的态度相对开放。但同时大学生也应该认识到自己当前的身份仍然是学生，与恋人发生性行为后，双方是否能对彼此负起责任。

【小贴士】

为君一日恩，误妾百年身。寄言痴小人家女，切勿将身轻许人。

——选自白居易的《新乐府》

大学生发生婚前性行为受很多因素的影响。心理方面受到如迎合心理、占有心理、好奇心理、逆反心理、侥幸心理、无所谓心理等的影响；社会方面受到婚姻观念的改变、避孕用品的发展、大众文化及网络传媒过多渲染情爱、性道德弱化等的影响。

(二)婚前性行为要谨慎

1.婚前性行为的危害

(1)影响爱情的健康发展。先恋爱后结婚，是因为双方需要经过恋爱这个“缓冲带”来相互认识、发展感情，慎重择偶，再行结婚。如果过早地婚前性交，就会造成无序发展，当两性关系只关注在肉体上逐步缩短彼此的距离时，两人在个性、适应、价值观等更重要层面的沟通就会松弛下来，阻碍恋人间的思想交流和感情发展，从而影响爱情的稳定性和完善性。

(2)影响身体健康。当前中国在校大学生基本是一个未婚群体，在发生性行为时，没有安全的固定的场所，也可能是一时性起，而未采取任何的避孕措施等，一方面可能引发性方面的疾病；另一方面性交过程中没有保护措施或保护措施不得当，容易造成怀孕。而怀孕后，做人工流产或流产后不能进行正常休息和调养，易产生并发症或遗留种种慢性炎症，也有可能造成不育的不良后果。

(3)影响心理健康。婚前性行为最不幸的后果就是意外怀孕，这对男女双方的心理都会造成很大的伤害，尤其是女性伤害更大。如果将来女方与发生性关系的男方结婚，随着时光的流逝，女方的心理可能会逐渐平复；而如果女方怀孕后又遭遇男方的抛弃，则会给女方带来极大的伤害。

(4)影响性健康。婚前性交通常伴随着恐惧心理，害怕被人发现，因而被迫采取“速战速决”的战术，这种做法对男女双方都不利。男子容易形成习惯性早泄，女子由于经常体验不到性快感，而出现性高潮缺乏。此外，如果性生活放纵，经常发生“一夜情”“网络性交”“床友”等性放纵生活，易感染或传播性病。

(5)影响关系稳定。恋爱中的男女通过不断深入的了解、交往，彼此满意，才走入婚姻的殿堂。如果过早地发生性关系，会使男女双方彼此缺乏责任感，认为结婚与否都不重要，或是一方委曲求全，一再迁就忍让；或是一拍两散，彼此伤害。

(三)增强自制和自律

恋爱中出现性欲望和性冲动是正常的，大学生应该学会自制，认识到爱情中除了性以外，更重要的是体验恋爱带给自己的幸福与美好。当自己或恋人有性要求时，应学会克制和拒绝，少一些亲昵的动作，双方可以共同参加一些集体活动或进行体育锻炼，分散性冲动。

(四)为自己的行为负责

尽管知道婚前性行为有诸多不良后果，但总会有一些人会由于种种原因偷吃禁果。一旦出现这种情况，双方都要为自己的行为负责。建议如下：

(1)注意卫生。发生性行为时要注意生理卫生，尤其女孩在生理期不能进行性行为。

(2)注意安全。发生性行为时要选择安全的场所，不被人打扰，不提心吊胆，同时要使用避孕套等做好避孕措施，以防止意外怀孕。

(3)细心呵护。发生性行为时忘记避孕或避孕失败，要及时采取措施，可以在72小时以内口服避孕药以预防怀孕。如果意外怀孕，男友应陪同女友到正规医院做手术。术后女生身体虚弱，男友更应细心呵护，精心照料，女生应注意休息，加强营养，同时注意调整情绪，以免产生抑郁情绪。

(4)及时求助。如果因意外怀孕或遭遇人工流产而感到压力无法排解，情绪难以调整，要及时向心理咨询中心求助，寻求心理咨询教师的辅导。

为了获得幸福完美的爱情，大学生必须对婚前性行为的不良后果有足够的认识。希望相恋的人都能彼此倍加珍惜，互相包容，携手一生。

【知识窗】

排卵期的计算方法

（1）月经周期推算法。最为简单可行，只适用于月经很规律的女性，通常排卵是发生在下一次月经第1天往回推算14天，比如预测下一次月经可能是5月28日，排卵日子可能发生在5月14日，但前提是女性月经必须规律，比如28~30天左右的月经周期，都可以使用周期推算法。

（2）排卵试纸法。可以经常在药店里买到各种牌子的排卵试纸，排卵试纸都带有LH字样，就是排卵试纸的机理是检测LH值。因为人体在排卵前24~48小时，机体里有LH高峰值，这个实际上叫做黄体生成素，小高峰在机体里维持时间很短，所以建议从月经来潮开始计算，第10天开始每天测1次试纸条，如果试纸检测显示阳性，或弱阳性，可能预示24小时左右就要排卵。

（3）白带拉丝法。白带出现长长的拉丝时，通常提示即将排卵，一直到白带拉丝停止为止。

（4）其他办法。B超监测排卵。

资料来源：https://www.youlai.cn/video/article/405480.html

【话题讨论】

你如何看待大学生婚前性行为？请将你的观点写下来。

____。

任务五　网络恋情需慎重

随着网络的普及，互联网的发展，快节奏的生活方式，人们交友的方式发生了很大的变化。尤其是近几年来，网恋已经成为了一种流行时尚。那什么是网恋？网恋有哪些利弊呢？

一、何谓网恋

网恋就是两个人通过网络相识，并且相互了解、相互信任，久而久之产生感情的过程。

传统的恋爱方式是双方面对面交流，在彼此有好感的基础上，才有进一步的心灵交流，进而发展成爱情。而网络恋情却不受时空的限制，甚至不清楚对方性别的情况下就开始了网恋。

二、网恋的利与弊

任何事物都有两面性，关键的是看我们自己怎样去理解、认识、衡量与把握。网恋既有利处也存在弊端。

（一）网恋的利处

（1）放松。网恋可以使彼此卸下伪装，以自己的真性情对待彼此，想说什么就说什么，不用为自己所说的话承担责任。因为大家心知肚明,虚拟的世界里讲什么都是不算数的。

(2)自然。在网上没有视频、见面、通电话、信息等之前,双方的聊天一定是非常的自然的,没有矫饰和掩盖。自然地表露自己的真情实感。即使是在日常生活中性格内向、不善表达的也可能表现得幽默风趣、活泼开朗。

(3)依恋。人是有感情的动物,日久生情。虽然网恋的双方都知道网络是虚拟的,不真实的,但恋爱带来的美好的体验、幸福的感觉是会使双方彼此更加地依恋对方,他们会默默地牵挂着、想念着、守候着对方。

(4)慰藉。人们之所以网恋更多的是寻找一种精神上的慰藉。现实生活中可能交友失败或有种种的不如意,却无人倾诉,而在网络世界里可以肆意地表达自己的真实想法,而对方又能给予安慰,体验到人间的温情。

(二)网恋的弊端

(1)欺骗性。网恋有很大的欺骗性。网络世界里的部分男女都习惯也喜欢隐瞒自己的真实身份,比如年龄、姓名、性别、职业、文化、学历、能力、收入、住房、生理与心理的缺陷等,总是将他们最好的一面呈现出来。他们总是怕自己露出“庐山真面目”,或是以较高的经济收入或较高的社会地位来诱惑他人;或是以诉说自己的不幸来博取他人的同情,欺骗他人的钱财。

(2)虚伪性。网恋由于不知道对方的身份、家庭情况,所以对方所说的任何一句话、所做的任何一件事都有可能是虚假的,所做的承诺和保证也可能都是虚伪的,所以不能轻信网上恋人的任何保证。尤其是在涉及金钱和个人真实信息方面要加强防范。

(3)毒害性。恋爱所带来的美好体验,使一部分青少年沉迷于网络恋情,每天在网上与恋人谈情说爱、海誓山盟,打乱了正常的作息时间,身体透支,损害身心健康。

(4)危险性。网恋存在着极大的危险性。尤其是被一些不法分子获取了自己的真实身份、家庭状况等就可能会遭遇经济损失。如果双方相约见面,也可能发生人身威胁或性侵等恶性事件。

(5)短命性。“见光死”是网恋结局的最好诠释。在网上恋人间聊的大多是片面的、部分的、少数的、紧迫的东西。所谓的“神秘感、新鲜感、好奇感”一旦“烟消云散”就会即刻演变成“平淡、无趣、庸俗”的东西,并且也很难深入了解双方的心思,这就造成了网恋的暂时性与短命性。在现实生活中通过网恋而成功走向婚姻殿堂的人其实并不多。

网恋其实没有绝对的好与坏。关键在于自己如何使用这把“网恋的尺子”,把握好“网恋的尺度”。

【话题讨论】

你对网恋有什么样的看法?请将你的观点写下来。

____

____

____

______________________________。

【课堂感悟与收获】

请你用一至两句话写下对本节的感悟与收获：

1.____

____

____。

2.____

____

____。

课后习题

一、单选题

1.(　　)是由于被某事物的某种特性所吸引，而产生对该事物单纯的好感。

A 爱情　　B 好感　　C 喜欢　　D 嫉妒

2.奥地利精神分析学家弗洛伊德提出的人类性心理的发展，其中的性器期是在哪个年龄段？(　　)

A 0~1.5 岁　　B 1.5~3 岁　　C 3~5 岁　　D 5~12 岁

3.(　　)儿童开始注意男女差别，产生性的好奇心，主要是对外生殖器的注意，超我迅速发展。

A 口欲期　　B 肛欲期　　C 性器期　　D 潜伏期

4.(　　)性的能量重新涌现出来，男女均从与异性的接触中寻求乐趣。

A 生殖期　　B 肛欲期　　C 性器期　　D 潜伏期

5.美国心理学家(　　)认为，从性意识的萌芽到爱情的产生和发展，大致分为四个阶段，即疏远异性的性否定期、向往年长异性的牛犊恋期、积极接近异性的狂热期和浪漫的恋爱期。

A 斯腾伯格　　B 赫洛克　　C 霍尔　　D 霍妮

6.爱情是由性欲、情感、(　　)和义务四个要素构成。

A 信仰　　B 理想　　C 激情　　D 承诺

7.(　　)提出了爱情三角理论。

A 斯腾伯格　　B 赫洛克　　C 霍尔　　D 霍妮

8.(　　)是恋爱最为积极的目的和结果。

A 爱情　　B 性　　C 情感交流　　D 婚姻

9.(　　)是爱情中的动机成分。

A 激情　　B 承诺　　C 亲密

10.真正的爱情有着自主性、互爱性、排他性、(　　)四个特征。

A 狂热性　　B 持久性

C 自然性　　D 本能性

二、多选题

1.斯腾伯格的爱情三角理论包括哪三种成分？(　　)

A 动机成分　　B 意志成分

C 认知成分　　D 情绪成分

2.爱情的形式包括哪些？(　　)

A 浪漫式的爱情　　B 现实式的爱情　　C 伴侣式的爱情

D 游戏式的爱情　　E 奉献式的爱情　　F 占有式的爱情

3.爱情与喜欢的区别主要表现在哪几个方面？(　　)

A 依恋　　B 利他　　C 自我中心　　D 亲密

4.我国心理学者一般将青春期性心理的发展分为以下三阶段，即(　　)。

A 异性疏远期　　B 异性接近期　　C 异性狂热期　　D 异性恋爱期

5.一般来说，大学生恋爱双方从相识到确立恋爱关系，大致经历(　　)阶段。

A 择偶期　　B 初恋期　　C 恋爱期　　D 苦恋期

6.大学生的爱情具有(　　)的特点。

A 择偶标准的理性化　　B 恋爱的自我中心化

C 恋爱态度的轻率化　　D 性观念变化的显性化

三、简答题

1.大学生的恋爱观具有哪些特点？

2. 健康的性心理的标准包括哪些方面？

综合训练

一、心理测试

恋爱心理成熟度测试

1.你认为恋爱是为了(　　)。

A.找到一个情投意合的伴侣　　B.成家过日子、抚育儿女

C.满足性的需要　　D.刺激、有趣、好玩

2.你喜欢的异性是什么类型的？

(女性选择)(　　)

A.英俊潇洒，有男人魅力　　B.有钱、有势、有能力

C.人品好　　D.爱自己的，其余的无所谓

(男性选择)(　　)

A.漂亮性感，有女人魅力　　B.贤惠能干，善于理家

C.温柔体贴，人品好　　D.只要有爱，其余的无所谓

3.你和恋人确立恋爱关系是因为(　　)。

A.条件般配　　B.我比对方优越

C.对方比我优越　　D.没想过

4.你希望恋爱怎样开始？(　　)

A.一见钟情　　B.青梅竹马

C.在工作(学习)中逐渐产生　　D.经人介绍

5.让爱情加深一点的良策是(　　)。

A.极力讨好取悦对方　　B.尽力使自己变得更完美

C.欲擒故纵　　D.爱情是缘分,无计可施

6.当恋人暴露出一些缺点和不足时,你会(　　)。

A.委婉告知并帮其改进　　B.震惊、意外,对其加以指责

C.嫌弃、动摇,怀疑爱情　　D.无所谓

7.当一位比你目前恋人更优秀的异性对你表示爱慕时,你会(　　)。

A.离开恋人接受其爱　　B.将其恋情淡化为友情

C.瞒着恋人与其往来　　D.为迟到的爱后悔痛苦

8.当你倾慕的异性另有所爱时,你会(　　)。

A.一如既往地待他(她),等其觉悟　　B.参与竞争,力争夺取

C.抽身止步,成人之美　　D.整日后悔痛苦

9.恋爱中的波折矛盾是(　　)。

A.必然又必需的　　B.对恋爱的否定

C.无聊的　　D.束手无策的痛苦经历

10.由于种种原因,你的恋爱失败,对方提出分手,你会(　　)。

A.千方百计抓住他(她)　　B.到处诋毁对方名誉

C.说声再见,各奔前程　　D.矛盾痛苦,不知所措

11.进入大龄的“单身贵族”队列,你的恋爱态度会(　　)。

A.一如从前,宁缺毋滥　　B.放弃追求,随便凑合一个

C.重订更现实的择偶标准　　D.不谈爱情

请按以下得分标准计分,并判断自己的恋爱心理成熟程度:

1.A.3;B.2;C.1;D.1

2.(女性选择)A.2;B.1;C.3;D.1

(男性选择)A.2;B.2;C.3;D.1

3.A.3;B.2;C.1;D.0

4.A.2;B.1;C.3;D.1

5.A.1;B.3;C;2;D.0

6.A.3;B.2;C.0;D.1

7.A.2;B.3;C.1;D.0

8.A.2;B.1;C.3;D.0

9.A.3;B.0;C.2;D.1

10.A.2;B.0;C.3;D.1

11.A.1;B.2;C.3;D.0

圆熟型:26~33分。

恋爱心理非常成熟。懂得爱的真谛,向往爱又能在现实中实现爱。就像一名竞技状态良好的运动选手,你能够在爱情面前轻松舒展,游刃有余;更可贵的是,即使直面失败也有良好的心态。你的恋爱婚姻一定很美满幸福。

正熟型:18~25分。

渴望爱的垂青,然而常会失误,一时难以如愿。校正一下恋爱指针,太过浪漫的往现实方向调整;太过现实的注意多一些浪漫温馨情调,幸福快乐已在眼前了。

待熟型:9~17分。

恋爱婚姻是人生的一门必修课,要取得好成绩单凭热情是不够的,还须专心修习,从理论到实践,再从实践到理论,一点一滴,终会有所收获。

青涩型:3~8分。

爱情对你而言是迷宫,是八卦阵,是氤氲可怖的夜景,或者是平淡苍白的荒漠。让心理轻松开放些,爱的光线会缓缓照射进来,那时你才能体会到柔情的温暖。

二、能力训练

缘分天空

活动目的:认识两性心理和行为的差异,探讨如何向心仪的人表达爱意。

活动时间:20~30分钟。

活动步骤:

1.寻找搭档

(1)每位同学发一个眼罩,仅凭牵手的感觉来寻找属于自己的搭档,找到最想牵手的那个TA。有些害羞的同学不好意思牵手老师帮忙协助一下。

(2)找到搭档后摘下眼罩,请大家描述对搭档手的感觉。

(3)总结不同性别关注点的差异。

2.爱的表达

(1)4人一组,描述什么样的人会使自己有心动的感觉。

(2)讨论当遇到让自己心动的那个TA时,如何表达自己的爱意。

(3)请成员表演如何向心爱的人表达爱意。

【心理书籍推荐】

1.《爱的艺术》

《爱的艺术》是德裔美籍心理学家和哲学家、法兰克福学派重要成员艾里希·弗洛姆最著名的作品,自1956年出版至今已被翻译成32种文字,在全世界畅销不衰,被誉为当代爱的艺术理论专著最著名的作品。

在这本书中,弗洛姆认为,爱情不是一种与人的成熟程度无关,只需要投入身心的感情。如果不努力发展自己的全部人格并以此达到一种创造倾向性,那么每种爱的尝试都会失败。如果没有爱他人的能力,如果不能真正谦恭地、勇敢地、真诚地和纪律地爱他人,那么人们在自己的爱情生活中也永远得不到满足。

弗洛姆进而提出,爱是一门艺术,要求想要掌握这门艺术的人有这方面的知识并付出努力。在这里,爱不仅仅是狭隘的男女爱情,也并非通过磨炼增进技巧即可获得。爱是人格整体的展现,要发展爱的能力,就需要努力发展自己的人格,并朝着有益的目标迈进。

2.《亲密关系》

作者简介:克里斯多福·孟是一位在个人及团体教练的领域有三十余年经验的演说家、生命教练和咨询师。他在亲密关系、教养子女、情绪成年以及觉知的领域里创造出一种独特的体验性方法。近几年在中国大陆和台湾开设了“生命教练训练工作坊”“生命教练进阶训练工作坊”“父母关系工作坊”“亲密关系工作坊”等课程,深受欢迎。他的教学遍及美国、加拿大、日本、马来西亚以及中国。

他思维创新,教学内容综合了先进的心理与灵性成长的根本原则与体验,他的工作启发了各行各业以及不同年龄和背景的人。他运用广泛的经验,帮助个体以直觉来引导行动,发现他们自己要找的答案,并体验到活在顺流之中的轻盈,进而达到更好的生活水平。他所创造出的独特的体验性方法,使理论与生活无缝结合。

译者简介:张德芬,华语世界深具影响力身心灵作家。已出版作品《遇见未知的自己》《活出全新的自己》《遇见心想事成的自己》《重遇未知的自己》《爱到极致是放手》等。

内容简介:

在亲密关系中,所有的一切都是重要的部分,即使是令人不悦的冲突与不适的情境。学会突破自我保护机制,正视感觉的重要性;突破责怪、批评与指责等人类防御机制,认识到责任的重要性。在亲密关系中真正做到无条件地爱,将伴侣作为你的一面镜子、一名老师、一名"玩伴",陪你开启一趟探寻生命真相的旅程。

——张德芬

这本书能提供给读者什么?

(1)使您亲身感受并真正相信亲密关系的幸福开关就在自己手上:

子女,成为生命的老师。

父母,成为力量的源头。

人际,成为自我的镜子。

(2)使您亲身感受并初步掌握帮助身边人走出痛苦、赢回力量的基本工具:

如何洞察与消融情绪及情绪背后的原始信念?

如何释放潜藏已久的不舒服?

如何接受当前问题并转化为欣赏?

走出受害、迫害与拯救的无休止循环。

学会用"走过程"与欣赏迎回无条件的爱。

连接直觉与内在的指引。

【心理电影推荐】

1.《美女与野兽》

剧情简介:贝儿美丽善良,与父亲一起住在一个宁静的小村庄里。一次,父亲不小心闯进了野兽的领地,被囚禁在野兽的城堡里。为了救出父亲,贝儿只身犯险,答应与野兽同居于古堡而换回了父亲。终于,贝儿找到了逃走的机会。可是却遇到了凶狠的狼群。危难关头,野兽及时出现,解救了贝儿,自己却受了伤。贝儿心存感动,细心照顾野兽。相处的过程中,二人互相了解,野兽也被感化,慢慢变得温和,学会去爱。

2.《恶棍天使》

剧情简介:因为一起车祸,高智商低情商的学霸女查小刀意外相遇专职替人讨债的恶棍莫非里。被莫非里狠狠敲诈一笔的查小刀意志消沉,回想自己与母亲断绝关系,工作被老板开除便愈加绝望。偶然间查小刀看到专治心理疑难杂症折耳根神医的广告,走投无路的她决定去神医处求救,没想到在诊所再次遭遇恶棍莫非里。惊慌失措的查小刀害怕见到恶棍莫非里,却没想到被急于转移视线的神医当做"药"介绍给了患有严重失眠症的莫非里。神医也告诉查小刀,莫非里也是能治好她心理问题的"药",打消疑虑的查小刀跃跃欲试。也因此,性格迥异的二人成为拍档。两人一个极端嚣张跋扈,一个极端懦弱胆小,在讨债的过程中发生了一连串紧张刺激又亦笑亦泪的故事。

项目六
情绪管理与心理健康

【心灵寄语】

你不能决定生命的长度,但你可以控制它的宽度;
你不能左右天气,但你可以改变心情;
你不能改变容貌,但你可以展现笑容;
你不能控制他人,但你可以掌握自己;
你不能预知明天,但你可以利用今天;
你不能样样顺利,但你可以事事努力。

【项目导入】

情绪如四季般自然地发生,一旦情绪产生波动时,个人会表现出愉快、气愤、悲伤、焦虑或失望等各种不同的内在感受。每个人都有情绪,但人们大都对情绪缺乏必要的了解和关注。消极情绪若不适时疏导,会影响人的身心健康、生活学习及人际关系等;而积极的情绪则会激发人们工作的热情和潜力。如果我们不能了解自己和他人的情绪状态,就不能有效地引导情绪、合适地表达情绪,思维、行为就会发生偏差,工作效率和身心健康会受到严重的影响。只有情绪稳定,才能从容地面对人生风雨历程。情绪是可以管理的,情绪也是必须要进行管理的。

通过本项目的学习,学习了解情绪的含义及对身心健康的影响,能够运用合理情绪理论调节情绪,掌握大学生情绪的特点及常见的情绪困扰,运用情绪调节的技巧和情绪的管理方法管理情绪。

【热身活动】

画心情

目的:了解、觉察自己和他人的情绪。

活动过程:

(1)请每位成员闭上眼睛,回想一周的心情,并在纸上画下自己这周来感受最深的心情。

(2)画好后在团队进行展示,成员互相猜画的是什么心情,尝试理解他人所表达的情绪,同时注意几点:

1)观看者分享自己的感觉而不是看法,如"我看到你这幅画,有什么感觉……"

2)反馈看到的画面有什么特点,感受到一种什么情绪。

3)不要以画得好不好来点评对方的画。

4)学生在小组内分享自己作品所表达的真正内涵及所代表的情绪状态,并指出是什么影响了自己的情绪。

任务一　情绪概述

一谈到情绪,人们首先会想到喜、怒、哀、乐。在生活中,情绪是人的心理状态的晴雨表,它反映着每个人内在的心理状态。无论我们是欣喜若狂,还是悲痛欲绝;是孤独不安,还是热情奔放,我们都在体验着各种各样的情绪。

一、什么是情绪

情绪是客观事物是否符合个体需要所产生的态度体验,是人脑对客观事物与人的需要之间关系的反映。比如,当人很饿时,吃到了食物;学生上课回答问题得到老师的赞扬,这两种情况下,个体都会产生积极的情绪。因为前者个体对食物的需要得到了满足;后者是人对赞美的需要得到了满足。

从情绪的概念中,我们了解到,情绪包括认知解释、主观感觉、生理唤起和行为表达四部分。举个例子,当你野外游玩,在森林里看到一只熊,你联想到之前在电视上看到的熊吃人的事件,你会感到很害怕,生理方面一般会表现为血压升高、心跳加快、呼吸减慢、脸变白,接下来你会采取一些"或战或逃"的行为。

【知识窗】

快速眨眼透露出的是一种怎样的微妙心理?

据研究发现,眨眼的频率是由人体内的"眨眼中心"来决定的,眨眼频率的变化不仅是生理需要,同时也是心理状态的反映。在正常情况下,一个人每隔 2~10 秒眨眼一次,如果超出这个频率,出现快速眨眼的状况,在排除疾病的情况下,这个人的心理一定是受到了某些方面的强烈刺激。

20 世纪 20 年代,苏格兰爱丁堡的两位学者在研究眨眼频率与心境的关系时发现,人在焦虑或精神压抑时,眨眼频率会显著增加。另外他们还发现,人在精神不振或疲倦时,眨眼的次数也会增加。由此可见,快速眨眼是一种消极心态的表现。

一个人从平静的情绪状态进入到焦虑或者压抑的情绪状态时,身体上会出现很多变化,例如紧咬嘴唇、紧握拳头、紧锁双眉等。但由于种种原因,有时候人们会刻意地回避和控制这些表情,因此他们的消极情绪不容易被发现,但是无论他们如何掩饰,快速眨动的眼睛却不会骗人。也就是说,一个人一旦出现消极情绪,最先触动的就是他的"眨眼中心",在人的大脑还没能下达对眼睛的控制指令时,眼睛已经在眨动了。

在精神不振或疲倦时快速地眨动眼睛,往往是因为人们想让自己继续保持一个清醒的头脑。在快速眨动眼睛的时候,人们的大脑也因为眼睛的运动而变得更加清醒,以便能够继续从事正在进行的工作。

由此可见,在观察一个人的面部微表情时,只要仔细观察别人眼睛眨动的频率,就能发现他内心的真实想法,从而为自己作出正确的判断提供帮助。同样,自己想给对方传达一个什么样的情绪信息,那就要时刻注意自己眼睛的状态,将其保持在与自己想表达的情绪相一致的状态下,这样才能促进人际关系的和谐发展。

——摘自金圣荣《微表情心理学》

二、情绪的类型

按情绪发生的速度、强度和持续时间的长短,可以把情绪分为心境、激情和应激。

心境是一种微弱的、持久而又具有弥漫性的情绪体验状态,通常叫做心情。心境具有弥散性和长期性两个主要特点。弥散性指当人具有某种心境时,这种心境表现出的态度会朝向周围的一切事物。经典的例子有:“积极的心态像太阳,照到哪里哪里亮;消极的心态像月亮,初一十五不一样”“忧者见之而忧,喜者见之而喜”。以愉快的心境看待事物,觉得周围都很美好;以不愉快的心境看待事物,周围事物都会让人感到心灰意冷。例如:小明接到大学录取通知书已经十几天,心情还是比较愉悦。心境所持续的时间短的只有几小时,长的可到几周、几个月,甚至更长的时间。

激情是一种强烈的、爆发式的、持续时间较短的情绪体验,这种情绪状态具有明显的生理反应和外部行为表现。激情往往由重大的、突如其来的事件或激烈的意向冲突引起。激情既有积极的,也有消极的。在激情状态下,人能做出平常做不出来的事情,发挥出自己意想不到的潜能。但也能使人的认识范围变得狭窄,分析能力和自我控制能力降低,因而在消极的激情状态下人的行为也可能失控,甚至会发生鲁莽的行为。人应该善于控制自己的激情,学会做自己情绪的主人。范进中举属于激情中的狂喜状态;拍案而起、怒发冲冠、李逵怒而杀虎等均属于激情中的暴怒状态;听到亲人去世的噩耗,晕厥在地属于激情中的狂悲状态;一夜白头属于激情中的绝望状态。

应激是在出现意外事件或遇到危险情景时出现的高度紧张的情绪状态。应激一定是突发性事件,例如天灾人祸。人在面对突发事件的过程中,会有两种表现,一种是积极的:急中生智。例如:在路上开车时看到前面有人,急忙踩刹车;一种是消极的:惊慌失措、意识狭窄。例如:新老师第一次上讲台,大脑中一片空白。

三、情绪的产生

(一)情绪与情境

情绪的产生,必然有其发生的情境,不会无缘无故地产生,正如人们所说“人逢喜事精神爽”。当人身处优美的环境时,自然而然地会产生愉快的心情;反之,当人面临学习的压力、生活的挫折时,往往感到烦躁和压抑。此外,人自身的生理和心理反应同样会引起情绪的变化。

(二)情绪与需要

情绪的产生和变化实际上反映着人们的需要。当人们的需要被满足时,往往是产生积极的情绪;反之则是产生消极的情绪。例如当被他人称赞时往往心情愉悦,因为这满足了个人自尊和成就的需要;相反,当被他人冷落时往往情绪低落,因为被接纳和被认可的需要没有得到满足。大学生在大学期间的学习和生活过程中,也是自我需要不断实现的过程。大学生的需要是多种多样的,而且是多层次的。在实现和满足这些需要的过程中会受到各种条件的制约,必然引起情绪上的波动。

(三)情绪与认知

心理学研究表明,人们只有通过认知对客观事物与需要的满足做出判断与评价,才会产生相应的情绪反应。认知改变了,情绪也相应发生变化。因此,面对同样的事物,不同的认知可能会产生截然不同的情绪感受。例如,同样的半瓶水,一个乐观主义者会因为还有半瓶水可以饮用而感到欣慰和满足;而一个悲观主义者则会因为只有半瓶水而感到焦虑和不满。因此,从某种意义上说,认知可以决定人的情绪。

扫一扫,看视频
《情绪产生的原因》

(四)情绪与行为

行为是人的情绪的重要表现形式,而情绪对行为也会有一定的调节作用。当人在从事能满足自己需要的一些行为时,会体验到一种欣慰和充满热情的情绪感受,它会使人的行为得到加强;而当人的某一行为破坏或阻碍了自己的某一种需要时,就会产生厌烦、排斥的情绪,它同样会使人的行为减少或停止。可见,情绪与行为的关系并非是单一的决定与被决定的关系, 而是相互影响的关系。

【能力训练】

情绪竞猜

目的:使学生学会通过表情了解人们的情绪及心理状态。

步骤:

(1)以小组为单位,让组员随机抽取写出带有情绪词语的纸条,并按照纸条上的词语表演情绪,成员表演期间不能说话,只能用肢体动作表演,由其他组成员猜猜他表演的情绪是哪一种。

(2)分享讨论:表演情绪的感受有哪些?我们如何从非言语信息来判断情绪?我们如何才能让别人知道我们的情绪感受?

四、情绪的功能

在我们的生活中,情绪不是一种毫无目的、没有任何意义的伴随体验。情绪本身只是个信息,它透露着个人目前的身心状态信息,反映了个人的某种特殊需求,并无好坏之分。它就有如天生的警示灯,可以使我们正确地应对外在情绪。

1.情绪的自我防御功能

在最简单水平上,情绪能够帮助我们做出更迅速的反应。当身体或人的其他方面受到威胁时,人产生恐惧以应对;当发生利益或权利上的冲突时,人产生愤怒以应对;当吃到不适的食物或污物时,会产生厌恶感。这些情绪反应表现出非常明显的自我保护性倾向。

2.情绪的社会适应功能

情绪能够使个体针对不同的刺激事件产生灵活自如的适应性反应,并调节或保持个体与环境间的关系。情绪反应来源于个体的先天机能和后天的学习及认知活动。许多种情绪都具有调控群体间的互动功能。譬如,羞怯感可以加强个体与社会习俗的一致性;当个体对他人造成伤害时,内疚感可激发社会公平重建。其他的情绪,诸如同情、喜欢、友爱等,也能起到构建和谐社会和保持社会关系的作用。

3.情绪的动力功能

情绪是动机系统的一个基本成分,对于人的行为活动具有增力或减力作用。研究表明,适度的紧张和焦虑能促使人积极地思考和解决问题,使身心活动处于活动的最佳状态,进而推动人们有效完成工作任务。

4.情绪的信号功能

情绪的信号功能主要表现在其能够在人与人之间传递信息,人的各种情绪都具有特定的表情、动作、神态及语调,这些都可以传递人内心的信息。如用微笑表示赞赏;用点头表示默认等。

【说一说,写一写】

结合自身实际谈谈,情绪的功能有哪些?

____

____

____

____。

【资料窗】

情感的能量层级

著名心理学家 David R. Hawkins 分析了各类情感的能量层级,共划分为 17 个层级。

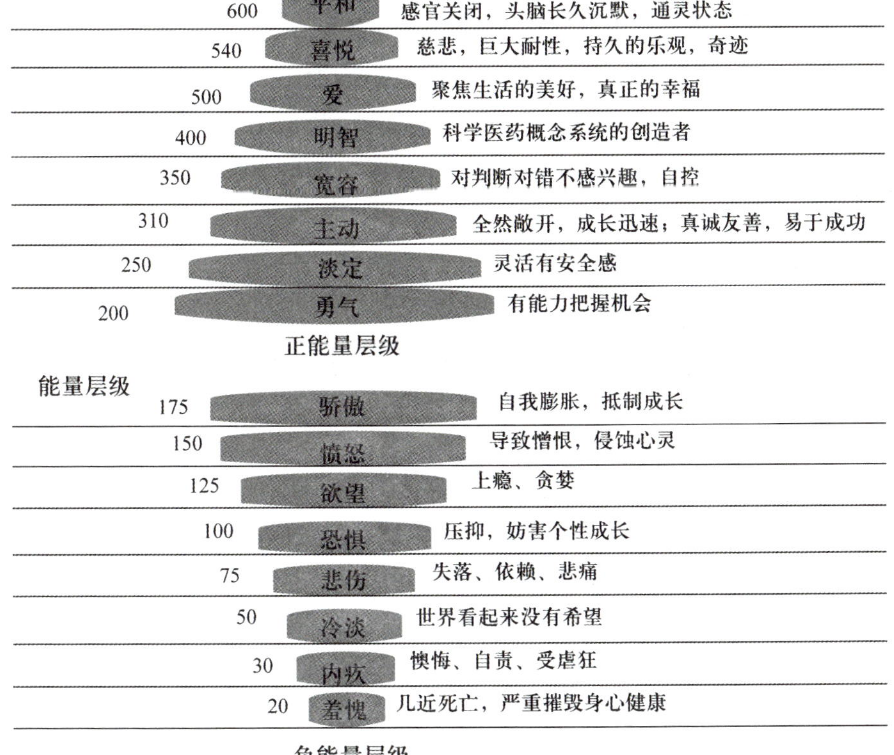

羞愧:20

羞愧的能量级几近死亡,它犹如意识的自杀行为。在羞愧的状况下,我们恨不得找个地缝钻进去,或者是希望自己能够隐身。

内疚:30

内疚感以多种方式呈现,比如懊悔、自责等。无意识的内疚感会导致身心的疾病,它也经常表现为频繁的愤怒和疲乏。

冷淡:50

这个能量级表现为贫穷、失望和无助感。世界与未来都看起来没有希望。冷漠意味着无助,让人成为生活中各方面的受害者。

悲伤:75

这是悲伤、失落和依赖性的能量级。在这个能量级的人,过的是懊丧和消沉的生活。这种生活充满了对过去的懊悔、自责和悲恸。在悲伤中的人,看这个世界都是灰黑色的。

恐惧:100

从这个能量级来看世界,到处充满了危险、陷害和威胁。一旦人们开始关注恐惧,就真的会有数不尽的让人不安的事来临。之后会形成强迫性的恐惧,这会妨害个性的成长,最后导致压抑。因为它会让能量流向恐惧,这种压抑性的行为不能提升到更高的层次。

欲望:125

欲望让我们耗费大量的努力去达成我们的目标,去取得我们的回报。欲望意味着累积和贪婪。

愤怒:150

如果有人能跳出冷漠和内疚的怪圈,并摆脱恐惧的控制,他就开始有欲望了,而欲望则带来挫折感,接着引发愤怒。愤怒常常表现为怨恨和复仇,它是易变且危险的。愤怒来自未能满足的欲望,来自比之更低的能量级。挫败感来自放大了欲望的重要性。愤怒很容易就导致憎恨,这会逐渐侵蚀一个人的心灵。

骄傲:175

比起其他的较低能量级,人们会觉得这个能量级是积极的。而事实上,骄傲只是相比其他更低的能量级让人感觉稍好一些而已。骄傲是具有防御性和易受攻击性的,因为它是建立在外界条件下的感受。

一旦条件不具备,就很容易跌入更低的能量级。自我的膨胀是骄傲自大的助推剂,而自我常常是易受攻击的。因此骄傲的演化趋势是傲慢和否认。而这些都是抵制成长的。

勇气:200

来到200这个能量级,动力才显端倪。这是一个重要的关节点。勇气是拓展自我、获得成就、坚忍不拔和果断决策的根基。这个能级的人们,总是能尽数回馈足够多的能量给这个世界。而低于这个能级的人们则是不断地从社会中汲取能量,没有回馈。

淡定:250

到达这个能级的能量都变得很活跃了。低于250的能级,意识是趋向于分裂和刚硬性的。淡定的能级则是灵活和无分别性地看待现实中的问题。

到这个能级,意味着对结果的超然,一个人不会再恐惧挫败。这是一个有安全感的能级。来到这个能级的人们,都是很容易与之相处的,而且让人感到温馨可靠。因为他们无意于争端、竞争和犯罪。这样的人总是镇定从容。他们不会去强迫别人做什么。

主动:310

这个意识层次可以看做是进入更高层次的一道门。在淡定层次的人,会如实地完成工作任务。但是在主动层次的人,通常会出色地完成任务,并极力获得成功。这个能级的人的成长是迅速的,他们是为人类进步而预备的人选。

低于200能级的人,他们的思想是封闭的,但是能级为310的人们则是全然敞开的。这个能级的人,通常是真诚而友善的,也易于取得社交和经济上的成功。他们总能有助于人,并且对社会的进步做出贡献来。

他们也乐意面对内在的状况,也不存在较大的学习障碍。鉴于他们具有从逆境中崛起并学到经验的能力,他们都能够自我调整。由于已经释放了骄傲,他们能够看到自己的不足,并学习别人的优点。

宽容:350

在这个能级,一个巨大的转变会发生,那就是了解到自己才是自己命运的主宰,自己才是自己生活的创造者。低于200能级的人是没有力量的,通常视自己为受害者,完全受生活所左右。这个看法的根源是,认为一个人的幸福和苦难来自某个“外在”的东西。

在宽容的能级,没有什么“外在”能让一个人快乐或悲伤,爱也不是谁能给或夺走的,这些都来自内在。宽容意味着让生活如它本来的样子,并不刻意去塑造成一个特定的模式。

在这个能级的人不会对判断对错感兴趣,相反的,对如何解决困难他们则乐于参与。他们更在意长期目标,良好的自律和自控是他们显著的特点。

明智:400

超越了感情化的较低能量级,就进入有理智和智能的阶段。这是科学、医学以及概念化和理解能力形成的能级。知识和教育在这里成为资历。这个能级的人的缺点是,过于关注对符号和符号所代表的意义的区分。

爱:500

这里的爱并非通常意义上各种媒体所描述的爱。通常意义上的爱,很容易就带上愤怒和依赖的面具。这种爱一旦受到挫折,立马就能转变成愤恨。引发愤恨的爱是来源于骄傲而不是真的爱。

这个500能级的爱是无条件的爱,是不变的爱,是永久性的爱。这种爱不会动摇,它不是来自外界因素。爱是存在的基本状态。爱是宽容、滋养和维持这个世界的。

它不是知性的爱,不是来自头脑的爱,它是发自心灵的爱。爱总是聚焦在生活美好的那一面上,并且增大积极的经验。这是一个真正幸福的能级。世界上只有0.4%的人曾经达到这个意识进化的层次。

喜悦:540

当爱变得越来越无限的时候,它开始发展成为内在的喜悦。这是在每一个当下,从内在而非外在升起的喜悦。540能级也是拥有治疗和精神独立的能级。由此往上,就是很多圣人和高级修行者以及治疗师的能级。

这个能级的人的特点是,他们具有巨大的耐性,对一再显现的困境具有持久的乐观态度，以及慈悲。到达这个能级的人对其他人有显著的影响。他们持久性的关注，会带来爱和平静。

在能级超过500的人看来，这个世界充满了闪亮的美丽和完美的创造。一切都毫不费力地同时发生着。在他们看来是稀松平常的作为，却会被平常人当成是奇迹来看待。

平和：600

这个能量层级和所谓的卓越、自我实现有关。它非常稀有，一千万人当中才有一个人能够达到。

一旦达到这个能级，内与外的区分就消失了，感官被关闭了。能级在600及其以上的人的感知如同慢镜头一样，时空悬停了——没有什么是固定的了，所有的一切都生机勃勃并光芒四射。

虽然在其他人眼里这个世界还是老样子，但是在这人眼里世界却是一个和宇宙源头进化一起协同舞蹈的不断浮动进化的流转。这是一种非同寻常、无法言语的现象，所以头脑保持长久的沉默，不再分析判断。观察者和被观察者成为同一个人，观照者消融在观照中，成为观照本身。能级为600到700之间的艺术作品、音乐和建筑能临时性地把我们带到永恒的状态中。

五、健康的情绪

健康的情绪，也就是指良好的情绪状态。它是健全人格的必要条件之一。良好的情绪状态一般来说主要表现在有稳定、愉快的心境，与理智和意志相联系的激情和适度的应激。稳定、愉快的心境能使人振奋快乐、朝气蓬勃；与理智和意志相联系的激情能激励人们克服艰险、攻克难关、攀登高峰，成为正确行动的巨大动力；一般应激能使有机体具有特殊防御、排险机能，能够使精力旺盛，激化活动，使思维特别清晰、精确，动作机敏、准确，推动人化险为夷、转危为安，及时摆脱困境。

美国人本主义心理学家马斯洛在描述关于"自我实现者"的情绪特点时，曾经提出了健康情绪的六个特征：(1)平和、稳定、愉悦和接纳自己；(2)有清醒的理智；(3)适度的欲望；(4)对人类有深刻、诚挚的感情；(5)富于哲理、善意的幽默感；(6)丰富、深刻的自我情感体验。

具体来说，大学生良好的情绪主要表现在具有真实的自信、热情乐观，并保持适度焦虑。对不良情绪具有自我调控能力，情绪反应适度。

任务二　大学生的情绪特点及其困扰

一、大学生情绪的特点

(一)大学生情绪的表现

大学时期是青年人心理成熟的重要时期，也是情绪丰富多变、相对不稳定的时期。随着社会地位、知识素养的提高以及所处特定年龄阶段的影响，大学生的情绪带有鲜明的特征。

具体表现在以下几方面。

1.外向、活泼、充满激情

就大学生整体水平而言,在情绪特点上,表现为乐观、活泼、开放、热情、精力旺盛、积极向上,充满着朝气和激情。

2.情感体验深刻而丰富

随着自我意识的不断发展,各种社会的高层次需要不断出现且强度逐渐加强,自我尊重需要强烈,表现在情绪上就是会出现更多的情感体验。道德观、罪恶感、集体感、爱国感、利他主义、理智感、美感等高级情感活动在大学时期开始对其生活产生明显的影响,左右其情绪反应。

3.波动性和两极性

大学生的认识水平有了一定的提高,对自己的情绪已有了一定的控制能力,情绪亦趋于稳定。但同成年人相比,大学生相对敏感,情绪带有明显的波动性,有时会表现出大起大落、大喜大怒的两极性。

4.冲动性

大学生的情绪特点还表现在情绪体验上特别强烈和富有激情,有时则表现为一定的盲目狂热、冲动。由于大学生对新事物比较敏感,加上精力旺盛,导致情绪活动很强烈。

5.阶段性和层次性

大学阶段由于不同年级培养目标和培养重点不同,教育方式和课程设置有所区别,各个年级面临的问题不同,大学生的情绪特点也不同,呈现出阶段性和层次性特点。大学新生所面临的是环境适应、学习方法的改变、人际交往等问题。新生自豪感和自卑感混杂,放松感和压力感并存,新鲜感和恋旧感交替,情绪波动大。二三年级经过了一年级的适应过程,能够融入校园生活中,情绪较为稳定。毕业班学生面临毕业论文(毕业设计)及择业等多方面的重大问题,压力大,情绪波动大,消极情绪多。另外,由于社会、家庭及自身要求、期望不同,能力、心理素质的差别,大学生也会体现着不同的情绪状态。

6.外显性与内隐性

大学生对外界刺激反应迅速敏感,喜、怒、哀、乐常形于色,比起成年人比较外露和直接;但比起中小学生,大学生会文饰、隐藏或抑制自己的真实情感,表现出内隐、含蓄的特点。

7.理智性和可控性

由于大学生具有较高的文化修养,具备反省自身弱点的能力和控制自己情绪变化的能力,因此大学生情绪又表现出理智性和可控性的特征。

(二)情绪对大学生的影响

1.情绪对大学生健康的影响

根据现代生理学、心理学和医学的研究成果表明,情绪对人的身心健康具有直接影响。中医理论讲“喜伤心,怒伤肝,忧伤脾,恐伤肾”。情绪既能治病,也能致病。若能保持愉快的心境,为人开朗乐观、积极向上,则人体免疫功能活跃旺盛,可以减少患病的机会,有益健康;而消极的情绪对人的身心健康危害极大,长期处于消极情绪状态下,人的免疫能力下降,容易患各种传染性疾病,内脏功能也会受到伤害。许多研究表明,消极情绪是健康的大敌,调查发现，大学生中常见的消化性溃疡、紧张性头痛和偏头痛、心律失常、月经失调、神经性皮炎等，都与消极情绪有关。

【资料窗】

爱尔马情绪与健康实验

美国心理学家爱尔马，为研究生气对人健康的影响，进行了一个很简单的实验：他在一个杯子中，放入冰和水，形成了0℃的冰水。把一只玻璃试管插在有冰有水的容器里，然后收集人们在不同情绪状态下的“气水”。结果发现：即使同一个人，当他心平气和时，所呼出的气变成水后，澄清透明，无杂色；悲痛时的“气水”有白色沉淀；悔恨时有淡绿色沉淀；生气时则有紫色沉淀。

爱尔马还把人生气时的“气水”注射在大白鼠身上，不料只过了几分钟，大白鼠就死了。通过以上的对比实验，爱尔马教授经过分析计算得出结论：人生气时会耗费大量人体精力（生物能量）。如果一个人生气10分钟，其所耗费的精力，不亚于参加一次3000米的赛跑。生气时的人体生理反应十分剧烈，很难保持心理平衡，体内各种生物分泌物比其他任何情绪下所产生的分泌物都复杂、多样，且更具有一定程度的生物毒性，对健康十分不利。

既然生气有损健康，我们就应该学着控制自己的情绪，尽量做到不生气。碰上了不愉快的事，首先要增强心理承受能力，学会自己给自己“消气”；确实遇到烦心的事，也要“戒”字当先，戒除恼怒，不生气。当然，其中还有道德修养和陶冶情操的问题。学会宽厚待人，谦逊处世，思想开朗，宽宏大量。凡事应该想得远点，想得开点，不要对一些细枝末节的区区小事斤斤计较、耿耿于怀。

2.情绪对大学生学习的影响

情绪不仅与大学生的身心健康有关，而且与大学生的潜能开发、工作效率有关。良好的情绪情感往往使大学生乐于行动，有兴趣学习、工作和活动，有助于开阔思路，注意力集中，富有创造性。研究发现，精神愉快、心情舒畅、紧张而轻松是思考和创造的最佳状态，才能有效地进行智力活动。

3.情绪对大学生人际关系的影响

具有良好的情绪、积极而稳定、适度的情绪反应的人，在人群中更受欢迎，更容易获得别人的赞赏，容易形成良好的人际关系；反之，则往往不能与他人正常相处，难沟通，使人与人之间疏远。

【资料窗】

发脾气的小男孩

从前有个脾气很坏的小男孩。

一天，他父亲给他一大包钉子，要求他每发一次脾气都必须用铁锤在后院的栅栏上钉一颗钉子。

第一天，小男孩共在栅栏上钉了37颗钉子。

过了几个星期，小男孩学会了控制自己的愤怒，每天钉在栅栏上的钉子数目逐渐减少。他把自己的转变告诉了父亲。他父亲又建议说：“如果你能坚持一整天不发脾气，就从栅栏上拔下一颗钉子。”经过一段时间，小男孩终于把栅栏上所有的钉子都拔掉了。

父亲拉着他的手来到栅栏边，说：“儿子，你做得很好。但是，你看一看那些钉子在栅栏上留下了那么多小孔，栅栏再也不会是原来的样子了。当你向别人发过脾气之后，你的言语就像这些小孔一样，会在人们的心中留下伤痕。你这样做就好比用刀子刺向了某人的身体，然后再拔出来。无论你说多少次对不起，那伤痕都会永远存在。”

二、把握情绪

情绪并非是无法预测和控制的，情绪也有其发生和变化的规律，我们可以从以下几方面认识和掌握自身的情绪特点。

（一）了解自己的个性特征

一个人情绪上的特点，往往与其气质和性格特征密切相关。因此了解自己的个性心理特征，对于认识和把握自己的情绪特点有着重要的意义。例如，我们看到有的人脾气急躁，有的人慢性子；有的人风风火火，有的人慢条斯理，这些情绪上的表现都与一个人的个性心理特征有着直接的关系。

（二）了解自己的情绪年龄

所谓情绪年龄，是人的情绪发展水平的一种衡量标志。心理学研究表明，不同年龄的人在情绪的各个方面具有不同的发展水平和特点。当一个人的情绪与其应有的情绪表现相符时，即具有相应的情绪年龄。反映人的情绪年龄水平的有两点：(1)看其情绪反应符合什么年龄段的认知和逻辑水平；(2)看其用什么方式来表现和调节自身的情绪状态。例如，有些大学生在遇到困难时，还像小孩子一样哭闹、摔东西。

（三）自身成长经历及早期经验

人的情绪特点往往与他们的成长经历和早期经验有关。家庭的教养环境和父母对孩子的关爱程度，会对孩子产生不同的影响。民主的家庭环境，父母给予孩子较多的关爱，孩子往往都比较乐观、开朗；如果在人的婴儿期乃至幼年期，父母长期的敌对争吵会使子女心理产生严重的焦虑、多疑或神经质。

【小贴士】

人的情绪就像一年四季的变化，也有周期。所谓情绪周期是指一个人的情绪高潮和低潮的交替过程所经历的时间。它反映人体内部的周期性张弛规律，亦称“情绪生物节律”。当人处于情绪高峰时，极少焦虑，各种生理指标和睡眠状态都达到最佳状态，表现出强烈的生命力；处于沮丧时期，人会变得多愁善感，没有活力，不想吃不想睡。介乎快乐和沮丧之间的平衡时期称为情绪周期的中间地带，这一时期最客观进取，因此会做出最成熟的决定。科学研究表明，人的情绪周期与生俱来。从出生的那一天开始，一般28天为一个周期，周而复始。每个周期的前一半时间为“高潮期”，后一半时间为“低潮期”。在由高潮向低潮或由低潮向高潮过渡的时间，称为“临界期”，一般是2~3天。临界期的特点是情绪不稳定，机体各方面的协调性能差，易发生事故。因此在情绪高涨时，安排一些难度大、较繁琐的任务；而在情绪低落时多出去走走，多参加体育锻炼，放松心情，安全地度过情绪危险期。

三、大学生情绪困扰和调节

(一)愤怒

愤怒是人的基本情绪反应,按程度由低到高可分为不满、气恼、愤怒、暴怒、狂怒等。正常的愤怒表达,可以有效传递信号、表达情绪。合理的愤怒表达方式也能帮助个体保持心态的良好和健康。如果行为表现已远远超出了引发愤怒情绪的客观起因的强烈程度或是对愤怒情绪无法自控,这就是产生了过度的愤怒情绪。这种情绪害人害己,需要克服。

调节建议:

(1)数数。有人说:“当发怒的时候,从1数到10再说话。如果是大怒,要数到100。”如果在发怒的时候讲话,你会发现对方也会用同样发怒的语气回应你,形成恶性循环。

(2)冷静思考。当你感到怒气很大时,冷静地想想一句话:“这样发火对我来说不会在任何方面有所帮助,只能让整个问题变得更复杂。”

(3)转移注意力。可以暂时离开那个让你发怒的环境和人,或者独处;或者去做另外一件不相干的事;也可以去喝杯咖啡或听听音乐。

(4)向朋友倾诉。可以找信赖的朋友或亲人,尽情地倾诉自己的不满和委屈,求得对方的支持和安慰。

(5)提高表达能力,学会有效地表达自己。从某种角度讲,发怒是因为我们不知道怎样表达自己的意见和想法。

【知识窗】

心理学效应——踢猫效应

某公司董事长为了重整公司事务,许诺自己将早到晚回。有一次,他在家看报太入迷以致忘了时间,为了不迟到,他在公路上超速驾驶,结果被警察开了罚单,最后还是误了时间。这位老董愤怒至极,回到办公室时,为了转移他人的注意,他将销售经理叫到办公室训斥了一番。

销售经理挨训之后,气急败坏地走出老董办公室,将秘书叫到自己的办公室并对他挑剔一顿。秘书无缘无故被人挑剔,自然是一肚子气,就故意找接线员的茬儿。接线员无可奈何,垂头丧气地回到家,对着自己的儿子大发雷霆。儿子莫名其妙地被父亲痛斥之后,也很恼火,便将自己家里的猫狠狠地踢了一脚。

踢猫效应,也被称为踢猫理论,描述的是一种典型的坏情绪的传染过程,即人的不满情绪和糟糕心情,一般会沿着等级和强弱组成的社会关系链条依次传递,由金字塔尖一直扩散到最底层,无处发泄的最弱小的那一个元素,则成为最终的受害者。

踢猫效应的核心提示是人的情绪会随环境和其他外在因素的刺激而发生变化,当不好的事情使自己情绪变坏时,要在潜意识中控制自我的情绪,不要将这些不良情绪发泄到他人身上。遇到不如意的事情,要调整心态,改变能改变的,接受不能改变的,你会发现你的生活充满阳光。

(二)焦虑过度

焦虑是一种常见的情绪状态,心理学家的研究也证明了这一点。所以,适度的焦虑有助于个体发挥其全部潜能。一次重要的考试、一场重要的比赛都需要适度的焦虑才能发挥出能力和水平。不难想象,如果个体完全没有焦虑情绪,极易产生注意力涣散、效率下降等问题。但是,过度的焦虑则是一种严重的情绪问题,它会使人陷入无尽的紧张、恐惧等负性感受中,继而完全失去面对困难的能力和信心。

焦虑可分为情境性焦虑、情感性焦虑和神经性焦虑。情境性焦虑又称为反应性焦虑,指由于面临考试、学习压力、当众演说等外界的心理压力所造成的焦虑情绪;情感性焦虑是指对预期发生的事感到担心,对自己的过错感到自责等引起的焦虑反应;神经性焦虑则是指由于情绪紊乱、恐慌、失眠、心悸等心理和生理原因引发的焦虑。

调节建议:

(1)弄清焦虑对象。首先要知道你焦虑的是什么,你的担心是否可以使结果有所不同。还有,这个担忧值不值得你去担心。每天用 30 分钟时间,一项项地将你所担心的事由写下来,然后放在一边,去做其他的事情。

(2)放慢生活节奏,静下心来,放慢脚步。

(三)抑郁情绪

抑郁是一种愁闷的心境,抑郁心境在大学生群体中表现较为普遍。学业受挫,情感问题,人际交往矛盾,都有可能使个体陷入抑郁的情绪状态。抑郁表现为没有激情,忧心忡忡,话语减少,食欲缺乏,对生活学习失去兴趣,无法体验到快乐,行为活动水平下降,回避与人交往。严重者还伴有心境恶劣、失眠、厌食,甚至有自杀倾向。

特别需要指出的是,抑郁情绪与抑郁症(depression)既相互联系,又有质的区别。前者属于一种不良情绪困扰,需要的是心理上的调整;而后者则属于心理疾病,需要及时到医院就诊。二者的主要区别在于持续时间长短和对个人生活的影响大小上,如果持续时间达到两周,且已难以维持正常的生活、学习,则应尽快寻求专业人士的帮助。

调节建议:

(1)接受现实,改变心态。改变一下自己看待问题的角度和心态,因为现实生活中没有人能够事事如意,对于某种不能改变的事实,不妨试着慢慢地去接受它。

(2)运动。如慢跑、散步、游泳等。运动有益于增加血液循环,调节心率,提高机体含氧量。研究表明,这样做对改善情绪状况有良好的作用。

(3)回忆快乐的事,适时地肯定自己。想想自己曾经取得的成绩和克服的困难,找找自己的优点和长处,回忆那些使自己感到快乐的事情。

(4)多接触乐观向上的人和事。尝试和乐观积极的人交往,学习他们看待事物的态度和方式。看两本内容乐观积极的书籍;或者去看部喜剧片,感受一下快乐的气氛。

(四)委屈

委屈是指受到不应该有的或者不公正的指责和待遇,感到自尊心受到了伤害,不被人理解,并为此难过、不舒畅。

调节建议:

(1)表达自己的委屈。向自己可以信赖的亲友表述这种不快的情绪,寻求支持。如果实在是觉得不便诉说的,可以通过其他方式去表达,如大哭一场;找一个空旷的地方,大声喊几声;做自己喜欢的运动等。

(2)善待自己,宽容别人。生命中有很多事,我们无力改变,不是所有的付出都能得到回报。因为立场不同、所处环境不同的人,对同样的事情会有完全不同的看法和态度,要懂得宽容,善待自己。

(3)学会表达自己的想法。

(五)因不能接受或无法控制自己的情绪状态而引发情绪困扰

日常生活中,大学生的情绪困扰有时还来自于不能接受或无法控制自己的情绪现状。例如,一名大学生在平时学习时,常为自己头脑中闪现的一些毫无意义的杂念而烦恼不已。

他越想克制自己不去想这些杂念,杂念反而不断地出现,导致大学生情绪很烦躁。这位学生的情绪困扰来自于他对自己的情绪反应不能接受。情绪是人的一种本能的感受,无论是否愿意,都是不以人的意志为转移的。当你对某一种情绪排斥时,实际上却正在关注和强化它。

心理学家韦格纳(Daniel Wegner)曾做过一个实验。他让一些大学生作为被试参加实验,事先规定,要求他们在实验的5分钟时间内,谁也不能想白熊,谁要是想到了,就必须要按眼前的电铃按钮。结果在实验开始后的5分钟内,这些大学生被试者几乎都在不停地按电铃。因为这些大学生被试者在排斥自己的心理活动过程中,正在关注和强化着这些观念和感受。这个实验解释了为什么一些学生越是告诉自己考试时不紧张,考试过程中反倒越紧张;越是担心自己在与陌生人交往时出现畏惧情绪,当与陌生人接触时,就越会产生担心和恐惧感。这就是一些人感到自己的情绪难以控制的原因所在。

调节建议:

(1)要尝试接受自己的情绪状态;

(2)让自己不追求完美。

【小贴士】

情绪调节50法

基本原则:

(1)如你不想接受某项额外工作或承担某项额外义务,就直率地说“不”。

(2)经常与亲近的人谈谈心。

(3)经常提醒自己:“你是凡夫俗子,出点差错在所难免。”

(4)切莫学做鸵鸟,应该敢于直面自己生活中的问题。

(5)切莫自己折磨自己。

(6)切莫将想说的话强压心底,只有说出来才有助于心态平衡。

(7)必要时对自己说:“必须放松一下。”

(8)尽量避免说“我现在、立刻就要”此类话语,一切顺其自然为好。

(9)遇到婚姻、购房等生活中的重大难题,必须提醒自己:只有时间才能帮助解决问题。

(10)切莫失去能够理解你的朋友或亲人。

(11)记住,你无法对他人的情绪承担责任。

(12)生活中遇到的一系列挫折,应当将它看作生活为你提供的教训。

(13)凡事应预先设想可能出现的最坏结果及应付办法,这样,你对自己的应变能力会充满自信。

(14)最后,切莫再为那些你本人无权干预、无力监护的事而操心。

在家里:

(15)打开家庭相册,重温过去的美好时光。

(16)去影剧院看一部熟悉而又喜爱的影片。

(17)关上电话机,在惬意的温水浴盆里休息一会。

(18)为自己买一束鲜花。

(19)打开唱机,闭上眼睛,舒舒服服地坐着聆听一段熟悉而美妙的音乐。

(20)附近如有公园或花园,可去那儿散散心。

(21)回忆你一生中曾经拥有的最幸福的时刻。

(22)去郊外一游。

(23)给爱说笑话、懂幽默的朋友或亲人打个电话。

(24)给自己斟上一杯葡萄酒,品尝一份特别精美的食品。

(25)随意做愉快的遐想,哪怕只用 5 分钟。

(26)挑选一种与自己工作性质截然不同的业余爱好。

(27)做自我按摩,它能有效地帮助你放松自己。

(28)打打网球或高尔夫球,活动一下身子。

(29)为自己的男友或女友做一件令其高兴的事。

(30)坐下写信,把积压了一个月的回信全部写完。

(31)专为自己献上一份礼物。

(32)上理发店去美化一下自己。

(33)变换一下口味,品尝一种平时不吃的食品。

(34)提早起床,外出散步,然后享受美味的早餐。

(35)房事的激情,也不失为一帖良药。

(36)切莫在购物高峰时间逛商店。

(37)买一对美丽的金鱼来观赏。

(38)买一盒带有海浪拍岸或热带丛林背景音乐的音带来欣赏。

(39)让晚间的浴室增加一点沁人心脾的芳香。

(40)积攒钱买一部洗碗机。

(41)稍稍放低要求,不必每个星期穿着的每件衣服洗涤和熨平都必须达到专业水平。

(42)做一件完完全全只为自己的事。

在工作单位:

(43)独自一人用餐,避开闲言碎语。

(44)对正确的批评,不应生气,而应认真思考并加以总结。

(45)赴会前独自静坐十来分钟。
(46)努力将工间用餐时间变为自我放松和休息的时间。
(47)彻底清理妨碍工作的一切多余物品(废纸等)。
(48)给自己买一件玩具。
(49)经常伸伸双腿,转转颈部,挺挺胸部。
(50)不要一下班就赶路,而应闭上眼睛静心独坐一会,彻底放松,哪怕只用两分钟。

任务三　情绪的管理与调节

情绪是一个人行为的催化剂,它不仅影响身心健康,而且左右一个人的家庭、事业以及生活的成败。你如果成为情绪的主人,你也就掌握了自己的命运。大学生心理健康与否在很大程度上依赖于情绪是否健康,心理素质的高低取决于情绪智商的高低。积极、健康、良好的情绪状态,是大学生幸福生活、愉快学习、健康成长的前提。

【案例分析】

晓红是一个很爱生闷气的女孩子,别人无意中动了她的东西,她会不高兴;别人和她开几句玩笑,她会不高兴;别人借用了她的电脑没有收拾好,她也会不高兴……久而久之,同学们都对她敬而远之。她的人际关系变得越来越糟糕。

其实晓红自己也非常苦恼,她很想和别人融洽相处,但就是无法控制自己的情绪,不顺心的时候就感到很烦恼,立马就会表现出来。她说,自己并不想发脾气,也知道发脾气自己和别人都会不舒服,但感觉周围的人总是做些让她不开心的事。到底怎样她才能开心起来呢?

在现实生活中,我们常常会抱有这样的一个观念:我之所以不开心、不快乐,是因为我的周围发生了让我不开心的事。然而,我们的情绪真的是由我们周围的环境所决定的吗?我们能不能做自己情绪的主人呢?

一、合理情绪理论

合理情绪理论又叫理性情绪理论、ABC 理论,是美国临床心理学家艾利斯创立的。艾利斯提出了 ABC 理论来解释人的情绪困扰和不适应行为的产生。他认为在人们情绪产生的过程中有三个重要的因素,即 A、B、C,其中 A(activating events)指诱发性事件;B(beliefs)指个人在遇到诱发性事件后产生的相应的信念,也就是他对这件事的看法、解释与评价;C(consequences)指在特定情境下,个人的情绪体验及行为结果。艾利斯指出,情绪(C)不是由某一个诱发事件本身(A)所引起的,而是由经历了这一事件的个人对这一事件的解释和评价(B)所引起的。因此 A 只是 C 产生的间接原因,B 才是 C 产生的直接原因,是 B 决定了 C 的性质。

合理情绪理论认为,改变不合理的观念,建立合理的观念,就会产生出积极的情绪反应。该理论正是通过对引起不良情绪的非理性观念的纠正,来达到情绪改善的目的。因此艾利

斯提出了通过改变信念从而改变情绪与行为的方法,即合理情绪疗法,也被称为 ABCDE 模式。其基本程序是这样的:

(1)找出使自己产生异常紧张情绪的诱发事件。例如考试、工作压力、人际关系等。

(2)找出引发不良情绪的非理性信念。

非理性信念一般有三类。1)绝对化的要求。指人们从自己的主观意愿出发,认为事物“必须”或“应该”怎样的信念。例如,“我必须表现优秀”“别人必须处事公正”“生活必须完美无缺”。一旦现实与个人绝对化的要求不相符合,人就会感到沮丧,从而陷入不良情绪当中。2)过分概括化的倾向。这是一种以偏概全的思维方式,只凭个别事实就来判定自己或他人的整体价值。每当出现不好的结果时,就倾向于把自己或别人评价得一无是处、毫无价值,从而使个人经常陷入不良情绪当中。3)糟糕至极的评价。即只要一件不好的事情发生了,就认为此时此刻便是最坏、最可怕、糟糕至极的时候,把自己逼到毫无回旋余地的绝境,陷入不良的情绪状态之中,难以自拔。

(3)通过对非理性观念的认识和纠正,找出合理的观念。

(4)通过建立合理的信念,最后达到情绪感受的改变。

例如,一位大学生来咨询,他感到朋友欺骗了他而感到伤心和愤怒。他说:“在朋友遇到困难时,我都会主动帮助。而当我遇到困难时,他却视而不见。为此我感到被欺骗了,很愤怒。”

通过对该学生认识的分析,咨询师帮助学生认识到,他的不合理信念是“我帮助了他,他就应该帮助我”。通过讨论,该学生将“应该”改成了“希望”,对事件的认识变成了“我的朋友遇到困难时,我帮了他,是我主动而且愿意的,并且我也希望当我遇到困难时,他同样会帮助我。但后来,当我真的遇到了困难时,他却没帮我。我为此感到遗憾,我虽然不很高兴,但我不会感到生气。”

【能力训练】

不合理信念的辩论

目的:了解情绪发生的原因,学会分辨不合理的信念,并分析不同的信念会引发什么情绪或行为。学会调控和管理情绪。

步骤:

(1)将所有同学分为7人一组,每组的各位成员在小纸条上写下自己感到困惑或者解不开的一件事情,然后折叠起来与小组其他成员的纸条混在一起。

(2)大家在组内随机抽取一张纸条,针对纸条上提出的问题展开讨论。从第一个人开始,首先由他读出所面临的问题,然后让他左边的三个“正方”和右边的三个“反方”交替发言,正方必须给予这个事件正面的看法和评价,而反方则相反。

(3)“当事人”总结出自己倾向于解决的办法并判定哪一方胜利。以此类推,直到将所有小组成员提交的问题都一一讨论完毕,最后我们看看哪一方胜利的次数多。

(4)小组进行分享讨论:请成员分辨看看哪些想法是合理的,哪些是不合理的。这些不同的想法,会引发什么情绪或行为。

【资料窗】

烦恼实验

一位著名的心理学家为研究“烦恼”问题,做了一个很有趣的实验:心理学家要求实验者在一个周日的晚上,把自己未来7天内所有忧虑的“烦恼”都写下来,然后投入一个“烦恼箱”里。三周过去了,心理学家打开了“烦恼箱”,让所有实验者一一核对自己写下来的每个“烦恼”,结果发现,其中百分之九十的“烦恼”并没有真正发生。这时,心理学家要求实验者将真正的“烦恼”记录,并重新投入“烦恼箱”。三周很快过去了,心理学家又打开了“烦恼箱”,让所有实验者再一次核对自己写下的“烦恼”,结果发现,那些许多曾经的“烦恼”,已经不再是“烦恼”了。实验者们感觉到,对于烦恼,总是预想的很多,但往往出现的很少。

对此,心理学家得出了这样的结论:一般人所忧虑的“烦恼”,有百分之四十是过去的,有百分之五十是未来的,只有百分之十是现在的。而最终的结果是,至少有百分之九十的烦恼是根本没有发生过的,剩下的一点烦恼则是可以轻松应付的。所以,许多烦恼都是自己找来的,这就是所谓的“烦恼不寻人,人自寻烦恼”。

二、正确归因

美国心理学家维纳指出,人们往往把失败和成功归结于四个方面的因素:努力、能力、任务难度和机遇。这四个因素可以按内外因、稳定性和可控性三个维度来划分。从内外因来看,努力和能力属于内部原因,任务难度和机遇属于外部原因;从稳定性来看,能力和任务难度属稳定因素,努力和机遇属不稳定因素;从控制性来看,努力是可控制因素,任务难度和机遇都是不以人的意志为转移的。维纳认为,对成败的归因会引起一系列的情绪反应和期望的改变。若将成功归结为内部原因,则会使人感到满意和自豪;归结为外部原因,则会产生惊奇和感激。若将失败归结于内因,会产生内疚和无助感;若失败归因于外因,则会产生气愤和敌意。归因理论提示我们遇到事情时要合理归因,才能改变情绪。

三、行为表达

(一)放松训练

放松训练又称为松弛反应训练,是一种通过肌体的主动放松来增强人对自我情绪控制能力的有效方法。它的基本原理是通过训练放松所产生的躯体反应,如减轻肌肉紧张、减慢呼吸节律和使心率减慢等,达到缓解焦虑情绪的目的。

1.呼吸松弛训练法

采用稳定的、缓慢的深吸气和深呼气方法,达到松弛的目的。一般要求连续呼吸20次以上,每分钟呼吸频率在10~15次左右(视人而异,要事先通过定期自我训练,在实践中自我体会,确定最佳呼吸频率,并要求训练成熟后再实际应用)。吸气时双手慢慢握拳,微屈手腕,最大吸气后稍屏息一段时间,再缓慢呼气,两手放松,处于全身肌肉松弛状态。如此重复呼吸。训练时注意力高度集中,排除一切杂念,思想专一,全身肌肉放松。平时每天练习1~2次,每次10~15分钟。有计划的训练,自我体会身心松弛的效果。每一训练期(医学上称“疗程”)为15~20次。可休息几天,重复训练,以达到要求为止。可采用坐位或卧位训练,成功后则随时可在实际中应用。切忌在未训练成功时匆忙使用,以致失败后怀疑本法的有效性。

2.想象松弛训练法

遇到不良情境产生紧张、恐惧和焦虑情绪时,运用自己充分和逼真的想象力,主动地想象最能使自己感到轻松愉快的生活情境,用以转换或对抗不良心理状态。例如想象自己躺在和煦的阳光下,在海边聆听大海的波涛声,充分享受大自然的美景和情趣;想象自己在环境幽雅、景色迷人的公园里休憩,在风光迷人、空气清新的优美环境中感受鸟语花香带来的乐趣,心境无比舒畅。想象的内容最好是自己过去亲自经历过的生活情景,并且能唤起终生难忘的轻松愉快心理。对于一位足不出户、想象力不丰富、生活经历贫乏者,补救的办法是想象自己观看过的最精彩、最激动人心的影视节目中的情景片段。

3.自我暗示松弛训练法

又称“自我命令法”。利用指导性短语,自我暗示,自我命令,消除紧张恐惧心理,增强意志力量,保持镇定平衡的心理状态。例如:“这些感觉虽然可怕,但不足畏惧,我可以改变它的意义”“我太惊慌失措了,我不必为此小事大惊小怪,我会自己克服的”“这些情境没有什么了不起,我一定会排除克服的”。指导性短语由患者自行设计制定,不必千篇一律,生搬硬套。要求短小精悍,流畅顺口,具有鼓舞斗志和自我命令、自我镇静的作用。如毛主席语录——“下定决心,不怕牺牲,排除万难,去争取胜利”。实践表明,当患者在做一件会引起自己恐惧焦虑的事时,事先做好充分的心理准备,采用本法训练后再行动,确实具有镇静治疗作用。

4.简单易学的放松训练法

休闲静坐时,可以进行呼吸练习,使自己的呼吸频率下降,有利于增强每次呼吸的深度,使肺内气体交换充分。在考试或比赛时,也可以安静坐下,做几次呼吸,有助缓解紧张情绪。静坐可以消除内心的紧张不安。临床试验证明,有规律的静坐,可以减轻压力。压力减少,有助疾病的防治。

方法:在清静自然、心平气和、身体放松的状态下,取坐式,鼻息呼吸。先用较短呼吸开始练习,纯熟后,渐渐加长。最长时,一呼一吸可占一分钟,但务必自然,不可勉强。吸气时,使空气入肺,尽量充满,肺底舒张,腹部外突。吸气时下腹部收缩,横膈膜推而向上抵住肺部,使肺腑底浊气外散无余。

不要担心是否能成功地达到深度的松弛,耐心地维持被动心态,让松弛按自己的步调出现。当分心的思想出现时不要理睬它,并继续默诵1……和2……随后松弛反应将不费力地来到。进行这种训练,每大1~2次。不要在饭后1小时内进行,因消化过程可能会干扰预期效果。

【经典案例】

某大学一大二女生,从小学习上进,深受老师的喜爱。但是在大学第一学期期末考试中,高等数学不及格,因此她产生了沉重的心理压力。从此,每到期末复习临近考试时就紧张、焦虑,并伴有严重的失眠。

分析:

这是典型的考试焦虑的表现。主要是由于她心理负担太重,使自己的情绪不能平静,反而影响了复习的效果。针对这种情况她应该进行一些自我调整。可以从以下几方面入手:

(1)多方面改善睡眠。首先,通过加强体育锻炼增强体质,有助于调节神经功能的紊乱,改善睡眠。其次是顺其自然,当出现焦虑症状时不要去理会它,做自己应该做的事,长期坚持下去,就会有效果。

(2)尝试放松训练。

(3)接受系统正规的心理治疗。当情况严重自我不能进行调节时,可在医生的建议下采用生物反馈治疗法,辅以药物治疗。

(二)适当大哭

哭是人类的本能,是人类不愉快情绪的直接外部表露。情绪不好时,可以痛痛快快地哭出来。爱哭的人不一定是弱者,不哭的人不代表很坚强。适度的哭可以消除压抑情绪。

(三)学会倾诉

如果你把快乐告诉一个朋友,你将得到两份快乐;如果你把忧愁向一个朋友倾吐,你将被分掉一半忧愁。当遇到不愉快的事时,不要自己生闷气,把不良心境压抑在内心,而应当学会倾诉。每个人的周围总会有几个知心朋友,当产生不良情绪时,同学朋友们聚一聚,一壶清茶,一杯咖啡,就事论事倾诉一番,把自己的消极情绪倾诉出来,以便得到别人的理解、开导和安慰。美国有关专家研究认为:“一个人如果有朋友圈子,就能长寿20年。”现在上网在大学生中比较流行,网上比较可靠的朋友也可以成为倾诉的对象。

【小贴士】

心理快乐六法

1.精神胜利法

这是一种有益身心健康的心理防御机制。在你的学业、事业、爱情、婚姻不尽人意时;在你因经济上得不到合理的对待而伤感时;在你无端遭到人身攻击时或不公正的评价而气恼时;在你因生理缺陷遭到嘲笑而寡欢时,你不妨用阿Q的精神调适一下你失衡的心理,营造一个祥和、豁达、坦然的心理氛围。

2.难得糊涂法

这是心理环境免遭侵蚀的保护膜。在一些非原则的问题上“糊涂”一下,无疑能提高心理承受的能力,避免不必要的精神痛苦和心理困惑。有这层保护膜,会使你处惊不慌乱,遇烦恼不忧,以恬淡平和的心境对待各种生活的紧张事件。

3.随遇而安法

这是心理防卫机制中一种心理的合理反应。培养自己适应各种环境的能力。古人云:“吃亏是福。”生老病死,天灾人祸都会不期而至,用随遇而安的心境去对待生活,你将拥有一片宁静清新的心灵天地。

4.幽默人生法

这是心理环境的“空调器”。当你受到挫折或处于尴尬紧张的境况时,可用幽默化解困境,维持心态平衡。幽默是人际关系的润滑剂,它能使沉重的心境变得豁达、开朗。

5.宣泄积郁法

心理学家认为,宣泄是人的一种正常的心理和生理需要。你悲伤忧郁时不妨与异性朋友倾诉;也可以进行一项你所喜爱的运动;或在空旷的原野上大声喊叫,既能呼吸新鲜空气,又能宣泄积郁。

6.音乐冥想法

当你出现焦虑、忧郁、紧张等不良心理情绪时,不妨试着做一次心理“按摩”——音乐“维也纳森林”、坐邮递马车……

课后习题

一、单选题

1.考试焦虑主要属于(　　)方面的问题。

A 情绪　　B 气质　　C 性格　　D 行为

2.易受外界的影响而出现情绪波动,或极度高兴;或伤心流泪,这一情绪表现叫(　　)。

A 焦虑　　B 恐惧　　C 情感脆弱　　D 情绪低落

3.人们遭遇不良情绪时,正确的处理方式为(　　)。

A 喝酒　　B 吃大量的东西　　C 压抑负性的情绪　　D 和朋友倾诉

4.(　　)是指一种缺乏明显客观原因的内心不安或无根据的恐惧,或者预期即将面临不良处境的一种紧张情绪。

A 恐惧　　B 焦虑　　C 嫉妒　　D 自卑

5.大学生情绪的影响因素不包括(　　)。

A 心理因素　　B 环境因素　　C 动机因素　　D 认知因素

6.(　　)是指人在情绪、情感、意志、承受挫折等方面的品质。

A 智商　　B 情商　　C 德商　　D 逆商

7.考试焦虑主要属于(　　)方面的问题。

A 情绪　　B 气质　　C 性格　　D 行为

8.大学生想要管理自己的情绪,需要做到的是(　　)。

A 培养和发展正当需要　　B 毫不理会不良情绪

C 不与人交流　　D 只需满足物质需要

9.你认为"大学综合症"(即大一学生产生的空虚、焦虑、失眠等症状),下列(　　)不是其产生的诱因。

A 理想与现实的落差　　B 对新环境的适应能力弱

C 优势地位的丧失　　D 生活过度挥霍而产生的罪恶感

10.有些人遭受一些失败后,就会认为自己"一无是处、毫无价值",这是属于(　　)。

A 糟糕至极的结果　　B 过分概括的评价

C 绝对化的要求　　D 对自己正确的认识

二、多选题

1.愤怒包含着什么样的力量?(　　)

A 疗愈　　B 自尊　　C 自重　　D 渴望

2.情绪包含了哪些功能?(　　)

A 适应与进化功能　　B 社会交际功能

C 唤醒和动机功能　　D 认知功能

3.依据 ABC 理论,我们不难发现人的不合理观念常常具有以下哪些特征?(　　)

A 绝对化的要求　　B 糟糕至极的结果

C 随遇而安的态度　　D 过分概括的评价

4.以恐惧为例,当你看到一条蛇,你的情绪反应会有哪些?(　　)

A 没有反应　　B 有恐惧的表情

C 体验到恐惧　　D 生理上产生相应的变化

5.在研究关注自我和关注更宏大的目标,不合理的观念会与哪些因素有关。(　　)

A 学术成功　　B 职场压力　　C 个人关系　　D 幸福

【课堂感悟与收获】

请你用一至两句话写下对本节的感悟与收获:

(1)____

____。

(2)____

____。

综合训练

一、心理测试

情绪稳定性测验

(一)请回答下面的问题,并选出最符合你的真实情况的选项。

1.你有能力克服各种困难。(　　)

A 是　　B 不一定　　C 否

2.即使猛兽关在铁笼里,你见了也会惴惴不安。(　　)

A 是　　B 不一定　　C 否

3.如果能到一个新环境,你要(　　)。

A 把生活安排得和从前不一样

B 不确定

C 和从前相仿

4.整个一生中,你一直觉得能达到所预期的目标。(　　)

A 是　　B 不一定　　C 否

5.小学时敬佩的老师,至今仍然令你敬佩。(　　)

A 是　　B 不一定　　C 否

6.不知为什么,有些人总是回避或冷淡你。(　　)

A 是　　B 不一定　　C 否

7.虽然你总是善意待人,却常常得不到好报。(　　)

A 是　　B 不一定　　C 否

8.在大街上,你常常避开不愿意跟其打招呼的人。(　　)

A 极少如此　　B 偶然如此　　C 有时如此

9.当你聚精会神地欣赏音乐时,有人在旁边高谈阔论。(　　)

A 你仍能专心听音乐　B 介于A、C之间　　C 不能专心并感到恼怒

10.无论到什么地方,你都能清楚地辨别方向。(　　)

A 是　　B 不一定　　C 否

11.你热爱所学专业和所从事的工作。(　　)

A 是　　B 不一定　　C 否

12.生动的梦境常常干扰你的睡眠。(　　)

A 经常如此　　B 偶然如此　　C 从不如此

13.季节或气候的变化一般不影响你的情绪。(　　)

A 是　　B 介于 A、C 之间　　C 否

(二)计分方法

根据计分表,查明每题的得分,求出总分。

题号	A	B	C	题号	A	B	C
1	2	1	0	8	2	1	0
2	0	1	2	9	2	1	0
3	0	1	2	10	2	1	0
4	2	1	0	11	2	1	0
5	2	1	0	12	0	1	2
6	0	1	2	13	2	1	0
7	0	1	2				

(三)得分

A(17~26 分):情绪稳定。

你的情绪稳定,性格成熟,能面对现实,通常能以沉着的态度应付现实中出现的各种问题,行动充满魅力,能鼓起勇气,有维护团结的精神。有时,也可能由于不能彻底解决生活中的一些难题而强自宽解。

B(13~16 分):情绪基本稳定。

你的情绪有变化,但不大,能沉着应付现实中出现的一般性问题。然而在大事面前,有时会急躁不安,难免受环境支配。

C(0~12 分):情绪不稳定。

你情绪不稳定,容易激动。通常不容易应付生活中遇到的各种阻挠和挫折,容易受环境支配而心神不宁,不能面对现实,常常急躁不安,身心疲乏,甚至失眠等。要注意控制和调节自己的心情,使自己的情绪保持稳定。

二、能力训练

1.题目:了解情绪 NLP

目的:了解情绪的身心语法程序,并且熟练运用,摆脱情绪的困境。

此原理来自于神经言语程序学(neuro-linguistic programming,NLP),在香港也译为身心语法程式学。总结 NLP 五步脱困法处理困扰的方法:

困境:我做不到 A。

改写:到现在为止,我尚未做到 A。

因果:因为过去我不懂得……,所以到现在为止,尚未做到 A。

假设:当我学懂……,我便能做到 A。

未来:我要去学……,我将会做到A。

来几次深呼吸让自己先平静下来,然后在心里默念10遍:“我可以对自己的情绪负责!”

在纸上写下:

(1)遇到的困境:“我控制不好情绪”——负面词语。

(2)改写困境:“到现在为止,我的情绪控制不是很好。”

(3)因果:“因为过去我一直忽略自己具备能够控制情绪的能力和总结控制情绪的有效方法,所以,到现在为止我的情绪控制一直不是很好。”

(4)假设:“一旦我认识到自己控制情绪的能力,结合有效的控制技巧,我的情绪控制能力将变得很好。”

(5)未来:“我要努力增强自己能够控制情绪的意识,以及向周围的人学习情绪控制的有效方法,并且认真、切实地运用到生活中去,我的情绪控制一定会越来越出色!”

2.题目:情绪周统计

回顾这一周的情绪状态,我的情绪主题词是什么?

如果情绪主基调是积极健康的,就可以继续前行和保持;如果出现了引发坏情绪的刺激事件,或者负面情绪占了上风,就要反思:我当时是一个什么状态?情绪是怎样的?这样的情绪反应对解决问题是否有帮助?下次再有类似情况发生,我做什么反应会更完美一些?现在我该如何处理掉我的坏情绪,以便轻松开始下一周的生活?

3.题目:情绪垃圾回收站

活动目标:学会及时、定期地处理自己的负性情绪。

活动步骤:找一个纸盒,做一个负性情绪的垃圾回收站,每次出现困扰你的负性情绪时,立即写在一张纸上,揉成团扔在“垃圾回收站”里,每周定期清空。

4.题目:给情绪写封信

活动目标:通过“给情绪写封信”,帮助学生掌握情绪表达的方法。

活动步骤:

(1)闭上眼睛,感受自己最近一周以来的情绪和感受。

(2)现在,你的内心有另外一个自己在默默倾听,请把你的情绪和感受写成一封信。

(3)写完之后,默默诵读,然后按照你的方式去处理这封信。

【心理书籍推荐】

1.《别为小事抓狂》——理查德·卡尔森

我们都花了太多时间为无关紧要的琐事烦恼,老实说,这些事对人生并不重要,而我们却因此忽略了真正有意义的事情,只注意到出问题的地方。在面对人生大事、死亡、地震、金融危机时,我们都能找到内在的力量,但碰到小事却会抓狂,从而让我们的人生远离了快乐和幸福。别忘了,你所期待的幸福人生、美好未来,都在此刻就决定了。着眼当下,试图改变,你会看见未来并不遥远。《别为小事抓狂》来自我们的日常生活,是人们在安身立命时都会面临的思考。

理查德当然也是凡人,只是他观察与谈论人生时,对于那些阻挡我们快乐的事物,有着非凡的透彻体悟。他告诉我们拥有快乐与正面的人生态度并不难做到,只要你愿意为自己的人生负责。人生的方向,在于你能保持开放,一点一点调整心态,这样你就能从内心逐渐坚强起来。在全世界,每一天,每一个角落,都有人因读了此书而改变生活的态度,进而改变了一生。生而为人,我们都在同样的小事中挣扎过活。即便面临生命的尽头,人生课题也是大同小异。

2.《情绪控制十妙招》——舒砚

我们在生活中,不可避免地要产生令人不快的情绪,比如愤怒、怨恨、急躁、不满、忧郁、痛苦、失意、焦虑、恐惧、嫉妒、羞愧、内疚等。如果负面情绪经常出现而且持续不断,就会对个人产生不良影响,如影响身心健康、人际关系和职业前途等。虽然情绪是与生俱来的,但是,恰当地管理好自己的情绪却是后天学习的结果。本书告诉您如何认识、管理情绪,使我们有一个积极进取的人生,做情绪的主人。

3.《积极思维训练:从消极情绪中实现自我启发》——周勍

当你所乘的航班被延误了,你是否会对航空公司很生气并抱怨自己运气不好?当你因故缺席了与朋友定好的重要约会,你是否会对朋友抱有愧疚并不再轻易主动邀约朋友?当你定好的休假计划因为公司有突发状况而不得不取消,你是否会觉得心烦意乱且无法专心投入工作?当你被公司解雇,你是否会灰心丧气并开始为找你的下一份工作而焦虑不堪?如果你的回答是肯定的,那么本书就很适合你!活在当下,我们难免会遭受各种各样的挫折和创伤,让我们的心变得疲惫和焦虑,甚至陷入痛苦的深渊。拥有消极的想法并不可怕,可怕的是任其蔓延,遮挡住你生活中的阳光。本书讲解了面对各种负面情绪,如何进行正能量思考,唤醒积极情绪,从而摆脱困扰,获得幸福与成功。

【心理电影推荐】

1.《头脑特工队》

可爱的小女孩莱莉出生在明尼苏达州一个平凡的家庭中,从小她在父母的呵护下长大,脑海中保存着无数美好甜蜜的回忆。

当然这些记忆还与几个莱莉未曾谋面的伙伴息息相关,他们就是人类的五种主要情绪:快乐、悲伤、恐惧、厌恶和愤怒。

快乐作为团队的领导,她协同其他伙伴致力于为小主人营造更多美好的珍贵回忆。某天,莱莉随同父母搬到了旧金山,肮脏逼仄的公寓、陌生的校园环境、逐渐失落的友情都让莱莉无所适从,她的负面情绪逐渐累积,内心美好的世界渐次崩塌。

为了保护这一切,快乐只有行动起来……

2.《愤怒管理》

戴夫有着温文尔雅的外表,和漂亮的女朋友琳达。但他在一次飞行旅行中情绪失控,被遣送去进行“情绪管理”训练。课程的负责人精神病医生巴迪本身就有点疯癫。他一手创建了“情绪管理”理论和治疗中心,相关书畅销不衰。中心的病人个个脾气古怪,巴迪不断地逼迫戴夫去做一些近乎发疯的事情,让戴夫感到即使不疯也快要被逼疯了。而法庭认为戴夫的进展过于缓慢,要送他去监狱。被逼入绝境的戴夫,只好忍受巴迪的刺激疗法,戴夫感到自己的极限就要到来,他在退缩封闭自己的内心,还是勇敢面对完整的自己两个选择中,犹豫了……

到底巴迪医生与病人戴夫的磨合调整,会是柳暗花明,还是陷入无尽的内心黑洞当中呢?

项目七
感受多彩人生——直面挫折

【心灵寄语】

英国首相丘吉尔不仅是一名杰出的政治家，而且是一位著名的演说家，十分推崇面对挫折坚持不懈的精神。他生命中的最后一次演讲是在一所大学的结业典礼上进行的，演讲的全过程大概持续了20分钟，但是在那20分钟内，他只讲了两句话，而且都是相同的：坚持到底，永不放弃！坚持到底，永不放弃！

这场演讲是成功学演讲史上的经典之作。丘吉尔用他一生的成功经验告诉人们：成功根本没有什么秘诀可言，如果真是有的话，就是两个：

第一个就是坚持到底，永不放弃；

第二个就是当你想放弃的时候，回过头来看看第一个秘诀：坚持到底，永不放弃。

敏锐的观察力、果断的行动力和坚持的毅力是成功的必备要素。你可能有敏锐的目光去发现了机遇，同时也能用果断的行动去抓住机遇，但是最后还需要用你坚持的毅力才能把机遇变成真正的成功。

人生有两杯必喝之水，一杯是苦水，一杯是甜水，没有人能回避得了。区别不过是不同的人喝甜水和喝苦水的顺序不同，成功者往往先喝苦水，再喝甜水；而一般人都是先喝甜水，再喝苦水。在成功的过程中，持之以恒非常重要，面对挫折时，要告诉自己：坚持，再来一次。因为这一次失败已经过去，下次才是成功的开始。人生的过程都是一样的，跌倒了，爬起来。只是成功者跌倒的次数比爬起来的次数要少一次，平庸者跌倒的次数比爬起来的次数多了一次而已。最后一次爬起来的人称之为成功者，最后一次爬不起来或者不愿爬起来，丧失坚持的毅力的人就叫失败者。

缺乏恒心是大多数人最后失败的根源，一切领域中的重大成就无不与坚韧的品质有关。成功更多依赖的是一个人在逆境中的恒心与忍耐力，而不是天赋与才华。布尔沃说："恒心与忍耐力是征服者的灵魂，它是人类反抗命运、个人反抗世界、灵魂反抗物质的最有力支持。"

——摘自陈大为的《逆商：我不信，这个世界没有我的位置》

【项目导入】

在信息爆炸、变化飞速的多元化时代，人们随时随地都会陷入各种各样的困境。因此，学会应对困境和挫折的能力是时代变迁的需要，是人们通往成功之路的先决条件和重要资本。如何能为当代渴望成功的大学生在转型社会中，在急剧变迁的时代背景下，提供有效方法帮助其正确认识自己、评价自己，拥有强大的内心世界，具备顽强的意志，使自己快速摆脱面对逆境时的情绪及影响，充分发挥自身潜能，维持身心健康是非常必要的。

通过本项目的学习，使学生明确挫折的发生与发展及如何正确地看待挫折，使学生正确认知挫折，提高自身的挫折承受力，进而学习积极应对挫折的方法。

【热身活动】

高级进化

活动目的：调动学生参与课堂的积极性；让学生在活动中体验挫折情绪和坚持到底获得成功的喜悦情绪。

活动场地：一块平整开阔的场地，分出四个区域，室内室外皆可。

活动人数：全体学生一起做，不分组，20 人以上为佳。

活动时间：控制在 15 分钟左右。

活动规则：

(1)进化分为四级，即鸡蛋、小鸡、凤凰和人类。每级的动作如下：鸡蛋——蹲下来，双手抱膝；小鸡——半蹲，双手叉腰；凤凰——站立，双手举过头顶。

(2)活动一开始，全体学员蹲下视为鸡蛋，且蹲在指定的鸡蛋区域。听到老师喊口令“开始进化”后，两人一组开始猜拳，三局两胜。获胜的一方则进化为小鸡，到小鸡的区域做小鸡的动作；输拳的一方仍为鸡蛋，不换区域。

(3)当老师再次喊“开始进化”的口令后，鸡蛋找鸡蛋、小鸡找小鸡，再两两一组开始猜拳，三局两胜。期间有进化的同学，进入到下一个区域；有降级的同学则要退回到上一个区域。

(4)鸡蛋不再降级，进化为人类后则不再两两猜拳。

资料来源：http://www.tqpx.cn/NewsStd_1053.html

任务一　挫折的发生与发展

一、挫折的含义

挫折是指个体在实现自身愿望和计划的过程中，由于遭遇阻力或障碍，致使愿望无法顺利达成，个人需要无法获得满足而产生的紧张状态和情绪反映。

大学生作为有理想、有追求的青年人，往往对生活充满幻想与期待——希望自己在专业学习和未来的事业发展中一帆风顺、有所成就；在社会交往中得到别人的认可与尊重，收获友谊与爱情；在生活上能够富足、安逸，物质条件优越等。为实现这些目标，许多人会为之付出种种努力。但当这种努力付出不能换来梦寐以求的结果，使需要不能得到满足或只能部分地得到满足时，就产生了挫折。当人连续遭遇挫折或遭遇重大挫折的时候，就会出现焦虑、沮丧、忧郁、苦闷等紧张心理状态和情绪反映，心理学上称之为挫折感或挫折心理。作为复杂的多层次的心理结构的重要组成部分，挫折心理是每个人都会遇到甚至经常出现的一种心理状态。

二、挫折产生的机制

概括地来说，挫折是个体在一定动机的驱使下，为实现某一特定目标而付诸行动的过程中，对阻碍目标实现的情境有所感知的基础上产生的。具体来讲，其形成和以下五个方面有关。

（一）动机

动机是驱使个体为达到一定目标而去行动的内在动力，而挫折恰恰是个体在由于遇到障碍或干扰，致使动机不能实现、需要无法满足时所产生的紧张状态或情绪反应。因而，动机与挫折紧密相连，没有一定的动机，也就无所谓挫折的产生。例如，男女大学生在相处的过程中，如果不以恋爱为动机，也就不会有失恋的挫折。

（二）行为

人们所感受到的挫折是个体运用一定的手段，为满足某种需要、实现预期目标而采取一定行为的过程中产生的。因而，没有满足需要和达到目标的手段和行为，即使动机再强烈，也不会产生现实的挫折感，只能产生想象中的挫折感。

（三）挫折情境

从挫折的定义中，可以看出，如果个体在实现动机和目标的过程中，没有遇到任何障碍；或者虽然遇到了障碍，但能够克服，都不会产生挫折。只有在实现目标的过程中，遇到障碍又无法克服时，即产生挫折情境，才会产生挫折感。

（四）主体认知

是指个体在实现动机和目标的过程中，对遇到的干扰或障碍的认识、感知。只有个体认识到干扰或障碍的存在，才会有挫折感。如果客观阻碍存在，但行为者主观上并没有感觉到，就不会产生挫折感。

（五）情绪反应

挫折本身就是一种情绪状态，当主体的动机和目标受阻难以实现时，便会产生相应的紧张状态和情绪反应，这与挫折的产生是同一过程。一般情况下，行为主体在受挫后通常会有焦虑、恐惧、紧张等反应。值得注意的是这种情绪反应是主体内心的感受，未必都会表现出来，但并不意味着情绪反应不存在，如某人遇到严重的挫折后，虽然表面坦然，但内心非常痛苦。

三、挫折产生的原因

（一）客观原因

客观原因是挫折产生的外因，是指外界事物或某种情况给人们在追求目标过程中带来的阻碍。主要包括自然环境因素、社会环境因素、学校环境因素和家庭环境因素四个方面。

1.自然环境因素

自然环境因素是指一切非人为力量所能控制的天灾人祸、意外事件等客观因素,如地震、洪水、疾病、交通事故等。自然环境因素造成的挫折具有不可预料性,每个人随时都可能遇到,大学生遇到这样的挫折,对其影响可能会很大。如亲人去世、家庭遭自然灾害导致贫困、交通事故致残等,都可以给大学生带来严重的挫折。自然环境因素也可能给大学生带来一些小的挫折,如刚刚进入大学时,不适应当地的气候,水土不服,饮食不习惯等,因而引发一些生活上的问题。

2.社会环境因素

社会环境因素是指在社会生活中各种人为因素对大学生的制约和阻碍,包括政治、经济、文化、道德、法律、风俗等各方面。每个人都生活在一定的社会历史条件下,都不可避免地要受到当时的社会历史条件的影响,这种影响是无处不在的,既有积极的一面,表现为促进个人的发展,也有消极的一面,表现为制约和阻碍个人的发展。因而,由社会环境因素而产生的挫折是普遍存在的。当今世界正处于百年未有之大变局,机遇与挑战并存,我国要在21世纪中叶建成世界科技强国,科学文化建设将在这个历史进程中扮演非常重要的角色。这些变化和发展给当今的大学生带来了诸多不利影响。首先,随着社会生活节奏不断加快,生存竞争日益加剧,大学生的紧张感和心理压力大大增加,挫折感不断增强;其次,市场经济条件下,西方文化的涌入,社会原有的价值观念、评价体系正在发生深刻的变化,当今的大学生处在东西方价值观并存、相互冲突的复杂环境中,很难根据自己已有的认知经验,正确地选择和认同一种社会价值观念,从而陷入无以参照、无以归附的境地,也容易产生心理失调和挫折感;最后,随着社会教育机制的改革,高等教育正在从精英教育向大众教育转变,社会对大学生的评价也发生了改变,大学生已经不再是“天之骄子”,毕业后就会面临激烈的择业竞争。例如,高职大学生与本科毕业生相比,面对的是更大的挑战和压力,很容易使其产生挫折感。

3.学校环境因素

学校环境因素是指大学生所处的校园环境,包括教学设施、管理方式、人际关系、校园文化等各方面对其发展的制约和不利影响。大学生在没有进入大学校园之前往往对大学生活有着美好的憧憬,但现实中的一些高等院校往往与他们想象中的“天堂”有很大的差距。例如,一些高等院校校园设施落后,住宿条件差,后勤保障满足不了学生的需求;部分高等院校的教学内容滞后于现实社会的发展变化,知识相对陈旧,教学方法和教学手段与高校人才培养的要求不相适应;高校的管理模式滞后,不够合理,不能根据社会的发展适时地调整对学生的管理方式,制约学生的个性发展;校园文化气氛不浓,品味不高,许多大学生社团组织名存实亡;校园人际关系庸俗化,同学间相互妒忌、猜疑,小团体主义、个人主义现象时有发生,人与人之间的金钱关系、利益关系或多或少的存在;高校教育改革的不断深入,奖学金和贷学金制度的改革,上大学缴费制度的实施,淘汰机制的推行,“自主择业、双向选择”的就业方式等,无不冲击着当今的大学生,使他们产生各种挫折感。

4.家庭环境因素

家庭环境因素是指大学生在成长的过程中,家庭气氛、父母的教育方式以及家庭的社会经济状况对其心理产生的影响。家庭成员的关系不和谐,父母感情不和或父母离异会使成长中的大学生内心布满阴影,影响其学习和生活。父母的教育方式不够合理,一种是过分溺爱的教育方式，对子女百依百顺，有求必应，一味骄纵，必然会使子女难以承受挫折的打击；另一种是过于专制、粗暴的教育方式，对子女期望值过高，略有失望便加以训斥，动辄打骂，会使子女变得懦弱、孤僻，形成内向的性格。家庭经济条件不好的贫困大学生，除了面对和其他学生同样的压力外，还要面对巨大的经济压力和生活压力，更容易引起各种心理冲突，产生挫折感。

（二）主观原因

主观因素是挫折产生的内因，可以从生理和心理两方面来分析。

1.生理因素

生理因素是指与生俱来的身体、容貌、健康状况、生理缺陷等先天素质所带来的限制，导致行为的失败，无法实现预定目标。如：虽然热爱篮球运动，但因为身材矮小难以入选球队；与人交往过程中由于相貌丑陋而处于劣势；向往体育运动而身有残疾；因为口齿笨拙无法在社交场合中潇洒自如、谈笑风生、展示自己的才能，甚至正常交友也受影响。种种类似的情境都会给大学生带来挫折感。

2.心理因素

心理因素与生理因素相比更为复杂，产生挫折的心理因素主要有以下几方面：

（1）认知偏差。包括自我认知偏差和对周围事物认知的偏差。一方面，大学生在自我认知的过程中，如果对自己的估计远远超过自己的实际能力，就会目空一切、好高骛远，去追求一些根本无法实现的目标，必然会产生挫折。反之，如果自我估计过低，就会畏缩不前、不敢尝试，必然会错过成功的机会，也会造成挫折；另一方面，如果大学生不能正确认识周围的人和事，也往往会产生挫折感，如：与同学交往过程中，同学的一句劝阻的话，使对方误以为对自己有偏见，从而产生失落感。遇到利弊共存的事，只看到消极的一面，而看不到积极的一面。或者只见树木不见森林，以偏概全，一次考试失利，就觉得自己的前途无望。

（2）抱负水平过高。抱负水平是指个人对自己所要达到的目标的规定标准。一个人是否感觉到挫折，与自己的抱负水平有密切关系。假设在期末考试过程中，班级同学某科的成绩都是良好，想及格的同学会表现得欣喜若狂，而要得优秀的同学会倍感失落。又如，两个同时被高职院校录取的学生，一个可能会为自己考上大学而高兴，一个可能会因为自己没有考上本科而沮丧。由此可见，抱负水平过高，也是大学生产生挫折的重要原因。

（3）不合理需要。人们正常的、合理的、健康的需要无法得到满足而产生的挫折，通常是因为客观因素的制约造成的。但大学生的挫折有一些却是由于需要的不合理、不切实际而产生的。如：在一些学生头脑中的享乐主义思想，无视自己的家庭条件，相互攀比。追求完美的绝对化心态，追求大学生活的完美无缺，导致理想与现实之间的差距过大。

3. 动机冲突

动机是推动和维持人类活动的动因。人的动机总是和自身的需要紧密相联，人的需要是多种多样的，因而常常会产生多个动机，当这些同时并存的动机之间相互抵触，或者由于各种现实条件的制约，致使这些动机不能同时得到满足，不得不进行选择取舍时，就会产生动机冲突。动机冲突是大学生在校园生活中经常出现的，也是引起大学生挫折的重要原因，如在社交、恋爱、择业等方面的取舍问题。大学生动机冲突的表现形式主要有四种：双趋式冲突、双避式冲突、趋避式冲突和双重趋避式冲突。

(1)双趋式冲突。又称正正冲突,指个体在有目的的活动中,同时有两个并存的、具有同样吸引力的目标,这两个目标由于条件所限而无法同时实现,从而产生难以取舍的冲突情境。犹如"鱼和熊掌不可能兼得"。双趋冲突是大学生中最常见的心理冲突。例如,有些高职大学生在先升本还是先就业的问题上,往往左右不定,难以取舍。

(2)双避式冲突。又称负负冲突,指同时有两个可能对个体具有威胁性、不利的事情发生,两种都想躲避,但因条件所限,不可能全部躲避,必须选择其一,在进行取舍时内心产生矛盾冲突,是一种"前狼后虎的两难境地"。如有的高职学生既不愿意用功读书,怕苦怕累;又怕考试不及格,被人看不起。于是出现了"二者必居其一"的矛盾心理。

(3)趋避式冲突。又称正负冲突,指个体面对同一目标时既想趋近又想逃避的矛盾心态。这一目标既可以满足个体的某些需求,对个体产生一定的吸引力,但同时又会对个体构成某些威胁,使个体对其产生排斥力,从而使个体陷入进退两难的困境。如有些一年级的大学生既想积极参加一些文体活动,展现自我,求得同学和老师的注意,但又怕自己表现不好,丢面子。

(4)双趋避式冲突。又称双重正负冲突,即个体同时遇到两个各有利弊的目标,这两个可选择的目标是各有所长、各有所短,使人左顾右盼,难以取舍。如大学生找工作时有两个可供选择的单位,而两个单位是利弊相当;某个优秀的女同学同时被两个男同学追求,而这两个男同学,每个人都各有优缺点,不相上下而导致的不知如何取舍的情况。

四、挫折的分类

为了进一步深入了解挫折,积极应对挫折的负面影响,从不同的角度出发,可以将挫折划分为以下不同的种类。

(一)根据挫折是否符合客观现实分类

根据挫折是否符合客观现实,可把挫折分为以下两类:

想象性挫折,是指人们主观想象的未来可能会出现的挫折。这种挫折可能会成为现实,也可能并不会发生,是人们自我想象的产物。但想象挫折比现实挫折更值得我们注意和研究,因为它的影响与现实挫折相比是无形的、不可估量的,因而,负面影响更大。由于人们对自己想象的未必发生的挫折的畏惧,会使人们在行动之前就丧失勇气和信心,导致失败。如:有的学生经常是事情还没开始做,就放弃了,像这种打"退堂鼓"的现象往往是由于想象性挫折导致的。

实质性挫折,是由现实性的挫折情境而引起的挫折。由于实质性挫折有实际的情境出现,当事人可以做出有效的处理,他人也可以做出有效的帮助。

(二)根据挫折的严重程度分类

根据挫折的严重程度,可把挫折分为以下两类:

一般性挫折,是指日常生活中在一些常见的不太重要的事情上遇到的小挫折。如:同寝室的同学发生口角;偶尔身体不舒服;小考出现失误;乘车进城遇见堵车,这些日常琐事虽然也会引起心情不快,但很快就能过去,对人的影响一般比较小。

重大性挫折,与自己的人生有着密切关系或重大意义的事情上所产生的挫折。如:高考落榜,亲人亡故,家庭发生重大变故等,这些事件对人的身心会产生较大影响,并引起较为强烈的情绪变化,且持续时间较长。

（三）根据挫折的来源分类

根据挫折的来源，可把挫折分为以下三大类：

缺乏性挫折，主要是指当无法拥有自己认为非常重要的东西时所引起的挫折。如由于物资缺乏、能力缺乏、生理缺乏、经验缺乏和感情缺乏等带来的挫折，都属于缺乏性挫折。大学生中常见的由于缺乏知心朋友而产生的孤独感就是缺乏性挫折。

损失性挫折，主要是指失去了原来拥有的而引起的心理挫折。如：亲人去世、失恋等都是严重的损失性挫折。

阻碍性挫折，主要是指那些在需求和目标之间出现阻碍或障碍时所引起的挫折。这种阻碍可能是客观的或物质性的，也可能是观念性的。如：大学新生入学初期由于饮食习惯、气候等与家乡不同，不适应新环境所引起的挫折就属于阻碍性挫折。

（四）根据挫折持续的时间分类

根据挫折持续的时间，可把挫折分为以下两类：

短暂性挫折，是指挫折持续时间较短，是暂时性的。这种挫折即使比较严重，也会随着时间的推移而自然消失，如一次考试没有取得好名次、高龄老人的自然死亡等。

持续性挫折，是一种长期的挫折状态，既可能是持续的，也可能是接二连三的。由于导致挫折的条件和情境具有相对的稳定性，往往使我们长时期、持续地处于紧张状态和挫折感之中。持续性挫折使人所产生的情绪反应往往会改变人的性格，而且多为焦虑不安、压抑、回避、萎靡不振，有时也会有攻击、粗暴等表现。

（五）根据挫折的内容和性质分类

根据挫折的内容和性质，可将挫折划分为以下四类：

需求挫折，是指由于各种原因导致行为者的需求无法得到满足而产生的情绪状态。如失恋或情感需求受挫。需求挫折又包括需要冲突和需要受挫，需要冲突是由于各种需要之间产生无法解决的矛盾而造成挫折；需要受挫是自认为合理的需要受客观条件的阻碍不能满足而产生的挫折。

行为挫折，是指行为者因为各种条件的影响，使其已有明确动机和意向的行为无法付诸实现而产生的情绪状态。如求职失败。

目标挫折，是指行为者由于遇到无法克服的障碍，使其正在进行的行为无法达到预定目标时而产生的情绪状态。如高考落榜。

丧失挫折，是指行为者自认为属于自己的东西，在某种条件下丧失时而出现的情绪状态。如贵重物品的遗失。

五、挫折的特点

挫折的特点主要表现为普遍性、个体差异性和影响双重性。

（一）普遍性

人们总是生活在一定的社会环境之中，随着年龄的增长，生活环境的变化，人的需要也会随之而增长和变化。社会环境对人的影响是双重的，我们的需要可能得到满足，也可能得不到满足,更多的是部分需要得到满足,但只要我们的需要没有被满足,就会产生不愉快的情绪反应,就会有挫折,这就决定了挫折的普遍性。从时间上来看,大大小小的挫折存在于我们成长的每一个时期,可以说在人生的旅途上,挫折是与我们终生为伴的;从空间上来看,在我们生活的每个领域中,都可能会遇到这样那样的挫折,如学习成绩不尽理想,同学之间产生矛盾,家庭气氛不够温馨,工作环境不好,上班路上塞车等。正所谓“人生不如意之事,十之八九”,唯有正视挫折的普遍性,方能走出挫折的阴影。

(二)个体差异性

挫折的个体差异性是指人们的挫折反应存在明显的个别差异。在同样的挫折面前,不同的人的挫折反应强度是不一样的,有的人可能反应非常强烈,伤心欲绝,痛苦万分;有的人可能表现坦然,若无其事;有的人可能长时间无法摆脱挫折的阴影,一蹶不振;有的人可能时过境迁,转瞬即逝。这种差异源于个体动机强度、自我期望值、报复水平和挫折承受力的差异。个体的动机越强,自我期望值越大,报复水平越高,遇到挫折后的挫折反应就会越强烈,持续的时间也就越长。比如,在考试之前,想得奖学金的动机越强,受挫后的反应就越强;考试前自己想象得越完美,要求越高,考试失利后的挫折感也就越强。同时,个人容忍力的不同,也会导致挫折反应程度不同。挫折承受力强的人可能忍受严重挫折毫不灰心丧气;而挫折承受力差的人可能遇到轻微的挫折就会意志消沉。

(三)影响双重性

挫折虽然被认为是一种消极的情绪状态,但对主体影响并不是单一的。它是一把双刃剑,既可以刺伤自己,也可以保护自己。挫折具有两面性,它可以给人带来痛苦和不幸,也可以使人在与困难的斗争中获得经验和信心。它可能是弱者前行的绊脚石,使人在成才的道路上跌倒;也可能是成就强者的台阶,使人登上成功的高峰。其不利的影响表现为:有损于人们的身心健康;影响人们实现目标的积极性;降低人们创造性思维活动的水平;减弱人们的自控能力,容易做出偏激行为。其有利的影响表现为:能增强人们情绪反应的力量,愈挫愈勇,激发进取心;能磨炼人们的意志力,培养容忍力;能提高人们的认识水平,增长聪明才智,正所谓“吃一堑,长一智”。

扫一扫,看视频《挫折及其特征》

【说一说,写一写】

回忆一下你曾经经历过的挫折,分析一下这次挫折产生的原因有哪些?这次挫折属于哪类挫折?

____

____

______________________________。

任务二　正确看待挫折

【心灵寄语】

在非洲大草原的奥兰治河两岸，生活着许多羚羊。动物学家们发现了一个奇怪的现象：东岸的羚羊不仅奔跑速度比西岸的羚羊快，而且繁殖能力也比西岸的羚羊强。

为了研究两岸羚羊的不同之处，动物学家们在两岸各捕捉了10只羚羊，然后把它们分别送到对岸。

一年后，由东岸送到西岸的羚羊繁殖到了14只，而由西岸送到东岸的羚羊则只剩下3只。这是什么原因呢？动物学家们百思不得其解——这些羚羊的生存环境是相同的呀……

后来，动物学家们终于找到了原因。原来，东岸不仅生活着羚羊，在其附近还生活着一群狼，为了不被狼吃掉，羚羊不得不每天练习奔跑，使自己强健起来；而西岸的羚羊因为没有狼群的威胁，过着安逸的生活，结果奔跑能力不断降低，体质也不断下降了。

这个故事告诉我们，生活在安逸环境中的人往往过于脆弱，只有不断经受困难和挫折的人，才具有坚强的意志和强大的生存能力。

从生命价值的意义上看，我们经历过失败的压迫，表明我们已经具有了一双让人生飞起来的翅膀。就像恺撒所说过的那样："我来了，我看到了，我征服了。"真正有价值的人，是在逆境中微笑的人。

挫折就像一块试金石，有的同学遇到挫折后无所适从，一味地逃避问题，行为上则萎靡不振，甚至自暴自弃；而有的同学遇到挫折后是积极地想办法，迎难而上，越挫越勇，最后在挫折中使个人得到成长，为未来打下良好的基础。

作为一名大学生，我们该如何看待挫折呢？不同的看待方式，会有不同的情绪和行为表现。

一、正确看待挫折的情绪反应和行为反应

当个体遭遇挫折和失败时，都会有一种摆脱困境、减轻不安、稳定情绪、重新达到心理平衡的倾向，这种倾向称为心理自我防御机制。每个人在处理挫折和紧张情绪时，都会自觉或不自觉地运用心理防御机制。但是，每个人使用的防御机制是有差异的，其中有些是积极的；有些是消极的；也有些是妥协的。

大学生受挫后积极的行为表现是指不失常态的、有控制的、转向摆脱挫折情境为目标的理智性行为。主要有以下几种形式。

（一）升华

什么叫升华？就是指将那些因受种种因素制约而无法实现的目标或不能为社会所接受的行为目标加以逐步改变，用另外一种高尚的、富有创造性和社会价值的目标取而代之，从而减轻挫折带来的精神痛苦，这就是升华。升华不仅需要一个人具备良好的思想素质、理性思考的能力，而且需要坚强的意志品质和宽阔的胸怀。如司马迁遭受凌辱，身陷囹圄，撰写出了影响整个历史的《史记》；歌德在失恋中得到灵感与激情，写出脍炙人口的世界文学名著

《少年维特之烦恼》。正如别林斯基所说:“不幸是一所最好的大学。”许多自学成才的青年、事业上有成就的杰出人才,都是从这所大学毕业的。

(二)补偿

当在实现既定目标的过程中因主、客观条件的限制而无法实现时,设法以新的目标替代原来的目标,以现在的成功体验去弥补原有失败的痛苦,以找回失去的自尊和所有,达到“失之东隅,收之桑榆”的目的,这就是补偿。这个概念包括两层涵义:(1)适时改变策略和行为方式。当目标无法实现时,应该及时调整策略,寻求一种新的行为方式去实现既定目标,所谓的“迂回战术”就是一种策略上的替代。(2)目标的改变,比如降低现在目标和重新选择目标等。当既定目标需要付出的代价过大或无法实现时,可以修改或降低目标的要求,这是一种明智的做法。这就是补偿作用。

这里的“升华”和“补偿”两种挫折反应都有一个共同特点,就是设法用一种新的目标取代原来的目标,所以在心理学上通常又把两者合称为替代作用。大量的社会生活实践表明,替代对人生和社会大都有积极意义。因为“升华”表示人能主动调节个人的欲望与社会要求之间的矛盾,表示能对主客观条件进行重新估计,这就为避免再次遭受挫折创造了条件。而“补偿”,从广义上讲,是个体通过自身努力,扬长避短,以成功的做法替代失败的行动,这是潜在力量的发挥,是一种较好的适应生活环境的方式。

当然,补偿也有可能带来消极作用。因为人的目标有高尚和庸俗之分,如果受挫者用一种庸俗、低级的目标来代替原来的目标,那就会对社会、对自己带来危害。如高校中有这类的学生——经常考试不及格,受到老师的批评,在学校过得不顺心,于是就沉溺于网吧或到校外结交一些行为不轨的朋友,这就是消极意义上的补偿。

(三)幽默

当遭遇挫折、身处逆境或面临尴尬局面时,可以使用比喻、夸张、寓意、双关语、谐音、谐意等手段,以机智、婉转、风趣的方式来表达自己的意图或意见,从而达到化解困境、摆脱失衡状态之目的,这就是幽默。使用幽默的基本目的就是把原本棘手或难办的事情,大事化小,小事化了,从而渡过难关,把损失降低到最低程度。如:美国有一个非常贫穷的男青年,用身上仅有的2美元买了一张彩票,结果中了500万美元的大奖,他的生活有了翻天覆地的变化,买了很大的别墅,过着奢侈的生活。可是两年后,一场大火将他所拥有的一切都化为乌有,又重新回到了贫穷的生活状态,他的朋友都替他难过和伤心,而他却非常幽默地说:“这没什么,只不过是烧掉了2美元而已。”幽默作用的发挥能体现出一个人的智慧、思想境界以及人格的完善程度,它是值得称道的对付挫折的一种积极行为反应。

二、错误看待挫折后消极的行为反应

消极的行为表现是指失常的、失控的、没有正确目标导向的,甚至对自己、他人和社会造成一定程度危害的情绪性行为。主要有以下几种形式。

(一)攻击

当个体受到挫折后,常常会引起异常愤怒的情绪,在态度上产生敌视心理,为了将心中的愤怒情绪发泄出去,便有可能出现攻击行为。根据受挫者攻击的对象不同,攻击行为一般分为以下两种。

1.直接攻击

直接攻击是指个体受到挫折后,对使自己产生挫折的人或事物直接进行攻击,以发泄愤怒的情绪,求得心理平衡。直接攻击常常表现为:怒目而视、反唇相讥、谩骂或拳脚相加等,大学校园里偶尔发生的情杀、突发事件引起的打架及斗殴等就是一种极端的攻击行为。研究表明,那些对自己的容貌、才能、权力等各方面充满自信,自我感觉良好,自我评价偏高,以及鲁莽、简单、冲动性大、较缺乏生活经验的大学生容易将愤怒的情绪向外发泄,采取直接攻击行为。

2.转向攻击

转向攻击是指不直接攻击给自己造成挫折的对象,而是转向与造成挫折无关的人或事物。它一般在下列三种情况下表现出来:(1)对自己缺乏信心、有悲观情绪的人,易把攻击的对象转向自己,责备自己。如少数大学生受挫后把自己关起来,长时间不吃饭、不睡觉,极为严重的就会出现自杀。(2)当个体觉察到引起挫折的真正对象不能或不应该直接攻击时,如对象是自己的上司、重要顾客或亲朋好友等,就会把愤怒的情绪发泄到与挫折无关的人或事物上去。(3)挫折来源不明或者是日常生活中许多小挫折的积累,或者是个人内部的因素,如内分泌失调或疾病等,在此情况下,个人找不到明显的对象可以攻击,于是将闷闷不乐的情绪发泄到与真正引起挫折不相干的人或事物上面。

虽然直接攻击和转向攻击都在一定程度上暂时发泄心中的愤懑和不快,但由此带来的后果很可能难以消除原有的挫折感,还会引起新的、更大的挫折。同时还会危害他人和社会,造成很坏的社会影响。可见,攻击是一种非常消极的挫折行为表现,应加以引导和控制。

【资料窗】

美国社会心理学家多拉德等在《挫折与攻击》一书中,首先提出了"挫折-攻击"假说。指出,攻击行为是由于个体遭受挫折引起的,并称"攻击永远是挫折的一种后果"。这一后果包括两层含义:(1)攻击性行为的发生总是以挫折的存在为先决条件。(2)挫折的存在也总是要导致某些形式的攻击行为。后来他们用"剥夺睡眠"的实验来证明自己的观点,实验结果表明,当被实验者被剥夺睡眠24小时,并被限制活动及不给吃早点后,他们往往采用不友好的语调相互谈论,或提出一些非难性问题等形式攻击实验者。

挫折的这种作用可以在广泛的社会关系中充分体现出来。如当经济萧条或战乱之后,人们就容易产生挫折心理;当人们找不到工作,买不到需要的物品,生活的各方面受到限制时,各种形式的攻击行为就会到处可见。哈弗兰德等人作了历史的考察。他们发现1882~1930年之间,美国南方的棉花价格和迫害黑奴的程度上存在一种必然联系:棉花价格高,私刑就少;反之,私刑就多。其原因是棉花价格下降会使农奴主产生挫折感,导致攻击黑奴的行为。

后来,根据研究结果,他们提出了"挫折-攻击"原则:攻击行为的产生与其受挫折驱动力的强弱与范围、以前遭受挫折的频率、对攻击行为后果的估价等有关。

这一理论把挫折与攻击加以绝对化是值得斟酌的,因为,人们在遇到挫折之后,有可能产生攻击行为,但并非必然。社会生活实践表明,挫折与攻击虽然有着密切的联系但并不是绝对的。随着理论的发展,一些学者修正了这一观点,认为:并不是所有的挫折都会产生攻击行为,当个体意识到他人无伤害意图,就有可能减少挫折体验,从而减少攻击行为。

(二)逃避

当个体不敢或没有能力应对可能发生的挫折情境而逃离现场或现实的行为,就是逃避。它主要有两类情况:一是个体不敢面对自己预感的挫折情境的到来,逃向自认为比较安全或幻想的世界中去;二是从受挫情境中退却,压抑受挫情绪。如有些大学生感到预定目标难以实现,前途渺茫,又没有精神寄托,便逃避现实,经常酗酒、算命、信教、迷恋于电子游戏之中,以求在麻醉和幻想中获得满足。现实生活中,逃避有多种表现形式:

(1)逃向另一现实。有一部分大学生对自己所学的专业课没有兴趣,而且不愿意培养兴趣,考试经常不及格且时常受到老师的批评,于是就把大量的时间和精力花费在社交、社团、体育锻炼等方面,以求排除心中的焦虑和苦闷。

(2)逃向幻想世界。即从现实困难情境中撤退,逃向虚无缥缈的"幻想世界",避免挫折痛苦。个体受挫后,自我封闭,躲进幻想世界。如果是偶然发生,是正常现象;但如果把幻想当成逃避现实的手段,经常沉浸在虚拟的精神世界中,就是不正常现象。因为它会使人更加难以适应复杂的现实生活。

(3)孤立。少数大学生遭受挫折后,不再与亲戚朋友、同学往来,把自己封闭、隔离起来,使自己变得孤僻离群。如某高职院校一名女生因期末考试中有三门专业课没有及格而觉得脸上无光,痛恨自己笨、傻,从此变得沉默寡言,不愿再与其他同学接触。

(4)压抑。是指个体把不为社会所接受的本能冲动、欲望、情感、过失、痛苦经验等,不知不觉地从意识中予以排除;或抑制到潜意识中去,使其不侵犯自我或使自我避免痛苦。它通常有两个方面的表现:1)将可能引起挫折的欲望以及与此相关的感情、思想等抑制下去,不让其表现出来;2)个体受挫折后用意力强压住愤怒、焦虑等情绪反应,不动声色,若无其事,谈笑风生。如果大学生经常对受挫后的情绪反应采取压抑的逃避方式,虽然可以暂时减轻了忧虑,获得一定程度的心理平衡,但是久而久之会超过潜意识层的负荷,变得性情暴躁或孤僻、沉默,甚至逐步形成变态心理。

(三)焦虑

大学生在受到挫折后,情感反应是非常复杂的,它包括自尊心的损伤、自信心的丧失、失败感和愧疚感的增加,最终形成一种紧张、不安、忧虑、恐惧等消极情绪所交织成的复杂的心情,这就是焦虑。焦虑是挫折后一种常见的行为反应。适度焦虑,如考试前适度紧张,对提高工作效率、发挥潜能有一定的积极作用,而过度焦虑是有害的,严重的会导致心理疾病,发展成焦虑症。有关调查研究表明,人际关系和学习上的挫折是引起当前大学生焦虑的主要原因。由人际关系不良所造成的过度焦虑,常使一些大学生不能适应学校的集体生活,内心常处于一种渴望理解与自我封闭的矛盾之中。有时大学生会因为在交际方面发生一两件小事,就对自己的交际能力进行否定性评价,由此加剧焦虑感。

(四)固执

固执是指在受到挫折后,不去分析原因,总结经验教训,而是盲目地重复某种无效的、一成不变的动作。其特点是行为呆板无弹性,有很大的强制性,是人们在遇到挫折后感到无能为力和不知所措时而产生的行为反应。如果对受挫后出现了固执行为的大学生进行惩罚,其行为会表现得更加强烈,不良行为会越来越多,性质会越来越严重。一旦学生出现固执行为,一切教育都将被抵制,教育效果是微乎其微。一般而言,个体受挫后会运用一种灵活应变的能力来摆脱所遭遇的困境,一旦人们获得了更适当的反应方式,固执行为就会被取代。

(五)反向

通常个体行为方向和他的动机方向应该是一致的,即个体对其内心所希望得到的东西或所喜爱的活动,在行为上会很自然地表现出来。但在个体受挫以后,就会产生某些不符合社会规范或不为他人接受或容忍的动机,为维护自尊,或避免造成更多的挫折,于是在外表上就以一种截然相反的态度或行为表现出来,用以掩盖自己本意,以减轻内心的压力,这种行为就是反向。比如:有的学生一直内心很自卑,但却总是以傲慢不羁、自吹自擂的形式来装扮自己;有的同学原本是非常想亲近某个异性,但害怕遭到对方拒绝或他人讽刺,便装出一副不屑一顾、毫无兴趣的样子。从本质上看,反向是因为个体内在的动机和外部的行为自相矛盾造成的,所以外在表现往往显得过分夸张、做作。它虽然能在一定程度上掩饰个体的真实动机,从而减轻因动机与行为的冲突引起的痛苦。但是这种反向作用运用了压抑机制,如果长期使用会从根本扭曲真实的自我意识,使动机与行为相脱节,造成心理异常,大大降低自己的社会适应能力。

(六)冷漠

大学生受到挫折后表现出一种无动于衷和漠不关心的态度和情感,这就是冷漠。当大学生对引起挫折的对象无法攻击且没有适当替罪羊可以攻击时,便将其愤怒的情绪压抑下去,表现出一种冷漠、无动于衷的态度,失去了正常的喜怒哀乐的表情,行动上表现为茫然不知所措、妥协退让。一般来说,对挫折的冷漠反应是由于一个人长期遭受挫折,或感到没有任何希望摆脱或消除困境时产生的。简单地说,就是一个人在连续的无结果的努力之后的一种自我放弃式的反应。研究表明,个体受挫后出现的冷漠与学习和强化作用有密切的联系。如果个体受挫后以攻击反应获得满足,以后就会多采用攻击方式;相反,若因攻击而招致更多的挫折,就会采取相反的方式,即逃避或冷漠的态度对待。反应包含着大学生心理上的恐惧与生理上的痛苦,它比攻击对身心的危害性更大。

(七)逆反

当大学生受到挫折后,不去总结经验教训,而是一意孤行,根据自己的情绪,对正确的方面盲目地持反抗、抵制与排斥的态度,这种行为反应称为逆反。逆反心理在青少年成长过程的不同阶段都可能发生,且有多种表现。比如对正面宣传作不认同、不信任的反向思考;对先进人物、榜样无端怀疑,甚至根本否定;对不良倾向持认同情感;对思想教育及守则遵纪的消极、抵制、蔑视对抗等。在大学生中较轻的逆反心理的表现可能是个别学生"不听话",常与老师"顶牛""对着干";更为严重的,则是有些大学生把学校的规章制度根本不放在眼里,纪律观念淡薄,上课经常迟到、早退甚至旷课;有的考试作弊,考试多门功课不及格等。而更为严重的后果是,它可能会导致大学生出现对人、对事多疑,偏执,冷漠,甚至信念动摇,理想泯灭,意志衰退,生活萎靡,甚至转化为犯罪等病态心理。

(八)轻生

轻生心理是指个体受到挫折后,感到自己无力应对和解决问题而想以死来求得解脱的心理。轻生者的一般心理特征有:(1)自感人生道路艰难。自杀者多数在生活、工作中遭受重大挫折,对挫折的忍受性差。(2)对社会或周围人群特定对象持强烈的对抗、排斥态度,怀有深刻的敌意,拒绝他人的关心。认为所处的环境给自己带来各种压力和困难,在困境中得不到周围人的关心和帮助。(3)多为性格内向,忧郁,社会交往少,没有或很少有知己者。他们从思想、情感上把自己与社会隔离开。(4)认识问题的范围狭窄,认知方式较固执、偏激。(5)思想及心理不成熟,判断力差,犹豫不决,依赖性强。(6)自卑感极强。缺乏自信,对自己的缺陷极为敏感、自卑,生活多具消极情绪色彩。(7)内心矛盾冲突激烈。虽自愿与社会、他人隔离,但内心又渴望他人的同情和帮助,希望与他人建立良好的人际关系。

三、正确看待挫折的意义

(一)挫折能帮助个人成长

通过挫折后的情绪和行为表现,我们能清晰地看到只有正确看待挫折,在挫折和失败面前,积极总结经验,反思自己的认识过程,找出不足及时采取补救措施,知不足而后学,学好后再去用。而不是手足无措、被动等待。如此反复,有助于个体认知结构的不断完善。同时,吸收经验教训,改变策略,提高了个体解决问题的水平。

(二)挫折能增强个体的承受力

遭遇挫折仍能正常地进行社会活动,说明个体的承受力强。一个人历经艰辛,遇到的挫折比较多,那么他对挫折的承受感也随之增高。一次次挫折及其应对措施,日积月累,奠定了以后他面对挫折的策略及心理准备。这种预期可以大大降低挫折的程度,而提高对挫折的耐受力,真可谓“曾经沧海难为水,除却巫山不是云”。

(三)挫折能激发人的活力

为了摆脱挫折,人们常常被驱使去为实现目标而做出更大的努力。挫折是一种内驱力,生活中的强者往往被挫折激发出强大的身心力量。虽身处逆境,却百折不挠,投入更大的时间和精力,发奋努力,终于实现了自己的愿望。

【资料窗】

逆商

逆商AQ来自英文Adversity Quotient,全称逆境商数,一般被译为挫折商或逆境商。它是美国职业培训师提出的概念。AQ与IQ(智商)、EQ(情商)并称3Q,有专家甚至断言,100%的成功=IQ(20%)+(EQ+AQ)(总共占80%)。它是指人们面对逆境时的反应方式,在逆境中的成长能力的商数,用来测量每个人面对逆境时的应变和适应能力的大小。逆商高的人在面对困难时往往表现出非凡的勇气和毅力,锲而不舍地将自己塑造成一个立体的人;相反,那些逆商低的人则常常畏畏缩缩、半途而废、最终一败涂地。

可口可乐的总裁古滋·维塔就是一个高逆商的人。这位著名的古巴人40年前随全家人匆匆逃离古巴,来到美国,身上只带了40美金和100张可口可乐的股票。同样是这个古巴人,40年后竟然能够领导可口可乐公司,让这家公司在他退休时股票增长了7倍!整个可口可乐价值增长了30倍!他在总结自己的成功历程时讲了这样一句话:"一个人即使走到了绝境,只要你有坚定的信念,抱着必胜的决心,你仍然还有成功的可能。"

古滋·维塔是高逆商的代表,他的一生经历了无数的坎坷,但都一次又一次地被他超越了。也许有人会说:因为他成功,所以就说他逆商高。的确,人们对成功者的评价往往是"马后炮",在他们成功以后再总结其成功的要素,而不能有"先见之明"。同样的,以往人们常常凭借直观感觉来看待一个人对困难的态度,认为这个人持之以恒、坚忍不拔,亦或意志力薄弱、缺乏耐心等等,这种观察是模糊不清的,对个人的培养锻炼没有任何实际意义。

而逆商是近几年才被提出并迅速扩大其影响的全新概念,它使人们对他人和自我能力的测定有了一个新的标准和衡量的尺度;使人们对成功要素的研究取得了一个新的认识,因而具有非凡的意义。因此,我们可以说:

——逆商告诉你如何在逆境中生存,并如何战胜它而取得成功;

——逆商可以预测在逆境中你所持的态度;

——逆商预测你在逆境中能否充分发挥自己的潜力。

因此,无论在什么样的情况下,逆商都将决定你面临逆境时是继续成长,还是会一瘸一拐,甚至倒下。逆商是营养丰富的土壤,是成功的基本要素,它决定你的态度、你的能力、你的表现如何展现,展现到什么程度,就像花园里的土壤成分一样,逆商也可加强、丰富起来。

每个人都会有难题,都会遭遇困境,高逆商者碰到了一个难题,就会认为是一种挑战,是磨炼自己意志,增强进取欲望的机会,而低智商者遇到一个困难时,则会认为是自己的命不好,认为是天意要扼杀他,而怨天尤人。

人在挫折面前不能只是一味地抱怨,而应该想方设法地去寻找解决问题的办法,并在寻找过程中不断提高自己的逆商。《圣经》马太福音第七章中说:"你们祈求,就给你们;寻找就能寻见叩门,就给你们开门。"黑格尔亦指出:"朋友,朝着太阳去吧。为了人类的幸福之花快点开放!挡住太阳的树叶能怎么样?树枝能怎么样?——拨开他们,向着太阳,努力奋斗吧!"

资料来源:《逆商》电子书 https://www.zhlzw.com/s/nsns/chapter-409-2-1.html

任务三 提高挫折承受力

【案例分析】

高考失意该怎么办?

新生报到后,同一个班级的小李和小张两名同学都感觉非常失意,因为,他俩在高考的时候都没有发挥好,与平时成绩相差许多,自然与本科院校无缘,心理落差非常大。可是,入学后不久,在班会上,听了辅导员老师的讲话后,小李了解到,专科生还可以通过专升本的方式继续提升学历,非常开心,也暗下决心,不辜负在校的三年时光,要好好学习,通过自己的努力升入本科,弥补高考的遗憾。因此在三年的时间里,小李上课认真听讲、认真记笔记,课后专心复习，有不会的问题及时向老师请教，功夫不负有心人，三年后小李如愿以偿地进入了省内的一所知名本科院校。而小张却一直没有摆脱高考的失落情绪，始终生活在遗憾和悔恨、内疚中，很多时候甚至想："反正也这样了，我还能怎样呢？"在校的三年生活非常消极，甚至还有几门课程挂了红灯，最后带着一生的遗憾毕业了。

在这个案例中，小李面对高考的失意，积极寻找补救的方法和途径，不气馁，不放弃，正确分析自身能力和水平，及时调整目标和抱负水平，最终，经过自己的努力，完成了本科梦想！而小张，恰恰相反，仅仅通过一次高考失利，就错误地低估了自己的能力和水平，没有及时调整目标和做出相应的改变，最后只能遗憾离校。可见，同样是面对挫折和失败，不同的人有不同的反应。挫折面前，提高自己的挫折承受力显得尤为重要。

挫折承受力是指个体遇到挫折后，抵抗、应付和适应挫折的能力，是个体摆脱困境，使自己避免产生心理问题的一种承受能力。挫折承受力是大学生维护自身心理健康的一道防线。挫折承受力较弱的大学生，受到挫折的打击之后，很容易出现人格的扭曲，造成行为失常和心理疾病。因而，培养大学生的挫折承受力是大学生战胜挫折、健康成长的重要途径。挫折承受力不是与生俱来的，而是后天培养、不断学习而来的。大学生要培养自己的挫折承受力就要从挫折失败中吸取经验教训，不断磨炼自己，增强克服困难的信心。

扫一扫，看视频《提高挫折承受力的方法》

一、正确认识挫折，走出挫折阴影

大学生要培养自己的挫折承受力，首先就要树立正确的挫折观，对挫折有一个全面、正确的认识，一方面，要认识到挫折的存在具有普遍性，挫折不仅是大学生活的插曲，而是整个人生长河的波澜，是人们生活的组成部分。尤其是对成长中的大学生来讲，人生的旅途刚刚起步，面对复杂的社会环境，激烈的竞争角逐，荆棘与坎坷是在所难免的，大学生一定要做好面对挫折的充分心理准备。正所谓"欲则立，不欲则废"，只有做好充分的心理准备，面对挫折时，才能够正视现实，波澜不惊，才不会手足无措，悲痛欲绝；另一方面，更应该看到虽然挫折具有普遍性，但挫折并不是人生的全部，并不是总会发生，生活之中还有很多值得高兴的事情，应该看到自己的优点和取得的成绩，不要只看生活的阴暗面，要看到阳光，尽快从阴影中走出来。如一位哲人所说："面对太阳，影子就会在你的身后。"

二、正确分析原因，改善挫折情境

大学生遇到挫折后，都会自然而然地对挫折的产生进行归因，这是一件很平常的事，在这一过程中，大学生的归因倾向对其挫折承受力的影响却是很大的。因此，大学生遇到挫折之后，客观地分析挫折原因是非常重要的。在这一方面，大学生尤其要注意以下两种倾向：(1)外在归因，有些学生总是把自己遇到的挫折归结于外在的因素，认为外部难以预料的复杂因素是产生挫折的主要原因。如有的学生认为自己考试成绩不理想主要是由于教师教学水平不高或是考试题太难，而不去努力克服困难和改变挫折的处境。(2)内在归因，有的学生总是把自己的成败归结于个人的内在因素，认为自身的努力、能力是影响成败的主要原因。如有的学生认为自己成绩不好是由于学习不够努力或自己太笨，而过分地责备自己。这两种倾向都很难找出产生挫折的真正原因，无助于挫折的排除。因而，大学生遇到挫折时应该冷静思考，客观分析主客观因素，找到产生挫折的真正原因。避免责任推诿的倾向和过分自责而带来的挫折感。如果引起挫折的原因和挫折情境是可以改变或消除的，则要积极努力采取各种措施去改变挫折情境，从而有效地减轻或消除挫折。例如，考试失败后，经过分析，是由于学习方法不当导致的，通过改变学习方法，使学习效率有所提高。

三、正确认识自我，调节抱负水平

在大学生活中，很多大学生的挫折都与自我认识不正确和自我抱负水平确立不当有关。因此，大学生必须正确地认识自我，根据自己的学习目标、成长需要，恰当地分析自身的优点和缺点，既要看到自己的长处，也要看到自己的不足，这样才能扬长避短。例如：面对丰富多彩的校园活动和众多的社团组织，大学生就应该根据自己的实际条件和个人爱好有所选择，不可趋之若鹜。同时，要根据外部条件和自己内在条件的改变及时地调整自己的期望值和抱负水平。如果在追求目标的过程中，发现自己原来的目标已经不切实际，受到众多条件的制约，就应及时调整目标，以便继续前进。对那些高远的目标，可以把它分解成当前目标、近期目标、中期目标和长远目标四个阶段，逐步去实现，这样，既可以在实现一个个具体目标的过程中，获得成功的喜悦，增强前行的动力，又可以避免一些无谓的“碰壁”而产生的挫折感。大学生应该注意的是，在确立自我抱负水平时，要把自己追求的目标与社会利益、自己的主观条件和客观环境条件等因素综合起来加以考虑，这样才能做出有助于自身，更有助于社会的成就来，更好地实现自己的人生价值。

四、勇于社会实践，和谐人际关系

大学生要提高自己的挫折承受力，为以后走出校园，更好地适应社会，就应自觉主动地将自己置于充满矛盾、复杂的社会环境之中去磨炼，而不应回避矛盾、逃避现实、脱离社会。当然，在此之前，大学生要有充分的心理准备和一定的挫折承受力。通过挫折的磨炼、生活的考验，大学生的挫折承受力会不断地增强，如果在以后的人生道路上遇到一些挫折和失败，就会有“一览众山小”的境界，轻松地化解挫折。大学生参与社会实践，总会处于一定的社会关系之中，而社会关系的根本就是人与人之间的关系，因而，大学生在社会中磨炼的过程也是提高自己人际交往能力的过程。而学会与人交往、和谐人际关系，同样是培养大学生挫折承受能力的重要途径，其实，很多学生的挫折感都与人际关系不良有密切的关系，成功的喜悦若没有朋友的分享，便会大打折扣，甚至变得沮丧；伤心时，无人问津，没有倾诉的对象，痛苦之情，就会更为强烈。如果人际关系和谐，即使遇到再大的挫折，有老师的关心、同学的帮助、亲人的呵护、朋友的开导，也能有效地缓解心理压力，战胜困难。

最后，刚刚扬帆起航的大学生们，在面对挫折、身处逆境时，要记住“天将降大任于斯人也，必先苦其心志，劳其筋骨，饿其体肤，空乏其身，行拂乱其所为，所以动心忍性，增益其所不能。”要用古人的名言警句来激励自己，不畏艰难，傲视风雨，学会在挫折中成长、逆境中成才的本领。

任务四　积极应对挫折

挫折对人们来说是一种危机，也是一种挑战。美国著名心理学家马斯洛曾说过：“一个人面临危机的时候，如果你把握住这个机会，你就成长。如果你放过了这个机会，你就退化。"实际上,"危机"一词有"危险"加"机会"的意思。因此,积极应对挫折,把握机会,才有可能变挫折为机遇。当挫折来临时,如何应对挫折,战胜挫折?我们不妨尝试以下一些应对方法。

一、树立正确的挫折观

要正确认识挫折,树立正确的挫折观。在现实生活中,挫折无处不在。有的人总认为生活中的挫折、困境、失败都是消极的、可怕的,受挫折后往往悲观抑郁,甚至丧失了生活的勇气。事实上,一个人经受一些挫折并不完全是坏事,它可以成为自强不息、奋起拼搏、争取成功的动力和精神催化剂。生活中许多优秀人物就是在挫折磨炼中成熟,在困境中崛起;相反,一个人如果不经历困难和挫折,总是一帆风顺,就会如同温室里的花朵,经不住风霜雨雪的考验,很容易被一时的挫折所压垮。因此可以说,挫折也是一种机会,只要能保持积极乐观的人生态度,坦然面对挫折,树立战胜挫折的勇气和信心,就一定能适应任何变化中的环境。

二、改变不合理的信念

不合理信念的观点源于美国心理学家艾利斯的 ABC 理论。他认为,挫折是否引起人的挫折感,不在于事情本身,而在于对挫折的不合理认识。根据艾利斯的观点,人既是理性的,又是非理性的。

人的大部分情绪困扰和心理问题都是来自不合逻辑或不合理性的思考,即不合理的信念。这种不合理信念会导致挫折感的产生。

不合理信念一般具有三个特点:

(1)绝对化要求。这是最常见的一种不合理信念。指人们以自己的意愿为出发点,对某一事物怀有其必定会发生或必定不会发生这样的信念。它常与"必须""应该"这样的词连在一起,如"我的家人就应该在春节前来看我""他必须那样做才对"等。

(2)过分概括化。这是一种以偏概全、以一概十的不合理信念。过分概括化的人在看问题时容易走极端,往往导致对自身或他人的不合理评价。如一遇挫折、失败便认为自己"无能""没用""不可救药";或别人稍有过失就认为这个人一无可取,全面否定。持有这种信念的人要么会导致盲目自责自罪、自暴自弃,要么会一味责备他人或外界环境,产生敌意、愤怒等不良情绪。

(3)糟糕透顶。这种不合理信念认为某一事情发生了,必定会非常可怕,非常糟糕,非常不幸。个体一旦具有这种信念,就会产生焦虑、悲观、抑郁等不良情绪体验。如"我这次顶撞了管教,以后不管我做得怎样,他不会给我好果子吃""我吃了官司,这辈子是完了"等。

几乎每个人都存在不合理信念,这并不可怕。因为人生来就具有以理性信念对抗非理性信念的潜能。如果人们能够认识到自己的信念是不合理的,并主动调整自己的看法和态度,就可以降低挫折感,调整好情绪。

三、冷静思考、提出问题、解决问题

面对挫折,勇敢迎接,冷静下来后,你可以给自己提出以下四个问题:

(1)我的挫折和烦恼是什么?

(2)我能怎么办?

(3)我要做的是什么?

(4)什么时候去做?

或者可以这样想:

(1)究竟发生了什么问题?

(2)问题的起因何在?

(3)有哪些解决问题的办法?

(4)我用什么办法解决问题?

当一个人能够冷静地提出问题,并寻求解决问题的方法的时候,他就开始向新的高度成长了。

四、建立社会支持网络、主动寻求帮助

社会支持既涉及家庭内外的供养与维系,也涉及各种正式与非正式的支援与帮助。包括物质帮助、行为支持、情感互动、信息反馈等。在大多数情况下,一个人的社会支持网络的规模越大,密度越高,则社会支持力量越强,社会支持的心理保健功效越明显。因此,人们应当建立一定的社会支持网络,在挫折来临时,主动求助,相互支持,这是克服困难、战胜挫折的有效方法。

五、合理运用心理防御机制

心理防御机制是人在面对挫折时自发产生的反应,能帮助人们暂时缓解消极情绪。心理防御机制并不改变原先的事实,只是简单地改变人们对事实的看法和观点,但认识的不同会使事件沿着不同的轨迹继续发展而得到不同的结果。因此,心理防御机制有两种作用。有意识地运用心理防御机制,进行积极的自我心理调节,方能发挥其积极作用。常见的心理防御机制有:

(1)转移。转移注意力,暂时摆脱烦恼。如"做另一件有意义的事来忘掉它""想些高兴的事自我安慰"等。

(2)宣泄。如果心中积压了许多抑郁之情,最好以合理的方式发泄出来。如找个好朋友倾诉一下或进行心理咨询。

(3)幽默。这是一种成熟的心理防御机制。人格发展较成熟的人,常懂得在适当的场合,使用合适的幽默,渡过难关,免除尴尬。

(4)认同。让自己以成熟的人自居,认定自己同他人一样,立志追求真善美,并确信自己对社会也是有价值的,借此提高个人自我价值,提高自信心。

(5)想象。结合自身在人生旅程的位置,不断憧憬未来,提出更高的动机需求。但又不醉心于幻想,而要立足于现实,珍惜生命的分分秒秒,追求自己生命的价值。

(6)升华。把原始的不良动机、需要、欲望投射到劳动、学习、文体活动中,抛开杂念与烦恼,执着地追求正当的目标,使精神升华。这是应对挫折最积极的态度。法国文豪巴尔扎克说过:"力量不在别处,就在我们身上。"面临挫折的朋友,愿你从这句话中,找到战胜困难的力量和勇气。

孔子因厄运而著《春秋》,司马迁因宫刑而著《史记》,被称为史家之绝唱,屈原被贬而写《离骚》……这些都是"化悲愤为力量",是心灵升华的典范。不要在一件事上消磨精力和意志,要勇敢地面对并接受现实,投入到有意义的事情上,正如俄国著名作家高尔基所说的:

“我觉得奋不顾身的精神能克服任何障碍,能在世界上创造任何奇迹。”而美国前总统罗斯福说得更为直截了当:“我们无所畏惧,唯一畏惧的就是畏惧本身。”

【知识窗】

怎样培养压弹力

在我们的人生中可能会遇到很多困难,比如责任太重、钱不够用、和别人发生矛盾、难以作出决定、对过去感到后悔、患有疾病、与家人分离等等,这些事情对我们造成很大压力,让我们痛苦不堪。那么如何从容面对呢?心理专家说,培养你的压弹力。

面对生活的挫折与逆境,人既需要有耐挫折力,也需要有排挫折力。耐挫折力会使人勇于承受各种生活压力,不因一时的困境而丧失斗志,放弃对自我的信念;排挫折力则使人善于化解各种生活压力,以化险为夷,转危为安。在这当中,“压”与“弹”互为促进。

压力应对的四种表现

一个人的压弹力会有以下四种表现:烦躁勇进型、逆来顺受型、自我挫败型、乐观进取型。

烦躁勇进型:表现为低承受力、高反弹力,对应激长于化解压力却短于承受压力。如西楚霸王项羽,最初他可谓战无不胜,攻无不克。但是在垓下一战中,他一战击溃,溃而自杀,完全承受不住失败带来的压力和挫败感,只留下一句“无颜面对江东父老”的悲叹。

逆来顺受型:表现为高承受力、低反弹力,自欺欺人,鲁迅笔下的阿Q就属于此型。阿Q这个人最大的本事就是只能摆平自己,不能摆平别人。他犯事被东家打了之后,就开始自我假想:东家是我的儿子,我是东家的老子,儿子打老子实属不肖,老子原谅儿子是高风亮节,以此安慰自己。

自我挫败型:表现为低承受力、低反弹力,对应激不思进取、怨天尤人,在不知不觉中害了自己。在日常生活中,这种人很常见,如《红楼梦》中的林黛玉,《祥林嫂》中的祥林嫂等。

乐观进取型:表现为高承受力、高反弹力,对应激表现得积极乐观,反弹迅速。如史蒂芬·霍金,他因患有卢伽雷氏症(肌萎缩性侧索硬化症),被禁锢于轮椅20多年,全身唯一能动的是左手的三根手指和部分面部肌肉,但他人残志坚,做出了探索宇宙的杰出科学成就。

压弹力是一个能力培养过程

每个人需要在具体的生活实践中提高个人的压力化解能力。人的压力反弹能力是动态变化的,而非是静止不变的。人需要不断维护自己的心灵旺盛,才能确保压弹力始终处在乐观进取的状态。

心理学研究表明,适度的压力会激发人的动机和表现。按照耶基思-多德森法则,各种活动都存在动机的最佳水平。动机不足或动机过分强烈,都会使工作效率下降。换言之,当个人的行为动机处于一个最优值时,其工作效率是最高的;而当个人的动机低于或高于这个最优值时,其工作效率都不能达到最佳表现。所以,适度的压力是身心健康的保障。

总之,压力对于个人来讲,并非都是坏事,人在最初面对生活挫折与困境时,首先体验到的是烦恼与焦虑,但如能积极化解,人所感到的就是力量与信心。这诚如美国第三十五任总统肯尼迪所言:“在中文当中,危机这个词是由两个字组成的,一个是‘危’,一个是‘机’。由此,在任何危机当中都孕育着生机。”

压弹,就是架通危机转化为生机的桥梁!

压弹力培养的10大方法

1.培养主观幸福

体验愉快的情绪可以促进自我的“螺旋上升”。美国心理学家弗莱德逊曾说:“感觉好远远不等同于没有威胁,但它可使人们变得更好,更具有乐观精神和压弹能力,更与他人合得来。”主观幸福感的训练还可降低对诸如内疚、耻辱、悲伤、气愤、嫉妒等不愉悦情绪体验的感受强度,以减少压力中的应激状况。孔子曾言他“六十耳顺”,“耳顺”指的就是什么话都能听得进去。不管别人是捧你,还是骂你,你都能心平气和地对待,都不以此完全地肯定或是否定自我,这就是主观幸福感的突出表现。

2.培养乐观人格

乐观的决定因素是人格因素。弗兰克是犹太裔心理学家,二战期间,他被关进集中营,父母、妻子与兄弟都死于纳粹魔掌之下,而集中营中,每天都有人自杀死亡,曾经有一段日子,他在悲哀与恐惧中度日。但一天他突然顿悟:在客观环境下,我完全受制于人,但自我意识却是独立的,可以自行决定外界的刺激对本身的影响程度,把握个人的“终极自由”,谁也无法剥夺。这一顿悟,给他的人生带来了极大改变。从此,他不再做恐惧和悲哀的奴隶,变得旷达而坚强。出狱以后,他创建了一种新的心理学派——意义治疗学派,重在营造自己内心的愉悦。这一学说,让无数人认识到了生命的意义,由此变得乐观、快乐。具体到日常生活中,培养乐观人格就是要人学会“多角度看问题”,不断给自己挖掘可以乐观的理由。

3.培养认知调整

美国著名心理学家艾里斯曾提出ABCD理论。这一理论主张,在诱发事件A(activating event),个人对此所形成的信念B(belief)和个人对诱发事件所产生的情绪与行为后果C(consequence)三者关系中,A对C只起间接作用,而B对C则起直接作用。换言之,一个人情绪困扰的后果C,并非由事件起因A造成,而是由人对事件A的信念B造成的。所以,B对于个人的思想行为方法起决定性的作用;而要调整B对C的不良影响,就要靠质疑D(dispute)来加以调整,这里D起的作用就是认知转换的作用。ABCD理论促使人们多从正面、光明的角度来辩证看待问题,帮助人们缓解压力,化危机为生机,终而从逆境中磨炼人的压弹,从失意中提高人的生活智慧。认知调整具有非常实用的价值,你不能决定生命的长度,但你可以控制它的宽度;你不能左右天气,但你可以改变心情;你不能改变容貌,但你可以展现笑容;你不能控制他人,但你可以掌控自己;你不能预知明天,但你可以利用今天;你不能样样顺利,但你可以事事尽心。

4.培养幽默化解

幽默可以使人在欢声笑语中化忧愁为欢乐,变尴尬为从容,最终使沉痛的心情变得开朗、豁达和轻松。哲学家把幽默视为“浪漫的滑稽”;医学家认为幽默是一种健康机制,是美容心理的良方;社会学家和心理学家把幽默看成有助于人适应社会的工具。幽默还可以很好地培养一个人的创意和智慧,有助于对问题的解决和对压力的释放。美国心理学界一直很看重幽默对应激的协调作用,而在中国却一直遭到忽视。为此,在大家的日常生活中,幽默的功夫尤其需要加强。多看幽默故事,练习幽默思维,练就幽默办法。

5.培养主动求助

即学会利用各种社会资源来化解困境,如图书数据、网上服务等。学会主动求助就是学会生存,它培养的不仅是对于应激的积极承受,也是对应激的有效化解。拳王阿里小时候,家人给他买了一辆新自行车,他每天骑车周游,乐此不疲。一天,他到警察局找人,把自行车存放在门口没有上锁。不料出来后新车被人偷走了。沮丧之余,他求助于警察朋友。这位朋友提出教他击拳,以化解烦恼。阿里竟因此迷上了拳击运动,并逐渐成为一个专业拳手。那个警察还告诉阿里,每次出场比赛时,就把对手想象成当年偷车的那个人。由此阿里每次比赛都感觉是一次复仇行动,出拳格外有力。阿里的主动求助不仅化解了烦忧,还激发了潜能,直至夺得全美的拳击冠军。

6.培养解决技巧

即经历一个逆境化解的过程。问题解决能力也就是一个人克服困难、解决问题的能力。美国著名文学家埃默森曾言:“逆境有一种科学价值,一个好的学者是不会放过这一大好学习机会的。”而我们常说的“在逆境中成长”,就是同样的道理。一个人具有解决问题的能力,是走出逆境的最直接办法,但如果暂时没有或不具备这种能力,那就需要用更巧妙的办法来让自己走出困境。亚里士多德曾言:“一个人愤怒是很容易的,但是在适合的地点、针对适合的人、运用适合的方式表达个人的愤怒,那就不容易了。”这便是我们要练就的功夫。

7.培养沟通技巧

就是在生活和工作中,积极正确的交流方式可以减少自己和他人的压力感。反之,不良的沟通方法也许会给别人提供伤害自己的口实。在很多亚洲国家,恰当的沟通方式意味着需要恰当体现出谦虚的成分。但一定要注意掌握好平衡点,过于谦虚也许变成卑微,从而影响到自己的自尊心。好的方式不是否定自己的成就,而是可以通过叙述使自己从一件事中学到或得到了什么、下次如何做得更好,来告诉他人自己没有自满,反而力求突破。

8.培养求助于亲友

就是求助于我们的社会关系,其中包括:家人、同事、兴趣伙伴、邻居等,包括情感支持,如共鸣;评价支持,如鼓励你已经做得很好了;信息支持,如帮助你解决问题等。为确保自己在困难时有人可以倾诉,我们应有意识地扩大自己的社会支持系统。拥有更多的朋友有两大方法。第一,与已有朋友维持良好的关系,这就需要我们主动地付出关怀、提高交际技巧。第二,结交更多的、不同领域的新朋友。随着科技的发展,我们现在有更多途径结识新朋友、问候老朋友,如通过因特网。当朋友给予援助的时候,应该虚心接受,事后要表示感谢。但应当注意的是,不是所有人际关系都是值得维持的,应该理智分析值得交往下去的朋友,并清楚自己和每个熟人在一起时应持有的态度和期望。

9.培养寻求心理咨询

就是寻求专业人士的帮助。一般来说,对于大部分的困难,人们都可以自己消化,或与亲朋好友分担压力。可当我们遇到重大难题,并且自己因此心理上受到冲击的时候,就应寻求专业人员的帮助。有时中国人因为好“面子”,不愿承认自己需要专业人士帮助,或者害怕被别人取笑为“精神病”,因而让自己的压力越积越大,错过最佳求助时间。实际上,大部分“困难”都是自己想象出来的,只要说服自己有足够勇气去面对困难时,寻求帮助就十分容易了。

10.规划好人生

就是要思考自己的人生。同需要完成太多的任务一样,无所事事也可能导致心理压力。因此,我们必须自我了解,思考自己想要的是什么?怎样、何时能实现这些想法?这样才不会成为生活的“奴隶”,从而主导自己的人生。

以上所述十种培养压弹力的方法中,主观幸福感和乐观人格是基础,解决问题的技巧是最为关键的因素,而认知调整、幽默化解、主动求助,更有助于调整人的心态,使人能更好地面对压力。当然,还有一些其他的方法,比如很多学者提出的肌体控制技术,也非常有助于人释放压力,对身心健康有利。

资料来源:岳晓东新浪博客 http://blog.sina.com.cn/s/blog_534a41a901017xw7.html

【课堂感悟与收获】

请你用一至两句话写下对本节的感悟与收获:

(1)____

____

____。

(2)____

____

____。

课后习题

一、单选题

1.下列说法错误的是(　　)。

A 挫折情境越严重,挫折反应就越强烈

B 主体主观上对严重的挫折情境其认知和评价并不严重,其反应就会较轻微

C 并不严重的挫折情境不会引起强烈的情绪反应

D 挫折具有两面性

2.挫折-攻击理论是(　　)提出的。

A 勒温　　B 沙利文　　C 罗杰斯　　D 多拉德

3.个体需要若得不到满足,就会出现紧张、焦虑等心理状态,从而失去心理平衡,产生失败的情绪体验,即挫折感。这一理论称为(　　)。

A 挫折攻击理论　　B 社会文化理论

C 需要-紧张理论　　D 挫折与攻击行为关系理论

4.挫折 ABC 理论中的 B 是指(　　)。

A 认识和信念　　B 诱发性事件

C 情绪反应和行为结果　　D 情境

5.(　　)提出,人的攻击行为归结为人的死亡本能,认为人生下来就具有潜在的一股破坏性力量,而其攻击行为的后果是不受意志的约束。

A 艾里斯　　B 荣格

C 弗洛伊德　　D 阿德勒

6.大学生喜欢在公共的场合以各种方式表现自己,期望赢得周围人,尤其是老师和异性的赞许,但若身边的“对手”很强大,大学生很容易受挫。这种挫折是由(　　)引起的。

A 动机冲突　　B 角色转换不适应

C 自由与自律的冲突　　D 自尊与自卑的冲突

7.下列陈述不能增强挫折承受力的是(　　)。

A 避免类似情境　　B 总结经验教训

C 调节抱负水平　　D 建立和谐的人际关系

8.《水浒》说“林冲听说自己的内人被人欺辱,本想狠狠地打那人,但是调戏他内人的是当今高太尉之子,便不敢下手,于是将一肚子气统统发往家具什物,打碎家具,掀翻桌椅。”这种行为属于(　　)。

A 逃避　　B 固着　　C 退化　　D 转向攻击

9.有些人,在很紧张的时候,总会把手指放到嘴里,或者啃指甲,这种反应被称为(　　)。

A 逃避　　B 退化　　C 固着　　D 幻想

10.许多同学感到周围缺少真情,缺少亲朋好友,就到网上寻求网友聊天。这种现象说明这些学生主要遇到(　　)。

A 人际交往挫折　　B 情感挫折　　C 人生发展挫折　　D 学业挫折

二、多选题

1.挫折一般包括三方面定义,分别是(　　)。

A 挫折情境　　B 挫折情感　　C 挫折认知　　D 挫折反应

2.引起大学生挫折的原因有哪些?(　　)

A 生理因素　　B 经济负担的压力

C 改革开放和市场经济大潮的冲击　　D 突发事件

3.下列选项属于大学生常见的挫折反应的是(　　)。

A 冷漠　　B 焦虑　　C 攻击　　D 幻想

4.挫折产生的内部因素有哪些?(　　)

A 人格因素　　B 家庭因素　　C 生物因素　　D 智力因素

5.大学生中容易导致挫折的心理冲突包括(　　)。

A 强烈的交往需要和孤独感的冲突　　B 期望与现实的冲突

C 自由与自律的冲突　　D 独立与依赖的冲突

6.大学生挫折的社会支持来自哪些方面?(　　)

A 接受心理咨询　　B 注重培养“幸福品质”

C 加强个体积极的心理指导　　D 创设挫折情境,锻炼意志

三、简答题

1.大学生常见的心理挫折有哪些?

2.怎样克服挫折感?

综合训练

一、心理测试

挫折承受能力测试

人生难免会遇到挫折,没有经历过失败的人生不是完整的人生。没有河床的冲刷,便得不到耀眼的钻石;没有挫折的考验,也便成就不了坚强的人格。每个人都曾遇到过挫折,反应却截然不同。你是直面挫折、不屈不挠的勇士吗?测试以下试题便可揭晓(以下试题请在

5分钟内完成)。

测试试题:

(1)白天工作不顺利,会影响我整晚的心情。( )

A.非常符合　B.不符合　C.无法确定

(2)有人擅自动用我的东西,我会生气一段时间。( )

A.非常符合　B.不符合　C.无法确定

(3)汽车经过溅了我一身泥水,我生一会儿气,这事就过去了。( )

A.非常符合　B.不符合　C.无法确定

(4)如果我不是有几次运气不好的话,我一定比现在更有成就。( )

A.非常符合　B.不符合　C.无法确定

(5)落在最后,叫我提不起竞争信心。( )

A.非常符合　B.不符合　C.无法确定

(6)我想,我一定接受不了被解雇的羞辱。( )

A.非常符合　B.不符合　C.无法确定

(7)如果我向我所爱的人求婚被拒绝的话,一定会精神崩溃。( )

A.非常符合　B.不符合　C.无法确定

(8)我忘不了过去的错误。( )

A.非常符合　B.不符合　C.无法确定

(9)生活中常常有些令人沮丧气馁的日子。( )

A.非常符合　B.不符合　C.无法确定

(10)负债累累的日子叫我心寒。( )

A.非常符合　B.不符合　C.无法确定

(11)如果周末不愉快,会影响我下周的工作。( )

A.非常符合　B.不符合　C.无法确定

(12)在我的经历中,有过失败的教训。( )

A.非常符合　B.不符合　C.无法确定

(13)我对侮辱很敏感也很在意。( )

A.非常符合　B.不符合　C.无法确定

(14)丢失钥匙会让我在很长时间内感到不安。( )

A.非常符合　B.不符合　C.无法确定

(15)我已经达到了能够不介意大多数事情的境界。( )

A.非常符合　B.不符合　C.无法确定

(16)想到我无法按时完成某项重要的事情,我会感到非常紧张。( )

A.非常符合　B.不符合　C.无法确定

(17)我很少为昨天发生的事情而烦心。( )

A.非常符合　B.不符合　C.无法确定

(18)我很少心灰意懒。( )

A.非常符合　B.不符合　C.无法确定

(19)我对一个人的仇恨会铭记很久。( )

A.非常符合　　B.不符合　　C.无法确定

(20)偶然的失败我是可以接受的。(　　)

A.非常符合　　B.不符合　　C.无法确定

分数计算:

	1	2	3	4	5	6	7	8	9	10	11	12	13	14	15	16	17	18	19	20
A	1	1	3	1	1	1	1	1	1	1	1	1	1	1	3	1	3	3	1	3
B	3	3	1	3	3	3	3	3	3	3	3	3	3	3	1	3	1	1	3	1
C	2	2	2	2	2	2	2	2	2	2	2	2	2	2	2	2	2	2	2	2

测试分析:

20~33 分的人:心理承受能力较差。记住:“经历风雨,方有彩虹。”

34~47 分的人:心理承受能力较好。经过磨炼,你会成为强者。

48~60 分的人:心理承受能力极好。你是一个无所畏惧、永不言败的人。

资料来源:卢秀安.《教与学心理案例》.广东高等教育出版社,2002.

二、能力训练

同舟共济

活动目的:提高同学的团结协作意识;明白挫折面前需要群策群力,共同解决问题;在共同解决问题的过程中促进同学间的沟通。

活动时间:10~15 分钟。

活动规则:5~8 人一组,听从指令。

活动器材:报纸若干张,或者纸板。

活动步骤:

(1)以小组为单位,每个小组发一张同样大小的报纸,每个小组所有成员的脚不能触地,只可以有两只手触地,可以是同一人的两只手,也可以是两人的各一只手。

(2)教师规定出一定的距离,在用时最短的时间里将全组成员从一端都移动到另一端的小组获胜。

(3)活动结束后,每个小组要进行讨论和总结,每个人都要发言。

(4)每组选出一位代表将小组总结的内容和全班同学分享。

【心理书籍推荐】

1.《抗压有术》

作者希尔奥尔德本科在西点军校学习数学和物理,后来又攻读心理学博士,最终成为马里兰大学的心理学教师,他曾多次斩获各类教学奖项。同时,希尔奥尔德也在美国国防部的压力管理部门就职,对军官、警察、退伍老兵等高压人群的心理健康问题进行了非常多的研究。希尔奥尔德出版了许多关于心理和身体健康方面的书,作品因为既有学术性又很通俗,因此深受欢迎,作品已经被翻译成了 16 种语言。所以,谈起如何抗压这个话题,没有人比他更合适了。

本书开门见山,上来就是教读者培养强大的复原力来应对遇到的一切压力与困境。读这本书除了能帮助我们应对威胁生命的挑战和各种应激反应之外,还可以帮助我们应对常见的简单挑战和日常挫折,所以说每个人都能从中受益。作者提供的方法都不是一拍脑门写下来的，它们都有各种权威研究者以及大样本人群的数据支撑，简单又实用。

本书以实际应用为主要目标，每章都以一种增强复原力的技术或能力为主题，包括积极心理学、认知行为疗法(CBT)、正念冥想和压力管理技能等，基于心理学和脑科学广受推崇的研究结果，配以图表来解释专业概念，辅以人物故事来增进理解。书中很多综合而实际的练习会帮助培养你的复原力，让你在面对压力时镇定自若，让你从容面对生活中的所有挑战。

2.《逆商：我们该如何应对坏事件》

人的一生大多是在逆境中度过的，当我们遭遇各种困境、失败和挫折时，逆商(AQ)的高低将起到决定性的作用。逆商表示挫折承受力的指标，反映的是人们面对逆境和挫折时的心理状态和应变能力，认知心理学、心理神经免疫学和神经生理学是逆商这一科学理论体系的三大支柱。

作者在阐述逆商CORE——control(掌控感)、ownership(担当力)、reach(影响度)、endurance(持续性)四个维度，以及如何使用LEAD工具(L=listen，倾听自己的逆境反应；E=explore，探究自己对结果的担当；A=analyze，分析证据；D=do，做点事情)的同时，列举了现实生活中大量的案例，为读者全面展示了如何应对逆境的方法、如何重塑生活，从而向上攀登，超越自我，掌控我们未来前行的方向。

一个人的成功必须具备高智商、高情商和高逆商三个因素，在智商和情商都跟别人相差不大的情况下，决定成败重要的因素是逆商。只有具备高逆商的人才能积极面对各种艰难险阻，才有坚定的毅力和拼搏奋发的精神，才能处理好人与人之间的关系。在这个处处充满变数的时代，不管哪个领域、哪个层次的读者，都应该阅读此书。

3.《复原力》

本书作者里克·汉森是美国知名神经心理学家，临床心理学博士，自我导向型神经可塑性研究领域专家。毕业于加州大学洛杉矶分校。现任加州大学伯克利分校至善科学中心高级研究员。《纽约时报》畅销书作家，《赫芬顿邮报》、今日心理学网站常驻作家。他曾多次受邀在美国国家航空航天局(NASA)及牛津大学、斯坦福大学、哈佛大学等名校演讲，作品被翻译成28种语言畅销全球，英国广播公司、加拿大广播公司、美国国家公共电台及福克斯财经频道等多家媒体争相报道。福里斯特·汉森，专职作家，商业顾问。毕业于加州大学伯克利分校。

人这一辈子，无论多么不情愿，坏事时有发生。不快乐的童年阴影、亲人伴侣的情绪勒索、工作的压力、失去所爱、面对疾病和死亡……谁能够拉你一把，不要陷落深渊？其实，只有自己能够帮助自己，培养复原力是关键。

复原力，是我们面对逆境挫折时的一种重要能力：我们可以改变回应坏事的方式。心理学家里克·汉森博士在40余年的临床工作和教学经验中，发现人的大脑一辈子都会持续学习与改变。他把脑科学、积极心理学与正念冥想结合，提炼出收获幸福人生的12种实用工具，从厚植内心资源开始，强化安全感、满足感与连接感，引导读者建立心理韧性。

本书将告诉你，如何：

在状况百出的现实中保持沉着冷静，从容应对。

从猝不及防的人生变故中迅速恢复，重新出发。

不被逆境打压，不因外界的质疑而怀疑和否定自我。

在变化不断的生活里始终保持稳定与平和,关怀自己,也施之于人。

4.《如何成为一个抗压的人》

内容简介:毋庸置疑,抗压力是当下人们最需要的品质之一。抗压力越强的人,越能够承受职场、生活中的压力,成功应对挑战。那么,我们该如何培养抗压力呢?在本书中,作者根据他40多年的专业研究和20年的专业实践,从增强灵活性、保持乐观、培养好奇心、学会鼓舞、寻求外部支持等五大方面,详细讲述了培养抗压力的技巧,帮助你成为一个"能抗事儿"的人!

【心理电影推荐】

1.《肖申克的救赎》

《肖申克的救赎》又名《刺激1995》,是美国导演弗兰克·达拉邦特的经典之作。影片气势宏大,主旨鲜明,内涵深刻,故事精彩,人物经典,艺术手法纯熟而大气,既有对美国司法制度、监狱制度的深度批判,又有对人的坚定信念的无尽赞美,同时也对友情和生命的意义做了深入和形象的阐释和探讨,是一幅有着现实主义的外衣却隐藏着极度浪漫的内核的潇洒飘逸的生命画卷,值得我们珍藏和揣摩一生。

影片的主人公安迪是一名银行家,却因为妻子有外遇并与情人双双被杀而被诬入狱,狱中他结识一批狱友,能量最大、心地善良、多次假释都没成功的黑人瑞德和他成为挚友。贪婪的监狱长诺顿和暴力警官哈德利等人为了能更好逃税而将安迪调出,安迪借机多次帮助狱友获取做人的尊严。可当使安迪受冤的凶手被找到,诺顿为私利拒绝为安迪翻案,让安迪下决心越狱。其实安迪从进入监狱就在瑞德帮助下谋划越狱。一个风雨交加的夜晚,安迪带着诺顿贪污的钱和他犯罪的证据逃出监狱,诺顿等人受到应有的处罚,而安迪已经带着巨款在墨西哥海滨小镇泽华塔尼欧等着好友瑞德的到来。

影片的镜头语言极其丰富、深刻、巧妙,耐人寻味。比如色调,监狱里面都是黑暗的,而监狱外面则是明亮的,其含义不说自明。

影片镜头的寓意和象征含义极其丰富。影片开始的航拍镜头显示整个肖申克监狱大全景,高墙林立,阴森森的,暗喻着人间牢笼。当小汤米说出让安迪蒙冤的嫌犯时,诺顿从黑暗中走出来询问汤米,而恶警哈德利也在黑暗中端枪杀害汤米,这意味着这些恶人在黑暗中做着不可告人的丑事、恶事。而安迪被关禁闭感到绝望时,禁闭室也是黑暗笼罩,暗喻他已经对前途绝望。当他和瑞德在监狱屋外交谈时,刚开始他们都处于阴影之中,后来安迪慢慢走出,说明安迪能够从监狱的制度化中走出来,而瑞德仍然停留在阴影中,说明他在监狱制度化中走不出来。70多岁的老布鲁克斯出狱前将养了多年的乌鸦放掉,暗示着他即将获得自由。在走出监狱时,老布身后是监狱栏杆,也是暗喻他走不出制度化,结果老布不能适应外面生活,上吊自杀。而瑞德走出监狱时,背景变成了大地,暗喻着他是可以走出制度化的。

影片还大量使用了重复蒙太奇、类似蒙太奇等剪辑手法,让影片成为视听语言艺术的经典之作。

当安迪从监狱的下水道中爬行而出,面对外面的狂风暴雨,兴奋地扯开上衣,面向天空怒吼,一吐多年内心阴霾,我们的心也随着翻腾起来。是呀,我们每个人心中都有一个自由圣地,都有一个泽华塔尼欧,要么忙着去活,要么忙着去死。人生何时不是充满希望,只要我们心存坚定信念,并且沿着信念顽强走下去,会有一片蓝蓝的大海,蓝蓝的天空等候着我们。

2.《当幸福来敲门》

《当幸福来敲门》这部电影,讲述的是主人公为了能让自己的妻儿过上更好的生活,想尽一切赚钱养家的办法,用尽全部积蓄买下了高科技治疗仪,到处向医院推销,可是价格非常高昂,接受的人不多。所赚到的钱还不够维持家中的正常开销,不论他每天多努力地工作都无法提供一个良好的生活环境给妻儿,妻子最终选择离开家。而他则带着儿子到处寄宿,在火车站的厕所里,收留流浪人的日租房里,两个人相依为命。但是主人公却没有被这些困难所击退,而是坚定了信念,加倍地努力,最后争取到了一个股票投资公司实习的机会,就算没有报酬,成功机会只有百分之五,他仍努力奋斗。最终实现了让孩子过上安定生活的愿望。最后当克里斯得到期盼已久的那份年薪80万美元的股票经纪的工作时,他含着幸福的泪水走出办公室,他说:“我生命中的这个阶段,这个很短的阶段,叫幸福!”然后在熙熙攘攘的街头对着所有的人幸福地微笑时,这似乎也印证了影片开始的那每个人脸上的微笑。当他开着车带着儿子走在繁华的住宅区,走向他自己的房子时,他突然觉得物质的财富也许并不是所有的幸福,他和儿子在这段艰难时光里的相依为命的艰辛生活才是他最大的财富。是啊,幸福是什么?是自己与家人在一起度过的艰辛生活,是家人之间的互相安慰和鼓励。《当幸福来敲门》是一部教会人们在逆境中生存的电影,让人感动,让人垂泪,也让人切实地感受到了追逐的幸福,艰难却温暖。

项目八
体会学习乐趣——学会学习

【心灵寄语】

谈读书

读书足以怡情，足以博彩，足以长才。其怡情也，最见于独处幽居之时；其博彩也，最见于高谈阔论之中；其长才也，最见于处世判事之际。练达之士虽能分别处理细事或一一判别枝节，然纵观统筹、全局策划，则舍好学深思者莫属。

读书费时过多易惰，文采藻饰太盛则矫，全凭条文断事乃学究故态。读书补天然之不足，经验又补读书之不足，盖天生才干犹如自然花草，读书然后知如何修剪移接；而书中所示，如不以经验范之，则又大而无当。

有一技之长鄙读书，无知者慕读书，唯明智之士用读书，然读书并不以用处告人，用书之智不在书中，而在书外，全凭观察得之。读书时不可存心诘难作者，不可尽信书上所言，亦不可只为寻章摘句，而应推敲细思。

书有可浅尝者，有可吞食者，少数则须咀嚼消化。换言之，有只须读其部分者，有只须大体涉猎者，少数则须全读，读时须全神贯注，孜孜不倦。书亦可请人代读，取其所作摘要，但只限题材较次或价值不高者，否则书经提炼犹如水经蒸馏，淡而无味矣。

读书使人充实，讨论使人机智，笔记使人准确。因此不常做笔记者须记忆特强，不常讨论者须天生聪颖，不常读书者须欺世有术，始能无知而显有知。

读史使人明智，读诗使人灵秀，数学使人周密，科学使人深刻，伦理学使人庄重，逻辑修辞之学使人善辩：凡有所学，皆成性格。人之才智但有滞碍，无不可读适当之书使之顺畅，一如身体百病，皆可借相宜之运动除之。滚球利睾肾，射箭利胸肺，慢步利肠胃，骑术利头脑，诸如此类。如智力不集中，可令读数学，盖演算须全神贯注，稍有分散即须重演；如不能辨异，可令读经院哲学，盖是辈皆吹毛求疵之人；如不善求同，不善以一物阐证另一物，可令读律师之案卷。如此头脑中凡有缺陷，皆有特药可医。

——摘自培根的《谈读书》(王佐良译)

【项目导入】

进入大学以后，学生的自主安排的时间较多。很多学生对学习产生一种误解，认为即将走入社会不再需要书本知识，学习情绪开始松懈；又不知道该如何处理大量的业余时间，经常处于一种迷茫、空虚又无所事事的状态。在大学结束时,又常常懊悔自己碌碌无为的大学生活。

通过本项目的学习,使学生明确高校学生学习的特点,并对高校学生的时间管理做出指导,快速适应大学的学习生活和学习方式,通过各种积极有效的时间管理方法和途径来提高自己的学习效率。

【热身活动】

数字排序

活动目的:营造轻松愉快的气氛,快速调动学生上课的积极性。

活动场地:宽敞平坦的场地,室内外均可。

活动准备:眼罩,纸,笔,障碍物。

活动规则:

(1)将班级同学进行分组,每组同学4~15人。

(2)各组同学面向一个方向站成一列,除了最后一人其余全部戴上眼罩,后面的同学将双手搭在前面同学的双肩上。

(3)老师用一些物体设置成障碍物。

(4)每组同学要避开障碍物行走,只有最后一名同学能够看到障碍物,他要在不说话的前提下,将躲避障碍物的行走方向依次传递给第一名同学。

(5)在规定时间内走的距离最远,或者同一时间内触碰障碍物的次数最少的一组获胜。

活动分享:

(1)小组内分享,每个小组成员分享在行走过程中的感受。

(2)全班分享,每个小组选代表分享自己小组的方法和小组的收获感受。

任务一　学习的意义

一、学习心理概述

学习是人类生活中的永恒主题,理想的人生就是不断学习的一生。心理学研究发现,人和动物的行为有两类:一类是本能行为,一类是习得行为。本能行为是通过遗传获得的种族经验。例如:鸭子会游泳,母鸡会孵蛋,婴儿会吸奶等,这些行为都是个体生来就有、不学而会的。本能行为是人和动物生存所必需的,但它非常刻板,仅靠本能行为是难以与环境保持动态平衡的。习得行为是动物和人类个体在后天适应环境的过程中通过学习而获得的经验。例如:狮子滚绣球,老鼠走迷津,熊猫骑自行车,鸽子打乒乓球等,这些行为都是动物经过学习而获得的。在人类中,习得行为更常见。如语言知识的掌握、心智技能的形成、人际关系的建立、态度和品德的培养等,都是后天学习的结果。

(一)学习的实质与特点

1.学习心理的实质

学习是一种十分复杂的心理现象,学习的概念有广义和狭义之分。广义的学习指在生活过程中,凭借经验而产生的行为或行为潜能的相对持久的变化。这也是最被大家认同的学习定义。

(1)这一定义首先必须说明,学习是一个介乎经验与行为之间的中间变量。学习者必须凭借反复的练习与经验,才有可能产生行为或行为潜能的持久变化。

(2)学习所引起的行为或行为潜能的变化是相对持久的,药物、疲劳、疾病等因素均能引起行为或行为潜能的变化。

(3)学习是由反复经验而引起的。

从上述分析可知,学习不是本能活动而是后天习得的活动,是由经验或时间引起的。任何水平的学习都将引起适应性的行为变化,不仅有外显行为的变化,也有潜在的个体内部经验的改组和重建,而且这些变化都是相对持久的。但是也不能把个体的一切持久的行为变化都称之为学习,那些由于疲劳、成熟、机体损伤以及其他生理变化所导致的行为变化就不属于学习。只有通过反复练习、训练使个体行为或行为潜能发生相对持久的变化才能称为学习。

2.人类学习和学生学习

广义的学习指人类的学习。人在解决问题或遇到困难情境时,也要一次次地尝试错误,最后才能找到解决问题的办法,学会解决问题的技能。但有时也会在百思不解的过程中突然“顿悟”,发现问题的关键,使问题迎刃而解。人类学习的特点:(1)除了要获得个体的行为经验外,还要掌握人类世世代代积累起来的社会历史经验和科学文化知识;(2)人的学习是在改造客观世界的活动中,在与其他人交往过程中,通过语言的中介作用而进行的;(3)人的学习是一种有目的的、自觉的、积极主动的过程。

狭义的学习专指学生的学习。它是人类学习中的一种特殊形式,是在教师的指导下,有目的、有计划、有组织、有系统地进行的,是在较短的时间内接受前人所积累的文化科学知识,并以此来充实自己的过程。学生的学习不但要掌握知识经验和技能,还要发展智能,培养行为习惯,以及修养道德品质和促进人格的发展。

(二)大学生学习的价值

1.担负起中华民族伟大复兴的历史之命

首先,要在历史的基础上继往开来;其次是在现实的基础上迎接挑战。当代科技革命的显著特点:(1)各门学科在高度分化的基础上趋向综合;(2)科学技术迅速向现实生产力转化;(3)科学技术的物化;(4)科学技术的商品化。当今世界,一个国家的综合国力越来越取决于高新技术的掌握和运用程度。在已经加入 WTO 的情况下,我国要在 21 世纪的国际竞争中赢得一席之地,就必须积极回应国际新技术革命的严峻挑战。

当代大学生生逢其时。全面建设小康社会、实现中华民族伟大复兴的历史进程,为当代大学生施展才华提供了广阔的舞台,更赋予了当代大学生崇高的历史使命。

2.努力提高自身素质,实现全面发展

高度发达的现代社会需要高智商、高技能、高知识和高道德水准的高素质社会公民,而塑造这些高素质的唯一途径就是学习。大学阶段的学习尊重学生的独立个性,为每一个学生的发展创造空间、提供舞台,完善学生的知识结构,增进学生独立思考和解决问题的能力,养成合作与共享的品质个性。同时,学习科学文化还要与加强思想修养相统一,即把求知与树德结合起来，注重思想修养和陶冶情操，这是中华民族的优秀传统。没有高尚的思想道德，掌握的知识便不能很好地为国家和社会服务。

3.学会学习，学会创新

学会学习指大学生应当掌握科学的学习方法，使自己具有独立学习和研究的能力。信息时代，面对浩如烟海的知识海洋，大学生要能适应变化、适应发展、适应环境，必须要学会学习，在学习的过程中不断总结获取知识的方法，从而打开知识学习的大门。大学生学习还要着眼于创新，要具有创新意识、创新思维、创新兴趣和热情。在新思想与新理论的基础上，积极寻找新的学习方法。

扫一扫，看视频《学习的含义》

任务二　大学生常见的学习问题

一、大学生学习的困扰

当代大学生在校学习期间的学习过程受多方面因素影响，这是因为大学生的学习较之中学生更复杂更高级，同时也更为自觉更为独立。大学生的学习活动具有较多的探索性和更大的自主性。而探索知识、发挥学习的主动性，归根结底就是要求大学生具有正确的、强烈的学习动机。而当前大学生中却存在着学习动力缺乏、学习方法滞后的问题，同时大学生中也存在着学习竞争激烈的现象。

（一）大学生学习动力的缺乏

1.什么是学习动力

学习动力是以学习动机为核心，由学习兴趣、学习情绪、学习态度和个性特征等因素组成。它不直接介入学习，而是激发学习的积极性，挖掘学习的潜能，调节学习活动的进行，具有始动、定向、引导、维持、调节、强化等功能。

2.大学生学习动力缺乏的表现

(1)没有明确的学习目标和学习计划。部分大学生既无长期目标，也无近期目标。对自己在大学期间以及每学年、每学期学习上究竟要达到什么要求，心中无计划。对每天的时间怎么安排，学习什么，读什么书等，不作打算。学习行为往往表现出从众性与依附性，极少有独立性和创造性。

(2)学习松懈，甚至厌倦学习，逃避学习。主要表现是经常逃课，即使上课也不好好听讲，不作笔记，课后也不看书，也不自习，学习上拖拉散漫，怕苦怕累，把大量的时间和精力用在打牌、上网聊天、打网络游戏等事情上。

(3)无成就感。部分大学生求知欲和上进心不足，因此，他们感到大学生活没有压力，没有紧迫感。既不羡慕那些学习成绩好的同学，也不为自己学习不好而觉得丢面子，对学校制定的各种奖励措施也不感兴趣。

(4)缺乏适宜的学习方法。学习动力缺乏的学生对学习总体上持一种消极的态度。他们将学习看成是奉命的、被迫的苦差，所以很难摸索出一套适合自己的学习方法，而是满足于死记硬背,应付考试。缺乏正确灵活的策略和方法,不能适应新的学习。

总之,当一个学生缺乏学习动力时,对相对紧张而有节奏的大学学习生活,如同一个局外人,与学习群体不相融。

3.学习动力缺乏的原因及影响因素

(1)个体因素。情绪、意志、态度、经历、兴趣、价值观、健康状况等个体特征都会对学习动力产生影响。1)大学生进入大学后,由于高考的压力已经解除,新的环境、新的知识、新的远景开始激发学生对自己本身进行探索和思考,将自我意识指向各种各样的活动来拓展兴趣爱好,发展特长。此时如果没有及时而有效的引导,他们则不能树立正确的学习目标,因此,娱乐起来十分坦然,而学习起来却兴趣不足。2)大学低年级主要开设基础课,学习内容比较繁多枯燥,需投入的时间精力也多,使部分学生不能很好地适应大学学习生活。再加上自我控制能力弱,陷于泡网吧、社会活动、闲聊娱乐等,久而久之便不能自拔,最终导致对学习失去兴趣。3)对所学专业缺乏兴趣。造成部分学生对所学专业缺乏兴趣的原因有的是对专业的发展前景缺乏信心。4)学习动力缺乏的深层次原因是缺乏远大理想,没有树立正确的人生观。

(2)学校环境因素。1)学风的影响。校风、班风,甚至一个宿舍中几个成员的学习风气,多会对大学生的学习动力产生影响。2)教师授课质量和人格魅力的影响。教师的知识、经验、课堂教学质量、为人处事方式等对激发学生的学习动力影响巨大。一个优秀教师,往往会成为学生的楷模。3)人际关系的影响。人际关系的好坏直接影响到大学生的学习、工作和生活,轻松、愉快与和谐的人际关系使人心情舒畅,有利于提高学习效率和促进身心健康。

(3)社会环境因素。社会上的不良风气也是导致大学生学习动力缺乏的重要原因。全社会范围内尚未真正形成尊重知识、尊重知识分子的良好氛围。适应市场经济要求的新的劳动用人制度尚未完全建立起来,大学生择业机制尚不健全,就业中不合理、不公平的现象依然在一定程度上存在等,这些现象使部分大学生觉得读书无用,滋生厌学情绪,致使学习动力不足。

总的来说,学习动力的缺乏是由多方面因素综合作用的结果。

4.解决大学生学习动力缺乏的措施

(1)加强理想教育,树立正确的学习目标。大学生仍处于思想转型期,对他们进行理想、信念等教育很重要,要帮助他们树立正确的人生观、价值观,要帮助他们处理好远大理想与现实目标之间的矛盾。(2)加强对大学生的学习指导,积极引导学生参加科研和学术活动,培养学习动机,激发学习兴趣。(3)在教学方法上,使教学由“知识传授型”向“综合思维能力训练型”转变。培养学生在学习中的思考与分析的能力,调动学生的学习积极性,启迪学生的创造型思维和主动学习的精神,通过讨论式、交互式的教学来训练学生表达思想、发表意见、交流观点的能力,加快现代化手段在教学中的应用,提高学生主动获取新知识的能力。(4)改善办学条件,为学生提供良好的学习心理环境。良好的学习心理是形成大学生积极的学习动力系统的有效条件,这种学习心理极易受外界环境和学习条件的影响。学校的教学设备条件、教师的水平、教改的成效以及校风、学风和优良的校园文化环境,对学生的学习都有很大的影响。一个具有良好学风的学习环境和一个好学上进、温暖融洽的班集体,都能对发展学生的学习动机起直接或间接的影响作用。

（二）大学生学习方法的滞后

1.学习没有计划

学习计划是实现学习目标的重要保证。例如，有些高职学生对如何过好宝贵的三年高职生活没有认真地思考和谋划，自然对自己的学习毫无计划，被动地应付作业和考试，学习缺乏主动性和自觉性。

2.学习环节上的不完整

有调查表明，学生在学习过程中进行预习—上课—复习—作业—小结这五环的仅有13%；不做小结的仅有13%；不进行预习和小结的有42%；不进行预习、复习、小结的有31%。在习题作业上，只求完成作业的占81%；而考虑一题多解、巧妙解法的只占19%。这说明大部分学生的学习方法仍然处在传统与被动的状态之中，没有真正掌握主动学习的方法和习惯。而被忽视的预习、复习、小结等环节正是检验大学生是否具有自学能力的重要特征。

3.没有充分利用图书馆

图书馆是人类知识的宝库，大学图书馆拥有丰富的藏书和大量的中外文期刊。但是有些大学生还没有养成去图书馆阅览、查阅和选借图书的习惯，没有掌握信息检索的途径和方法，在浩瀚的知识海洋中不知所措。

4.没有管理好自己的时间

时间管理其实也是一门学问，关于时间管理的理论目前已经发展到第四代。大学生生活丰富多彩，除了学习读书以外，还有很多事要做，还有很多活动要参加。有的学生一进大学，忙于各种社团活动，没有保证学习的时间；有的同学虽然两耳不闻窗外事，但是学习没有效率，同样存在着时间管理的问题。

（三）大学生学习竞争的激烈

时代变革所引起的激烈社会竞争已经延伸到大学校园中，许多大学生忙于考证，为了能考得证书，大学生们除了专业学习以外，更积极地投身于课外其他培训或学习中，其中最大的两类项目是计算机和英语。这表现出当代大学生对职业市场的灵敏反应和积极姿态。在理想与现实的抉择中已更多偏向于后者的当代大学生，基本上把大学学习当作求职的资本——虽然不是唯一，但学习的最大动力是求职，是积蓄几年以后的竞争实力。“拿下”计算机培训、英语考级、第二外语等证书，已构成了相当一部分大学生学习生活的主题。大学校园之所以竞争激烈，主要是大学生们受到了来自以下三个方面的压力。

1.来自就业的压力

随着社会经济模式由计划转向市场，大学生毕业后也已由国家分配转向自主择业、双向选择。不管你愿不愿意，大学生最终要经受社会的挑选，经受用人单位的挑选。这给很多大学生带来了紧张和压力。用人单位对人才在学历层次、专业素质、实践经历以及文字、表达、外语等方面都有较高的要求，使大学生感受到了从未有过的竞争压力。尤其近年来高校实行扩招，客观上也造成了就业难的局面。

2.来自父母期望的心理压力

现在的大学生大都是独生子女，身上承载了整个家庭的光荣与梦想。父母往往把一生的期望都寄托在了孩子身上，希望孩子能实现自己未实现的理想。望子成龙，望女成凤,培养出一个大学生的儿子或女儿是他们的骄傲,是他们一生成功的证明,也是他们生命的延续。对大学生家长所做的调查问卷也发现,超过七成的父母希望子女在学校的课程之外学习更多的知识来充实自己,也有79.5%的家长曾建议孩子参加课外学习或培训。在家里,父母也不要求孩子帮助做任何家务,宁肯自己节衣缩食也要尽可能地满足孩子的任何要求,而父母对孩子唯一的要求只是把书读好就行。在这样殷切的期盼下,大学生只有加倍努力地学习,并以此来报答父母的养育之恩。这些也都将成为大学生不能承受的生命之重。

任务三　学会学习

【案例分析】

小李大一的时候,如愿加入了校学生会,作为学校学生会的一员,表现得非常积极,无论学校有什么活动,他都积极报名主动参加。老师对他的表现很满意,学生会的同学也都很支持他,他也想通过自己的努力,争取到大二的时候,学生会换届选举时竞聘学生会主席一职,来锻炼自己的组织能力和协调能力,为毕业找工作做充足的准备。因此整天忙于学生会的工作。可是,学习上就有点顾不上了,经常会迟到、早退,甚至上课期间请假,课后也会为了拉近学生会同学之间的感情,经常与他们在一起,而没有时间复习和预习。他的内心也非常清楚,学生会主席一职要求必须品学兼优,学习上不能挂科,他非常苦恼,不知道该如何权衡学生会工作和学习任务。如果因为学习任务而放弃学生会工作,不是他内心的真实想法,也会非常难过和遗憾,他不知道该如何取舍,非常痛苦。

案例分析:小李对自己的大学生活有非常明确的规划,会为毕业后找工作做出长远的考虑,并为之付出努力,是值得肯定的,但是他此刻的忙乱无章状态让他无法应对,把自己逼到艰难的二选一的为难境地。我们可以分析出来,此刻,他遇到的问题就是两个:第一个问题是缺少学习方法,无法在有限的时间内高效率地完成学习任务;第二个问题是因为不会管理时间,工作和学习中遇到的很多具体事务无法分清主次,在一些事情上浪费了很多不必要的时间,总是处在非常忙却又忙不完的状态,他急需老师对他进行时间管理和学习方法的指导。

无论做什么事情,都不能蛮干,都需要讲究方法,只有方法得当,才能取得预期的效果。对于我们学生来说,更需要掌握学习方法,才能让我们的学习更有效率。

一、大学生现代学习理念的确立

学习理念,即关于学习的理性认识,是人们对于学习所持的理性态度和执着信念。当今知识经济已见端倪,在迅速发展的时代,树立怎样的学习理念,是摆在每个大学生面前的首要问题。更新传统的教育思想,转变旧的教育观念,(1)要实现从一次性教育向终身教育观念的转变;(2)要实现从应试教育向素质教育观念的转变。

1.学习是一种生活习惯和生活方式

学习是人类面对世界最基本的生活方式,也是人类活动最重要的本质特征。学习既是社会生活的特征,也是个人生活的特征。社会个体的学习不仅是一种社会行为,而且是一种生活习惯和生活方式。学习对于一个人的生活是一个支持过程,是人们日常活动中不可分割的一部分,是贯穿个体生命全过程的自觉意识和习惯。

2.学习的关键在于学会学习

目前,我们正处于由应试教育向素质教育转变的过程中。由于长期应试教育的积淀和影响,部分学生形成了一定的思维定势,认为是为分数、为父母、为学校的升学率、为自己在群体中的地位而学习,没有从根本上解决学习的目的和学习的态度问题。进入高校以后如何走出传统教育观念对我们的负面影响,改变过去多年形成的对待学习方面的思维定势,树立为社会、为自己的成才、为自己的兴趣而学习的观念,是每一个同学需要认真对待的问题。

因此,自主学习、终身学习是每一个人的必然选择。它要求我们必须转变学习理念,由应试教育转向自主学习,由单纯学习知识转变到在学习知识的过程中学会学习,变一次性学习为多次学习和终身学习。须知,学校学习只能是基础性的学习,在学校学到的知识难以受用终身。人们可以毕业,可以告别学校,但不能告别学习。这即是传统的学习理念的转变。因此,在大学学习期间,一方面搞好学习,取得近期学习效果;另一方面要学会学习,为继续学习、终身学习奠定基础,以适应终身学习的需要,取得远期学习效果。未来时代的文盲,不再是不识字的人,而是没有学会怎样学习的人。学会学习将成为人类适应未来生存的需要。

二、大学生现代学习方法的创新

学习方法是人的认识规律和学习规律的反映。笛卡尔曾说过“没有正确的方法,即使有眼睛的博学者,也会像瞎子一样盲目摸索。结果只能一事无成。”爱因斯坦的成功方程式“成功=艰苦的劳动+正确的方法+少说空话”,这个成功方程式也是对他自己整个探索生涯的总结。在成功的王国里“正确的方法”是三大要素之一,占据了1/3的天下,可见其重要性。英国著名生物学家达尔文指出,“最有价值的知识是关于方法的知识。”科学的学习方法有助于我们在学习中少走弯路,有利于培养和提高各种学习能力,进而可以提高学习效率,引导我们攀登学习高峰。因此所谓“学会学习”在某种意义上就是学会学习的方法。掌握科学的学习方法是“学会学习”的关键。

大学生在学习过程中,应不断总结学习规律,创新学习方法,提高学习效率,为此应遵循以下几项原则:(1)要研究学习规律,掌握基本的学习方法。合乎规律的学习方法是科学的学习方法,它具有普遍意义。比如科学运用大脑的识记方法,记忆的方法,时间运算的方法,循序渐进的方法,联系实际的方法等。(2)要重视借鉴前人的学习经验。如“学而时习”“温故知新”“学思结合”“学者贵疑”“不耻下问”等。(3)要注意联系学习的方法,研究具有不同针对性的学习方法。比如学习阶段、学习内容、学习目标、学习对象、学习环境和学习方法不同,专业性质和课程特点不同,学习方法也有差异。(4)要做到从个人实际出发,扬长避短,建立适合于自己特点而又比较科学的学习方法。最好的学习方法应当既是科学的,又是适合自己的。所以人们常说:“学习有法、学无定法。”

这里要特别强调大学学习方法创新的一种表现是善于合作。合作的意识和能力是现代人所应具备的基本素质。推动现代科学发展的一个重要因素就是人与人之间的相互协作。但是在传统的学习方法中,合作的意识和动机十分淡薄。绝大多数学生在通常情况下,表现出一种学习的“个人主义”。这种学习方式使他们缺乏合作的意愿和冲动,不愿与他人一道分享学习成果。久而久之,造成了学生之间的相互隔离、嫉妒、疏远和对立。而合作学习则要求学生将自身的学习行为有机融入到小组或团队的集体学习活动中,在完成共同的学习任务时,展开有明确责任分工的互助性学习。在合作学习的场景中,不仅学生,家长、老师、社区人员都可参与学习,彼此之间进行广泛的交流,每一位学生都可以积极表达自己的意见,与他人共享学习资源。这样的学习方式能有效消除学生之间过度的学习压力,有助于引导学生在学习中进行积极的沟通,形成学习的责任感,培养合作的精神和相互支持、配合的良好品质。

三、大学生良好学习习惯的养成

英国唯物主义哲学家,现代实验科学的始祖,科学归纳法的奠基人培根,一生成就斐然。他在谈到习惯时深有感触地说:“习惯真是一种顽强而巨大的力量,它可以主宰人的一生,因此从幼年开始就应该通过教育培养一种良好的习惯。”如果你渴望获得较好的学习成绩,如果你渴望有效利用时间,那么,你应该而且必须做的第一件事就是尽早养成良好的学习习惯。

1.养成良好的学习习惯的好处

养成良好的学习习惯至少有三个方面的好处:(1)可以通过生物钟、条件反射自动提醒你自觉地去做应该做的事。如果不靠习惯,许多日常的小事做起来就会显得手忙脚乱,甚至丢三落四,造成心烦意乱。(2)可以发挥无意识的作用。无意识的特点是直接受习惯的支配。一个具有良好学习习惯的人,他的下意识会随时随地支配他按照平时习惯的套路做那些与学习相关的事,使之在不知不觉中,事情做得轻轻松松,有条有理。(3)可以调动潜意识为学习服务。潜意识的作用非常大,一些科学家、文学家、艺术家之所以能在休息的时候,甚至在睡眠的时候产生灵感,都是因为他的潜意识与外界刺激,与自己不懈努力、孜孜以求、长期探索的问题保持着必然的联系。

2.着力养成四种良好的学习习惯

(1)一心向学的习惯。一心向学是所有学习习惯中最重要的。这种习惯一旦养成,你就会自动自觉地甚至不由自主地把万事万物都与学习联系起来,你的感官便会成为知识信息的扫描仪和接收器,你的大脑便会成为容纳知识百川并且对其进行过滤、加工、再造的法宝。同时,你会感到生活到处都有乐趣。

(2)专心致志的学习习惯。心理学上曾有人做过对比研究:请来两组知识能力大致相同的学生,让第一组的学生边听故事边做简单的加法习题;第二组也做同样的两件事,但是两项内容分开进行。同样的时间后,检查加法题的成绩并请每个人复述听过的故事。结果是:第一组习题与复述的错误率都明显高于第二组。由此看来,一般人不可能同时做好两件事。如果硬要同时做,必然使每件事的质量降低。如左右手各拿一支笔,一手画圆,一手画方,双管齐下,其结果必然是圆也不圆,方也不方。

(3)严格执行学习计划,养成定时定量学习的习惯。谁能根据奋斗目标制定出科学的计划,并且定时定量地完成计划,谁就能无往不胜。一般说来,目标比较容易确定,计划也比较容易制定,难的是定时定量地完成。

(4)认真思考的学习习惯。认真思考的学习习惯有利于提高学习质量,有利于培养人的能力,尤其有利于增强人的发现、发明和创造能力。认真思考的学习习惯,是比较高级的修养。

3.如何养成良好的学习习惯

(1)说到做到,坚定不移。一个行动胜过一打纲领。久而久之,便习惯成自然了。俗话说“有志者,立长志;无志者,常立志。”为何常立志?原因是很想好好做,就是做不好。因此要养成良好的学习习惯,第一步就要说到做到,坚定不移。

(2)控制时空,有所约束。在习惯形成的过程中,在自己的自制力还不十分强的情况下,应控制自己的活动范围,歌厅、舞厅、游戏厅、录像厅、台球室等游乐场所,无论自己多么好奇,无论别人怎样引诱,也不要去。

(3)偶有偏离,及时调整。在好习惯的形成过程中,或者在坏习惯克服过程中,容易出现反复、拖拉、敷衍、放任等现象,容易出现跟着感觉走的现象。这时就要严格监督自己,发现偶有偏离,立即做出调整。培养习惯,就像走路一样,发现走的路线不对,及时调整到正确的道路上去,久而久之,一条小路便踩出来了。

(4)注意保持。习惯养成后,还需要注意两件事:1)要消除外部干扰;2)要排除内部故障。外部干扰主要是那些可能使你偏离甚至脱离轨道的引力,内部故障主要是指受挫折时情绪不佳而放纵自己。对付外部干扰一种有效的途径就是转移注意力。当你的内部发生故障时,如产生忧郁、悔恨、愤懑、迷恋、惋惜、忧伤等情绪波动时,你可以通过做某些具体的事情来转移注意力。

四、大学生科学的时间管理方法

【小贴士】

洗手的时候,日子从水盆里过去;吃饭的时候,日子从饭碗里过去;默默时,便从凝然的双眼前过去。我觉察他去的匆匆了,伸出手遮挽时,他又从遮挽着的手边过去,天黑时,我躺在床上,他便伶伶俐俐地从我身上跨过,从我脚边飞去了。等我睁开眼和太阳再见,这算又溜走了一日。我掩着面叹息。但是新来的日子的影儿又开始在叹息里闪过了。

——摘自朱自清的《匆匆》

浪费时间就等于慢性自杀。时间具有不可逆性,面对流逝的时间,我们只有后悔,却无能为力。在这个高效的社会,我们必须注意时间的投入与产出,做到价值最大化。大学阶段的积累是未来职场的前奏曲,合理地利用和安排时间成了实现大学职业目标的关键。怎样才能做好时间管理呢?

(一)时间管理的意义

时间是一种无形却十分重要的资源,它无法开拓、积存与取代。在唯物辩证法中指出,世界是物质的,物质是运动的。时间和空间是运动着的物质存在的两种基本形式。时间是物质运动的顺序性、间隔性和持续性,它是客观存在的。

人一天的时间都是相同的,但是每个人却有不同的心态与结果,对时间都会有不同的看法,于是在时间的运用与管理上就千差万别了。对个人来说,时间管理的品质,是个人的绩效表现;对组织而言,时间管理的品质,是整体生产力的状态。不论个人与组织,时间永远地不断流动,稍有疏忽就消逝了。对于管理者而言,要很好地完成工作就必须善于利用自己的工作时间。工作是很多的,时间却是有限的。时间是最宝贵的财富。没有时间,计划再好,目标再高,能力再强,也是空的。时间是如此宝贵,但它又是有伸缩性的——它可以一瞬即逝,也可以发挥最大的效力。对时间的管理与对其他的人、财和物的管理一样重要。所以,不懂得利用时间就是最无能的管理者,浪费时间就等于浪费组织的财富。

综上所述,时间管理的涵义是如何面对时间的流动而进行自我管理,其所持的态度是将过去作为现在改善的参考,把未来作为努力的方向,好好地把握现在,运用正确的方法做正确的事情。

(二)大学生加强时间管理的方法

1.做好大学学习期间总体计划

通过老师和高年级同学,提前了解大学每学年和每学期具体的教学任务和教学进度,这样保证自己在制定计划时不与学校的教学秩序相冲突。有些同学不清楚教学具体安排,自己报名参加了一些培训和社会实践,结果二者发生冲突,打乱了计划,影响了成绩,甚至失败。在学校里有很大一部分同学很少主动关注大学里的教学计划,每学期安排的课程内容,学习显得盲从,浪费了大量的时间。

2.分清“重要”和“紧急”的事情

有些同学总是在抱怨时间很紧张,一天忙忙碌碌,却又不知道在忙些什么事情。有一个女孩,进入大学后积极参加社团活动,担任学习部干事,锻炼自己的能力,工作成绩突出,得到老师和同学的好评。大二的时候,她被提升为学习部部长,这时她显得力不从心,成绩下降,她决定辞职。她设想毕业后在公司从事管理工作,非常珍惜现在的学生干部的工作岗位,但是自己总是忙得没有头绪,成绩下降。她之所以出现这种情况,是因为她没有正确处理好工作和学习的关系,没有分清工作的重点。任何事情不分轻重、缓急,一齐抓,既浪费了精力,又影响效果。这种情况下,不要想着一下把事情全部干完,分清工作中的“重要且紧急”的事情,然后集中精力做好就行了。剩下的重要但不紧急的事情可以缓一下做;不重要但紧急的事情可以让学习部的干事去做;不重要且不紧急的事情干脆就不做。

3.抓住“零碎”时间

有些同学总认为学习需要某个环境,却忽视了身边很多可以利用的“零碎”时间。每天清晨起床时可以背几个外语单词,去教室的路上可以利用听书网站学习感兴趣的知识,中途下课可以阅读时事新闻,中午午休前可以阅读一些课外书籍,晚上睡觉前可以回忆整理一天学习的内容,思考知识之间的联系等。只要你善于利用这些零碎的时间,你将会收获许多意外的惊喜。

【小贴士】

《怎样利用你的碎片时间》视频网址:

https://v.qq.com/x/page/q0566y4nr0u.html

4.决战周末

如果问同学:“周末你们在做什么?”很多同学都低下了头,不好意思地笑笑。大多数同学都把周末浪费掉了,睡觉成了一些同学的“奢侈”享受;逛街,看电影,看电视,拜访朋友成了习惯;运动健身成了流行时尚。但是大家都忘了进行职业能力培养,拓展自己的知识面。很多工作了的人,经过半天的休息调整后,仍然会选择学习。周末两天,多么难得的自己可以利用的时间!一定要充分利用,倍加珍惜。有时候周末,偌大的教室,灯火明亮,人却稀少。有些同学振振有词:“从星期一到星期五学习够累的了,周末就应该放松!”大学的学习相对轻松了很多,上课时间玩,课余时间也玩,将来在职场上怎么玩下去!

5.合理利用寒假和暑假

当同学们经过一个学期的学习,假期又该做什么呢?有一个学生春节后开学第一天就打瞌睡,老师问他是怎么回事,他说没有睡醒。老师接着问他昨天晚上是什么时候睡觉的,他说10点半。老师感到惊奇,觉得那睡得不算晚,怎么还会睡觉?学生说寒假放假在家经常都是上午11点才起床。

寒假和暑假时间加起来近3个月,如果我们充分地利用,那对于我们自身的发展将产生巨大的影响。如果不合理利用假期,那么在学习的道路上你就远远地落在了别人的后面。有些同学参加“三下乡”活动,体验社会基层生活;有的同学去打工,增加社会经验;有些同学参加培训,增加职业技能;有的同学读书,丰富自己的知识等。不过做任何事情,都要参照你的职业目标,有的放矢,集中力量,既学习了知识,丰富了经验,又提升了自己的职业技能。一箭双雕,何乐而不为呢?

【阅读拓展】

Steve Pavlina 的时间管理

Steve Pavlina,演说家,作家,电脑程序员,游戏设计员,企业家。主攻个人成长,参加过马拉松,在个人成长、武术、数学、计算机方面提供培训。在个人成长方面,他已经发表了300篇以上的文章,许多文章已被翻译成俄语、德语、日语等多国语言。他的个人网站StevePavlina.com,每个月有超过100万的访客,他的个人发展BLOG被评为世界前100名博客之一。

很多年前读大学的时候,他决定制定一个计划挑战自己:只用三个学期完成其他人通常花费四年的课程,能否毕业。为了实现这个目标,他决心每个学期得到30~40个学分,而其他学生平均只要12~15个学分。显而易见,必须合理安排时间才能实现目标。利用三个学期,他完成了目标:两个理科学士学位(计算机科学和数学),而且没有参加暑期课程。每天晚上睡七到八个小时,处理好日常杂务(购物、做饭等),参与社交活动,每天早晨锻炼30分钟。在最后一学期完成了高级计算机和数学两门总共37学分的课程,甚至拥有一份游戏程序员的全职工作(每周工作40小时),还是当地ACM学会(Association of Computing Machinery)的副主席。他的同学把他们完成功课要花的时间加到一起,结论是他的一周有250小时。他以GPA3.9的成绩毕业并且获得每年颁发给最优秀计算机专业学生的特别奖。

Steve Pavlina 的时间管理方法:

(1)目标明确是关键。

(2)灵活安排。

(3)一时一事。

(4)失败是朋友。

(5)现在开始!

(6)无情的放弃。

(7)确定并且弥补浪费掉的时间。

(8)应用 80/20 的规则。帕累托原理,即 80/20 的比例关系规则,该规则是指用 20%的努力实现 80%的价值。反过来,其规则也同样:用 80%的努力实现 20%的价值。

(9)捍卫你的时间。

(10)完全投入。

(11)多线工作。

(12)动手一试。

(13)保持激情。

(14)饮食和锻炼。

(15)劳逸结合。

任务四 科学利用网络

【案例分析】

小赵是一名在校大二学生,学习成绩属于班级中等。在人际关系中,除了和寝室的几个室友相处比较好以外,与班级的同学和老师也相处得比较和谐。平时学校和社团组织的活动都是尽量参加,大家对他的印象就是比较随和,很爱帮助同学,做事也比较认真,在班级的人缘也比较好。平时除了正常的上课时间外,其余的时间就是在寝室待着,经常会感觉很无聊。一次在看手机查资料的时候,无意间点开了一个游戏弹窗,他试着体验了一会儿,让他感觉到非常有意思,就一直玩了起来。后来发现室友居然也在玩这款游戏,二人开始交流经验。有了室友的指点,游戏升级很快,结果是一发不可收拾,而且越陷越深,开始了夜以继日的手游生活。为了升级他甚至节衣缩食买装备,开始向老师撒谎请病假,不去上课,在寝室玩游戏,渐渐地,他不再是同学们眼中乐于助人的小赵了,他的生活状态就是上课睡觉,下课玩游戏。在放暑假期间,小赵连续两天两夜坐在电脑前打游戏,结果突然感到头晕胸胀,经抢救无效死亡。

随着科技日新月异的发展,网络的利用率越来越高,已经和我们的生活密不可分,直接影响着每个人的方方面面。网络和科技的进步,使学习方式也产生了翻天覆地的变化:学习资源不止于从纸质书本上的获取,可以利用网络随时找到多条的相关知识链接;学习方式不止于老师面对面的传授,可以利用网络进行慕课、视频、AR、VR 等方式的学习;学习场地不止于一间教室的局限,可以进行远程连接;教学工具不止于黑板和教具,可以利用多媒体、手机、电脑等电子产品完成学习任务。这些科技手段的加入,让学习更便捷、快速。但是,爆炸式的大量网络信息的涌入,也暴露了学生对良莠不齐的信息如何甄选问题,学生对无关学习信息的自觉抵制问题和学生对网络的合理利用问题。

一、网络学习的特点与优势

(一)加大师生和学生之间的交流程度

交流程度的提高一方面体现在学生有更多的机会直接向教师提出问题并得到教师亲自的、详细的解答。在传统的班组学习中,由于一个班级中学习人数较多,大部分教师没有太多的机会和每个学生进行很多的沟通与交流,而在线学习解决了这一问题,也解决了很多大学生在课堂上羞于表达的尴尬。另一方面,进行在线学习的学生可以轻松地、直接地和分布在世界各地的其他同学同时进行交流,这在传统教学中是难以实现的。同时还能及时、准确地了解国内外最新发展和研究结果,对扩展和深化学生的学习无疑是很有帮助的。

(二)加大学生之间的借鉴与协作程度

在线学习过程中,每一位学生都能了解其他同学的学习情况,并可以及时地把自己的想法和他人进行沟通与比较,在取长补短中获得更多的知识和成长。在大多数传统的班级中,作业只能由教师一个人看到,然后直接返回给学生。但在在线学习中,学生不仅可以从自己的作业中获得知识,还能从其他人的作业中得到有益的知识。在线的协作与交流,使学习者们懂得利用集体的力量比单独一个人的努力要有效得多。在线学习也能实现学生以小组的形式来完成作业,教师在评定成绩时以小组为单位,给出小组的成绩。提高了协作意识,在相互帮助中开阔视野,拓宽知识结构。

(三)延展了学习的时间和空间

由于在线学习可以进行异步交流,使每一个学生都可以按照自己的节奏进行学习。不会出现因为传统教学中的步调一致而有个别学生掉队的问题,通过课堂教学视频录制实现反复观看达到单独教学的效果。同时,也让一些学生有了更多的思考时间,避免了在传统班级教学中出现的大脑短路引起的这样或那样令人尴尬的局面,身体残疾或有其他缺陷的学生也不必担心受到同学歧视或嘲笑。在线学习还可以实现多地多人同时在线学习,使偏远地区的学生也能同时享受到相同的教育资源。

(四)加大了学习方式的灵活性

在线学习更重视的是学生怎样学习,而不是教师怎样教授,充分体现了学生的教学主体地位,教师的主导作用。在线教学过程中,教师可以根据学生的上课情况随时采用灵活的教学方法进行教学活动,如视频、音频、抢答、投票、打卡等,来提高学生的积极性,让知识变得生动、有趣和立体,充分调动学生的各种感官器官,加强教学效果。

(五)增强教学内容的体验程度

由于在线学习能够进行广泛而持久的交流活动,同时通过虚拟仿真等技术手段大量地参与课堂,能让学生在家就能身临其境地体验真实场景。立体教材的应用,也丰富了在线教学的内容和形式。多种形式的虚拟体验,对学生理解知识和认识未来的工作环境是有很大帮助的。

二、网络学习的要求

(一)具备网络操作知识

对于利用网络学习的学生来说,会操作计算机和使用手机并不意味着他立刻可以参与到网络学习中。每个学生在开始进行学习之前,都必须掌握所利用的网络软件各种功能的操作,还要根据不同科目和不同老师的要求学会利用不同网络学习软件的操作,才能更好地参与到网络学习中,更好地完成老师的教学任务。

(二)具备良好的自我控制力

信息交流的质量与数量难以有效控制。由于网络学习中,老师允许并鼓励学习者之间进行自由地交流,使得学生可以在任何时候把他们认为重要的信息输入到系统中去。这就要求学生必须从大量纷杂的信息中去挑选出对他真正有帮助的内容,同时控制自己不会受与课堂无关的信息干扰和影响而分散注意力,甚至是仅在网络课堂中挂号,给老师造成人在课堂的错觉,但人和注意力已在课堂之外,给老师的课堂管理带来麻烦。

(三)教师难于监督管理

在线的网络课堂上,老师和学生都是对着屏幕进行教学内容的讲解,缺少师生之间的眼神交流,老师不能及时掌握学生的在线学习状态,只能通过提问和发弹幕的方式来调动学生积极性和吸引学生的注意力,这种交流方式相比面对面交流减慢了教学节奏,连麦和开视频的方式对网络的质量有很高的要求,操作更繁琐。

虽然还存在这样或那样的问题和不足,但它仍然是一种高效率的、科学的学习方法。利用这种新的学习方式会实现真正意义上的以学生为主体的自由式学习。是传统教学模式的有益补充,能为我们的学习带来更多的便捷。

三、网络学习的方法

今天,互联网以庞大的态势出现在我们的生活当中。信息传播的渠道拓宽了,传播速度大大地加快了。在迅捷便利的互联网面前,传统教学受到了极大的影响,在这样的情况下,我们还是按部就班地手捧一本书就落后于时代了。充分利用网络资源,发挥互联网的优势和作用,使之更好地服务于学生的学习生活,这是我们必须面对的现实。如何高效地利用互联网上面的资源进行学习研究,要掌握一定的技巧和方法。

(一)学会选择可靠平台

在网络学习中,离不开平台的选择,如何选平台,选什么平台,都是非常重要的。我们要根据所学习的内容选择那些比较权威、稳定性好、功能良好的平台,避免在下载平台程序的时候捆绑过多垃圾程序和有毒链接。比如智慧树、钉钉、腾讯会议等平台都可以实现多人同时在线交流学习,并且有作业提交、批改等各种功能,完全能满足线上学习的需求。

(二)学会选择有效信息

读书有法方能学有所获。互联网上面的信息量很大,无穷无尽,而个人的时间和精力是十分有限的。我们每个人从事的工作、我们各自的生活范围、我们的兴趣爱好、我们的需求是各不相同的。不是所有的信息都是我们需要的,也不是我们都能掌握得来的。那么如何筛选就十分重要了。

作为大学生,(1)要掌握国家层面的信息。就是国家对整个领域和行业的相关政策方针。比如目前这个领域国内外相关的改革和最新的发展动态与趋势,这些信息的掌握是必须的,要抓准时代的脉搏,这样才能顺势而为,易有成就。当代大学生如果只是仅仅局限于学科的课本与课堂教学,闭关学习,不去了解时代,对个人未来的发展方向与重点没有足够的关注和敏感,那么你的思维就会陈旧落后于整个国家发展的大趋势,缺少动力与活力。

(2)要进行时事要闻、社会焦点信息的了解,这些东西虽然不直接作用于我们的学习,但是这些信息作为一个社会公民是应该知晓的,也能培养大学生的社会公民素养。做到"风声,雨声,读书声,声声入耳",将个人的命运与国家的发展紧密结合起来,为中国梦的实现而努力。(3)搜索目标明确,理性利用各种形式的网络资源,当今的网络世界丰富多彩,在查找资源和学习的时候,会发现网络上能迅速提供多条不同形式的信息,文字、音频、视频、课程、PPT、分析、图片等,可谓是丰富多彩。在大量的信息中,要根据个人的认知水平和知识基础选择适合自己的可用资源,不要被无效信息淹没而浪费时间。

【知识窗】

慕课的起源

所谓慕课(MOOC),是 Massive Open Online Courses 的英文首字母缩写的中文音译,意为大规模在线开放课程。维基(wiki)百科对其是这样界定的:"慕课"是指那些由参与者发布的课程,这些课程材料也散布于互联网。只有当课程是开放的,才可以称之为"慕课",只有这些课程是大型的或者叫大规模的,它才是典型的"慕课"。"慕课"是新近涌现出来的一种在线课程,它发端于过去的那种发布资源、学习管理体系以及将学习管理系统与更多的开放网络资源综合起来的旧的课程开发模式。把"MOOC"翻译成"慕课"一词的是我国华南师范大学学者焦建利教授。

MOOC,第一个字母"M"代表 Massive(大规模),一指注册人数多;二指课程资源的大规模,不仅仅是一两门课程。当然"大规模"也是相对的,第一门"慕课"只有 2200 多学生,而目前每门课程容量可达数万人,一门课程最多的注册人数是 16 万学生。

第二个字母"O"代表 Open(开放),指的是学习空间和学习资源的开放。学生以兴趣为导向,凡是想学习的,都可以注册学习。即使是一些盈利公司建设的课程,学生也可以免费利用其课程资源。

第三个字母"O"代表 Online(在线),指的是教师讲授、学生学习、师生/生生的讨论、作业完成和提交、作业批改等都是通过互联网络在线实现的。

第四个字母"C"是 Courses(课程),包括讲授主题的提纲、讲授内容的视频、各种学习资料、布置的作业以及学习注意事项等。

这一课程不同于传统的通过电视广播、互联网、辅导专线、函授等形式的远程教育,也不完全等同于近期兴起的教学视频网络共享公开课,更不同于基于网络的学习软件或在线应用。就目前看到的"大规模在线开放课程"而言,可以发现,在慕课模式下,所学的课程、课堂教学、学生学习进程、学生的学习体验、师生互动过程等被完整地、系统地在线实现。

慕课的教学形式最早出现于2008 年,但真正的井喷却始于2011 年秋,被誉为"印刷术发明以来教育最大的革新"。斯坦福大学计算机科学教授塞巴斯蒂安·特龙(Scbastian Thrun)和彼得·诺维格(Peter Norvig)在网上推出"人工智能导论"课程,来自 190 多个国家的 16 万人同时注册了该课程。特龙教授等在2012 年 1 月投资推出 Udacity 在线课程。同年,斯坦福大学另外两位计算机科学教授安特鲁·吴(Andrew Ng)和达芙尼·科勒(Daphne Koller)创立 Coursera 在线免费课程,2012 年 4 月上线,4 个月后学生便突破 100 万。2012 年 5 月 2 日,麻省理工学院和哈佛大学共同宣布将创建免费开源在线课程计划——edX。由于各大学、各机构在 2012 年积极推进和有效作为,因此 2012 年也被《纽约时报》称为"慕课元年"。

资料来源:360 百科

【课堂感悟与收获】

请你用一至两句话写下对本节的感悟与收获：

(1)____。

(2)____。

课后习题

一、单选题

1.儿童因为有改正错误的行为表现，家长便取消了限制儿童看电视的禁令，这种能提高反应概率的刺激是(　　)。

A 正强化　　B 负强化　　C 正弱化　　D 负弱化

2.学生在学习上力争取得好成绩的主观愿望在心理上称作(　　)。

A 成就动机　　B 成功需要　　C 学习动机　　D 满足需要

3.学习动机的功能在下列中哪个是错的？(　　)

A 激活作用　　B 指向作用

C 维持作用　　D 助推作用

4.大学生常见的学习心理问题是(　　)。

A 学习环境适应性障碍　　B 学习过度焦虑

C 缺乏学习动力　　D 以上都是

二、多选题

1.提升学习动机的自我激励方法有(　　)。

A 心情烦躁时就听听音乐、逛逛街或做运动

B 学找合适的榜样

C 同学之间的监控

D 适当的奖励

2.下列哪些是良好的学习方法和学习习惯。(　　)

A 科学合理的时间管理

B 考虑自己的个性，及时消除焦虑

C 培养自我监控的学习能力

D 擅于自我激励

3.大学生的学习态度，直接影响其学习行为和学习成绩。具体表现为(　　)。

A 对学习对象的选择上　　B 学生对学习环境的反应上

C 对学习的效果　　D 对学习时同伴的选择

4.韦纳按各因素的性质不同，将一般人对成败归因的解释或类别分别纳入以下三个向度之内。(　　)

A 因素来源　　B 稳定性　　C 主观因素　　D 能控制性

三、判断题

1.学习是个体在任何情境下,由于练习或反复经验而产生的行为或行为潜能的比较持久的变化。 (　　)

2."古之成大事者,不惟有超世之才,亦必有坚忍不拔之志"这句话说明了意志力对于学习的重要作用。 (　　)

3.学习缺乏独立性,不理解大学的学习特点和规律等是大学新生常见的学习心理问题。 (　　)

4.跳起来能够得到的果子是最甜的,那么这个跳起来能够得到的果子就是一个合理的目标。 (　　)

四、简答题

1.什么是学习动机?

综合训练

一、心理测试

你的学习方法适合你吗?

请仔细阅读下列测验题目的每一道题,肯定答"是",否定答"否",既不肯定也不否定则做好标记。

测验题目:

(1)课堂上所需的学习用品是否每次必携不忘?

(2)是否经常迟到?

(3)能否坚持提前做好上课准备?

(4)课堂上是否踊跃发言,积极提问?

(5)是否在笔记上乱写乱画?

(6)是否爱护教科书?

(7)考试时是否仔细工整地回答问题?

(8)能否在规定的地点、时间进行学习?

(9)学习时间同学相邀去玩,是否欣然答应?

(10)坐在桌前是否能迅速进入学习状态?

(11)学习时间是否仔细阅读教科书?

(12)下课后能否立即完成作业?

(13)下课后能否对当天的学习内容进行复习?

(14)能否仔细阅读发回的试卷?

(15)能否及时预习将要学习的内容?

(16)每天的学习时间是否一定?

(17)遇有不明之处,是否有查字典、参考书的习惯?

(18)能否对弱科、不感兴趣的学科格外努力学习?

(19)游玩时间是否经常挤占学习时间?

(20)是否一边玩电脑或听MP3,一边学习?

(21)能否认真区分游玩时间和学习时间?

(22)起床时间与就寝时间是否毫无规律?

(23)是否有一边拿着点心或饮料,一边学习的习惯?

(24)是否经常诉说晚上做了一个噩梦?

(25)是否谈笑风生,使人发笑?

(26)一经批评,是否就耿耿于怀?

(27)即使是在学习时,是否说一些“反正我不行”等自暴自弃的话?

(28)是否有过忘记作业的现象?

(29)一次考试成绩不良是否总挂念于心?

(30)老师休假时是否摆出一副无所谓的态度?

(31)能否和老师一起游玩?

(32)是否说老师的坏话?

(33)受到老师的表扬后是否就更喜欢学校的生活,并对这位老师的课也兴趣倍增?

(34)被老师批评以后,是否就厌恶学校生活,并对老师的课程失去兴趣?

(35)是否一心盼望运动会,学习汇报会?

(36)是否经常被老师提醒注意?

(37)是否经常得到老师的表扬?

(38)是否制定一周的生活计划?

(39)每次新学年到来,是否都能制定出新的努力目标?

(40)暑假、寒假能否制定出生活计划并贯彻实施?

(41)是否清楚自己的强科,并对其格外努力?

(42)能否与同学相互学习、互相帮助?

(43)学习上是否带有强烈的竞争意识?

(44)在家里是否说同学的坏话?

(45)是否经常去图书馆?

(46)是否不愿意在家学习,而经常去同学家学习?

(47)在学校规定的课程以外,有无其他感兴趣的活动?

(48)是否经常诉说睡眠不足?

(49)学习用品是否充足?

(50)学校组织的活动,家长是否积极参加?

得分计算方法:1,3,4,6,7,8,10,11,12,13,14,15,16,17,18,21,25,30,31,35,37,38,39,40,41,42,43,45,47,50,以上诸题答“是”得2分,答“否”扣2分。其余各题答“否”得2分,答“是”扣2分。不答不给分。

总分解释:得70分以上者,可坚持现有方法。得70分以下者,请选择另外学习方法。

等级评价:0~30分,需要非常努力。

31~45分,还需努力。

46~70分,一般。

71~85分,良好。

86~100分,优秀。

【知识窗】

时间管理四象限法则

时间管理四象限法则,是把要做的事情按照紧急、不紧急、重要、不重要的排列组合分成四个象限,这四个象限的划分有利于我们对时间进行深刻的认识及有效的管理。

第一象限包含的是一些紧急而重要的事情,这一类的事情具有时间的紧迫性和影响的重要性,无法回避也不能拖延,必须首先处理优先解决。它表现为重大项目的谈判,重要的会议工作等。

第二象限不同于第一象限,这一象限的事件不具有时间上的紧迫性,但是,它具有重大的影响,对于个人或者企业的存在和发展以及周围环境的建设维护,都具有重大的意义。

第三象限的事件大多是些琐碎的杂事,没有时间的紧迫性,没有任何的重要性,这种事件与时间的结合纯粹是在扼杀时间,是在浪费生命。发呆、上网、闲聊、游逛,这是饱食终日无所事事的人的生活方式。

第四象限包含的事件是那些紧急但不重要的事情,这些事情很紧急但并不重要,因此这一象限的事件具有很大的欺骗性。很多人认识上有误区,认为紧急的事情都显得重要,实际上,像无谓的电话、附和别人期望的事、打麻将三缺一等事件都并不重要。这些不重要的事件往往因为它紧急,就会占据人们的很多宝贵时间。

把我们每天所做的事情,分类后归入四个象限:

(1)重要并且紧急:它们是危机任务。

(2)重要但不紧急:它们是新的机遇。

(3)紧急但不重要:它们是日常事务。

(4)既不紧急又不重要:它们是杂乱琐事。

通过学习发现第4象限耗费时间最多,这类事情总在吸引人们的注意力,因为处理这类事情没有任何压力。其次是第3象限,因为处理紧急但不重要的事务,是一种变相的拖延。管理时间时,请确认你把重点放在1、2象限上。可以把要做的事情列出来,分门别类地划入四个象限,然后决定为它们花费多少时间。

高效时间管理的秘密在于第2象限。如果你把精力集中于第2象限,就能掌握时间的主动权,保持生活的平衡,减少未来可能出现的危机。

二、能力训练

请根据事件管理四象限法则,把下列事情放到相应的象限里。

(1)阑尾炎手术;

(2)瑜伽练习;

(3)去看望对自己帮助很大的高中老师;

(4)和室友一起去登山;

(5)去电影院看一场刚刚上映的电影;

(6)写一篇学科论文;

(7)去商店买一件换季的衣服;

(8)洗衣服;

(9)看自己喜欢的书;

(10)和好朋友视频聊天;

(11)准备这学期的期末考试;
(12)买一部新款手机;
(13)锻炼身体;
(14)还花呗;
(15)和朋友沟通,消除误会;
(16)为毕业找工作做准备和积累;
(17)结交新朋友;
(18)报名参加资格证培训;
(19)帮室友取快递包裹;
(20)打手游。

请把事件序号填入到相应的象限里。

第一象限:____。
第二象限:____。
第三象限:____。
第四象限:____。

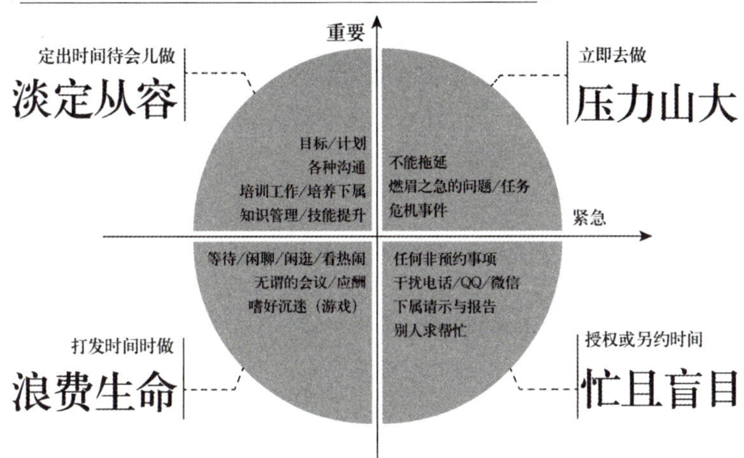

【小贴士】

《四象限法则带你改造行动计划》视频网址:
https://v.qq.com/x/page/m0518omj3ec.html

【心理书籍推荐】

1.《人生效率手册》

作者简介:

张萌,时间效率管理专家、畅销书作家。“下班加油站”创始人、“极北咖啡青年创新加速器”创始人、“立德领导力(LEAD)”创始人、“年度影响力作家”。帮助百万青年人提升个人影响力和职场竞争力。代表作有《人生效率手册》《加速:从拖延到高效,过三倍速度人生》和《精力管理手册》。

北京市工商联执委,北京市朝阳区工商联执委、商会副会长,共青团北京市朝阳区第十二届委员会常委,北京市朝阳区青联常委,北京市通州区建设及青年人才培养工作荣誉顾问，北京师范大学荣誉校友，北京师范大学企业家校友会副会长，中国管理科学研究院智库专家。曾担任北京奥运会火炬手，获得“全国巾帼建功标兵”“北京市优秀中国特色社会主义事业建设者”“北京市创业导师”“首都十大教育新闻人物”“北京市三八红旗手”“北京市朝阳区国际高端商务人才”“朝阳榜样”等赞誉，其创业故事被团中央评为“最美青春故事”，“下班加油站”被评为“朝阳人才重大项目”。于2017年、2018年登上纽约时代广场大屏幕。2019年第五次参加博鳌亚洲论坛。

内容简介：

在时间上拎得清的人，少奋斗十年。本书是时间效率管理专家、畅销书作家、“下班加油站”创始人、“极北咖啡青年创新加速器”创始人、“立德领导力（LEAD）”创始人张萌送给青年人的成长加速器。书中作者通过亲身实践，提出自我管理系统的四大组成部分：时间管理、效率管理、目标管理、精力管理，指导年轻人如何通过输入，即知识技能来源的四种模式——阅读、与人交流或以人为师、培训或会议、行走，最终实现正确输出——写作、演讲及实践能力。在职场中，学会“套路”，少走弯路，掌握正确的方法。每天效率提高一点点，构建职场硬本领，你就能收获更好的人生。

本书为《人生效率手册》的重塑升级版。张萌在喜马拉雅重讲人生效率课，重塑人生效率手册体系。升级版内容为全新调整，知识脉络更清晰，知识理论更扎实，帮助年轻人重塑升级个人人生效率体系。每一天“量”的效率差别，日积月累之下，就成了人生“质”的差距。成功者一年胜十年，失败者十年如一年，你还在感慨自己与别人之间的差距越来越大吗？马上打开这本书，跟着张萌练习做人生的逆袭者！

2.《拖延症患者自救手册》

作者简介：

【美】加兰·库尔森，从业20年的时间管理专家，被称为“时间队长”。“时间管理GPS”的开发者，方法源自实践和心理学最前沿的思考，成千上万的学员从中受益，备受各界人士赞誉。他有着丰富的演讲经历，同时承担多个国家企业和政府的培训工作，其制作的相关视频总点击量上千万。

内容简介：

在接下来的5周时间里，每天跟练，一起摆脱拖延症吧！

想做一件事，拿起手机一看17:16，心里想那我凑个整点17:30再去；

洗澡需要半个小时，准备去洗澡和洗澡需要三个半小时；

看见工作的未接来电不会立刻回电，能拖就拖；

“一日事一日毕”计划永远明天开始实行；

任务拖到Deadline的最后一晚，最后熬夜敷衍完成；

一事拖一事，最终一事无成。

拖延症已经成为现代人的群体症候。哪怕我们的学习、工作、生活已被严重干扰，却也难以摆脱。其实，摆脱拖延症只需要把心态从想尽办法如何避免做一件事转换为想尽办法如何开始做一件事。作者将20年的时间管理经验融合成100%可跟练的5周自我训练法，从训练意念、构建上层结构、实现时间自由、高效利用大脑以及形成完整的动机链条5个层面入手，5周时间，每天1个训练，每个训练20分钟，终结拖延症。

3.《学习天性》

作者简介:

小沼势矢,日本顶级脑科学领域专家,与日本脑科学顾问石川大雄共同研究与开发多项关于脑科学的学习方法。创立"职业生涯"咨询公司,每年为超过500人做定向培养,包括成年教育与学生教育。

内容简介:

找不到适合自己的学习方法,盲目学习,再大的优势也会慢慢变为劣势。

本书作者小沼势矢是日本脑科学领域的专家,一生致力于研究大脑的构造,他提出:"大脑分为三大类型,找准自己的大脑类型并使用相对应的学习方法,才能够事半功倍。"

全书分为五个部分,将我们的大脑分为三大类型,并具体讲解了怎样将相对应适合自己的学习方法应用到学习的全过程中去。全书配有多幅图画,重点内容都有相应的形象的图示总结。

【心理电影推荐】

1.《放牛班的春天》

所谓"放牛班"指的是一帮问题少年,他们的性格、脾气和他们短短的却复杂万分的人生历程。而春天,是一种希望,是一种"重新"之意,一种冬天过后又万物复苏、生机勃勃的象征。

故事发生在法国,某个小镇的郊外,有着这样一个充满严格制度的少年学校。而这个学校里的学生,并没有因为这样的严厉管制而变得乖巧,反而成为了一群没有教养、只会用武力解决问题的孩子。然而谁也不会知道,在这样似乎无可救药的孩子幼小的心灵中,一个个美妙的梦想正在悄然升华。怀着这样天真烂漫的梦,他们遇见了一个可以说足以改变他们命运的人——马修。

电影中的院长,对孩子不仅没有耐心,而且往往对犯了过错的孩子,处以严酷的体罚,例如:将小孩单独关在禁闭室,无视这些孩子的惊恐害怕。马修老师则完全不同,他对孩子充满了爱心,对犯错的孩子,也不是一味偏袒,而是给予他们改过的机会,在他的循循善诱下,每位孩子都拾回了他们的自信,找到了属于自己的春天。

在学习的路途上,老师对学生的影响力,可以说是无远弗介,一位坏的老师,可以毁掉一个孩子的一生;反之,一位好的老师,往往一句温柔的鼓励,一个肯定的眼神,就可以让他人眼中毫无希望的坏学生,重新找到他们自己人生的方向。当一位好老师如此重要,却非常困难,因为面对一群不同个性、不同资质的学生,如何因材施教,实在是一门很大的学问。在我看来,"耐心"是一位好的老师最需要拥有的,对学生不要时常大吼大叫,甚至拳脚相向,不要放弃任何一个学生,只要用爱心与信心,总有一天,学生们会蜕变成美丽的蝴蝶。

马修,他好似一个善良的牧人。他用爱找回了一群迷失的羔羊,用爱照亮了前行之路,用爱为他们指引方向。我想说:这不是奇迹,而是爱的奇效。在管教寄宿学生时,他将学生组成了一个合唱团,用音乐启发孩子的潜能,让野男孩个个成为发光的小天使,用纯净的音乐唤回他们冰冷已久的心。我清楚地记得其中一句对白:"等等,他是我唯一的男低音。"这句话饱含了他对教育事业的尽心尽责,和对人平等,不分贵贱,一视同仁的态度。

2.《追梦赤子心》

这是一部改编自真人真事的励志电影,主人翁鲁迪自小梦想成为美式足球明星,在他所崇拜的教会大学校队中打球。但他家境贫寒，身材矮小，加上体育成绩平平，各方面条件都让他难以如愿。可是他丝毫不气馁，自己存钱去读先修班，并且混入大学部的球场打工，经过不断地努力，鲁迪终于加入了大学足球队，但夹在众多大块头球员之中他根本没有出场的机会。直至最后一场比赛，队友们感动于鲁迪的毅力而逼令教练让他上场，鲁迪终于让专程前来看他比赛的父兄看到了一个不可能的奇迹。大卫·安斯保导演简洁有力地诠释了“天下无难事，只怕有心人”的主题，肖恩·阿斯廷生动地塑造了鲁迪的形象和精神，演出十分感人。

3.《中国合伙人》

20 世纪 80 年代，三个怀有热情和梦想的年轻人在高等学府燕京大学的校园内相遇，从此展开了他们长达三十年的友谊和梦想征途。出生于留学世家的孟晓骏渴望站在美国的土地上改变世界，浪漫自由的王阳尽情享受改革开放初期那蓬勃激昂的青春气息，曾两次高考落榜的农村青年成冬青以晓骏为目标努力求学，并收获了美好的爱情。然而三个好友最终只有晓骏获得美国签证，现实和梦想的巨大差距让冬青和王阳倍受打击。偶然机缘，被开除公职的冬青在王阳的帮助下办起了英语培训学校，开始品尝到成功的喜悦。在美国发展不顺的晓骏回国，并加入学校，无疑推动三个好友朝着梦想迈进了一大步。只是随着成功的降临，他们的友情也开始承受严峻的考验……

《中国合伙人》是一部由香港导演陈可辛执导，黄晓明、邓超、佟大为主演，讲述由 20 世纪 80 年代至 21 世纪初，大时代下三个年轻人从学生年代相遇、相识，拥有同样的梦想至一起打拼事业，共同创办英语培训学校，最后功成名就实现梦想的励志电影。

虽然电影折射的年代已经不同，但当今社会仍旧是以努力奋斗创业，实现致富梦想为主题。

汇聚点滴力量，实现创业梦想，创业致富不是一个人的“专利”，大多数的成功者通过合伙创业的方式迈向成功。随着我国经济的不断发展和调整，小微企业逐步地登上了中国经济发展的舞台，并占据了举足轻重的地位。分析小微企业的成长之路，我们不难发现，合伙创业的成功案例比比皆是。

项目九

体验幸福人生——珍爱生命

【心灵寄语】

人有多少,生命的意义就有多少……从中我们能找出一个真理的共同标准,一个共同的意义,促使我们把人类关切至今的现实解读出来。

每个人都在三大限制下生活,他必须顾及这些。他所面对的每个问题或疑问都由它们而起,所以它们为他构成现实。由于他不断面对它们,他总被迫要回答和处理这些问题,而我们可由他的答案里,找出他个人对生命意义的诠释。

第一个限制是我们都生活在地球这个小星球的表面上,没有其他地方可去。我们必须尽力在地球有限的资源和限制下生活。我们必须注重身体和心理健康,以让我们能够继续个人在地球上的生命,并协助确保人类生命的延续。

第二个限制是我们中没人是人类的唯一成员。我们周围有别人,我们的存在跟他们脱离不了关系。由于个体的弱点和限制,如果一个人孤立,他绝对达成不了个人的目标。如果一个人独自生活,试图单独解决问题,他一定会死亡。他继续不了自己的生命,也无法延续人类的生命。

我们还受到人由男女两性构成这第三个限制的支配。个体和全体生命的存续也必须把这个事实考虑在内。爱情和婚姻难题源自这第三个限制,没有一个男性或女性能够回避它。

因此,这三个限制引出三个问题:首先,在我们居住星球自然环境的限制下,如何找到一个职业,让我们能够生存下去;其次,在芸芸众生里,我们如何自我定位,以让我们能相互合作,并分享合作的利益;第三,我们怎样去调适两性,而且依靠这两性关系延续人类生命的事实。

——摘自【奥地利】阿弗雷德·阿德勒的《超越自卑》

【项目导入】

大学生正值青春年少、风华正茂的时期,生命安全高于一切,生命价值高于一切,生命成长高于一切。但在现实生活中,我们却看到了有少部分青少年存在着轻视生命和浪费生命的现象。有一部分大学生缺乏生命意识,无视生命的意义与价值,在日常的学习和生活中感到无聊、生命无意义,这种生命意识淡薄的现象严重影响了大学生的身心健康。

本项目通过探讨生命的意义、识别心理危机,使学生学会珍爱生命、提升幸福指数,最后介绍了公共卫生事件(如新型冠状病毒)的相关知识及心理调适的方法。

【热身活动】

我的五样

活动目的:了解你生命中最重要的东西。

活动过程:

(1)请大家写出对你来说,你生命中最重要的五样东西。不必考虑顺序。

(2)然而不幸的是,你的生活中出了一点意外。生命中最宝贵的五样,保不住了,你要舍去一样。请你拿起笔,把五样之中的某一样抹去。

(3)生活又发生了重大变故,来得更凶猛急迫,你保不住你的四样了,必须再放弃一样。现在只剩下三样了。

(4)不幸再次降临,你必须放下一样,还剩两样。

(5)最后,你的生活降到了低谷,你必须做出一生中最艰难的决定,只留下最后一样东西。

(6)深深体会这四样宝贵的东西在我们生命中消失了的感觉,并记住舍弃这四样东西的顺序。

(7)讨论:每当你划掉一样东西时你的感受是什么?

点评:人生的决定必有取舍,有取舍就会有痛苦,世上没有万全之策,你不可能占尽便宜。当你明确了什么是生命中最重要的东西,依次明晰了重要事项次序,剩下的就是以实际行动来实现自己的人生愿望。

任务一　生命的意义

近年来,经常看到这样一些报道:为了一些微不足道的小事,一点小小的挫折,许多人竟然自残甚至自杀。现代人的心理过于脆弱,尤其是现在的大学生,很容易做出伤害自己的事情。每个人都有享受生命、享受快乐的权利,没有你自己的许可,别人没办法将其剥夺,何必把自己的情绪甚至是生命交予别人掌控呢?如果自己都不爱自己,别人还怎么能够爱你呢?

一、生命及意义

(一)生命的含义

生命构成了世界存在的基础,世界正是因为有了生命才精彩。那何谓生命呢?不同的学科领域对它有着不同的诠释,不同的个体对它有着不同的理解。现代生物学认为生命是生物体所表现的自身繁殖、生长发育、新陈代谢、遗传变异及对刺激产生反应等的复合现象。从哲学的角度认为生命是人具有的生存和发展的性质和能力,是人在生长、繁殖、代谢、应激、进化、运动、行为中表现出来的生存发展意识。从人类的发展历程和趋势来看,具有生命的人要不断地适应变化,不断地发展自己、提高自己、完善自己。由此可以看出生命的本质是不断地进行自我更新与发展、不断地提高和完善自己的过程。

人的生命是一个复杂的系统,是由相互联系的要素所组成的一种生物体的特殊存在形式。它具有生物性、精神性和价值性三种存在形态。

生物性的存在。人首先是生物性的存在。生物性是人生命的最基本的特性,这一点是和自然界的广大生物一样,必须要服从生物界的法则和规律,生老病死是每个人都必须经历的,任何一个人都无法逃避。生物性是人的生命的社会性和精神性存在的基础和前提。

精神性的存在。人之所以为人,就在于人有高于动物的意识活动,有超越生物性生命的精神世界。人不但要思考如何活下去,还要思考如何活得更好,会规划自己的人生,创造自己的价值,指导和提升生物性的存在。只要人在世界上存在一天,大脑就不会停止思考,人类要创造、要超越,就会更好地认识世界、改造世界。

价值性生命。每一个人在一生中都要思考诸如"为何活着"的问题,这就是人对于生命意义发自内心的追问,是人对价值生命的一种诉求,追求生命的意义,实现生命的价值。

(二)生命的特征

(1)生命的独特性。每一个生命都是独一无二的,就像世界上没有完全相同的两片树叶一样,世界上也没有完全相同的两个人,即使是同卵双生子(双胞胎)在外表上很难区分,但其个性品质、人生道路、实现人生价值的方式和途径也大不相同。生命的独特性的突出表现在于人类生命最具智慧,人在面对不同的情况时会思考,会有不同的选择,人会根据自身的特点选择不同的行为方式和生活方式,使自己的生命呈现出自己的特色。

(2)生命的不可逆性。一个人的生命从胚胎开始,就经历着生长、发育、成熟、死亡的过程,这个过程不可逆转,只能依照这样的进程来发展。对于每一个人来说,人的生命只有一次,人的生命不可以重新来过。正是由于生命的这种特性,人们才更加地关注、呵护和珍爱自己的生命。

(3)生命的有限性。对于个体而言,生命是非常短暂的,随着时间的推移,生命在不停地进行新陈代谢,直到生命的结束。正是由于生命如此的短暂,所以人们才越发珍惜生命,努力思考、努力奋斗、创造更多的价值,使自己的人生更有意义。

(4)生命的超越性。生命的超越性源于生命的有限性。正是由于生命的有限性才激发了人类进行不断的追求和超越。许多哲学家都把超越性看作是人的生命的本质。由于人对自身生命存在状况的不断反思才形成了人对自身的一次次超越。这种超越性决定了人生活在现实世界之中,又不满足于现实世界。

(三)理解生命的意义

关于生命的意义,许多心理学家进行过探讨,最著名也是最重要的生命意义理论是由奥地利意义疗法创始人维克多·弗兰克尔提出的。他确信人类需要生命意义,并且具有追寻意义的动机,会不断去发现其生命的意义与目的。每个人对生命意义的理解都不同。维克多·弗兰克尔认为"生命的意义既不能模仿也不能引进,它只能由每个人在各自不同的存在环境中寻找和发现。"他提出了对生命意义的看法:

(1)人性观。他认为人以身体、心理和精神这三种层次存在,而以精神层次为最高。

(2)自由。人虽然要受到生物、心理和社会上各种条件的限制,但面对这些限制,人却有自由选择的权利。

(3)责任。人除了要实现个人生命的独特意义外,还要为社会、人性、全人类和自己负责。

(4)自我超越。人的特征是追求意义,而不是只追求自己。

【知识窗】

每一个生命都值得好好守护

每个生命都来之不易!一个胎儿的形成要经历极其复杂的过程。胎儿形成于受精卵,而受精卵的形成十分不易。男子一次射出的精子有千万甚至上亿个,精子的寿命大概是3天,而女性每个月只是产生一个卵子,而且卵子的生命大概只有24个小时。这千万甚至上亿个精子中只有一个精子能与卵子相遇,精子要经历千难万阻才能与卵子相遇,它们相遇的时间很短,形成受精卵。受精卵要经历一周左右的时间进入子宫,精子与卵子的相遇可以说是天文学的概率。受精卵进入子宫,形成胎儿,胎儿要在子宫内10个月后才能出生。而胎儿在子宫内的这10个月期间,也会经历各种各样的情况。可谓是历尽千辛万苦才来到世上。所以每个生命都来之不易,都值得好好守护!

二、死亡及意义

(一)理解死亡

出生是每一个人人生旅程的起点,死亡是每一个人人生旅程的终点。但是这个死亡终点,并不是人生的目的,人活着并不是为了走向死亡。也正是因为有了死亡,才有了对生命的思考;因为有了终结,才凸显出过程的重要;因为死亡的必然性,才显得生命的可贵。所以死亡对这个世界具有不可忽视的价值。

(二)正确判断和对待死亡

死亡是生命的终结,人人都无法回避,但我们要有正确的生死观。对死亡,我们应有正确的价值判断。生老病死、意外死亡无法抗拒,无须做更多的评论。而极端利益者无视他人生命,其结果是危害人类、危害社会,是畸形、变态的生死观。见义勇为者在关键时刻,置自己的生死于不顾,去维护他人、社会的利益,而这一行为在主体看来往往是自己精神上享受到了最大的幸福与满足,这是一种高尚的生死观。只有对死亡的本质有正确的了解和把握,才能提高生命的质量。

(三)生命的责任意识

人们要正视死亡,由对“死”的思考,为“生”确定方向、意义和价值。

承担和履行生命责任的过程,就是探索生命价值的过程。对自己的生命负责,这是一个人最起码的责任心。只有对自己人生负责的人,才可能对其他人、其他事情负责,才会珍惜生命,热爱生命。

尊重生命、尊重他人,也是心理健康的一个条件。而对生命的漠视,采取极端手段如自杀、杀他等行为,其实就是缺乏一种对自己、对他人生命的尊重和责任感,缺乏对生命的敬畏之心。因此,大学生必须懂得每个人都有拥有自己生命的权利,尊重他人的生命权利才能保证自己生命权利的完整性,要积极寻求人生的意义,让有限的生命体现出无限的价值。

【头脑风暴】

请用几句话来形容你对生命的看法。你觉得人生的意义是什么呢?

____

____

____

____

____

____。

任务二　心理危机的识别

一、何谓心理危机

心理危机这一概念是由美国心理学家普兰首次提出的。他认为,心理危机是当个体面临突然或重大生活事件时所呈现出来的心理失衡状态。如遇到亲人亡故、天灾人祸时,在生理方面、情绪方面、认知方面和行为方面表现出的种种不良状态。

二、心理危机的特点

危机常常是突如其来、出人意料的,具有不可控性。由于大学生的文化水平较高,心理发展水平正好处在自我同一性与角色混乱时期,这是人生中最重要的阶段。在这一时期大学生产生的心理危机的特征既有普遍性,也有特殊性。一般来说,大学生心理危机的特点主要表现在以下几个方面。

1.普遍性

生活中可以说危机无处不在。心理危机是一种正常的生活经历,并非疾病或病理过程。每个人在人生的不同阶段都会经历危机。对于成长中的大学生而言,心理危机的发生率也较高,如出现的人际关系危机、情感危机、成长性危机等。

2.复杂性

大学生心理危机是个体在生活环境、家庭教养、人际关系等各种因素下相互交织的综合反映。引发心理危机的因素是复杂的,可能是经济状况、情感归属、学业期望、人际期待等。危机出现时,症状表现也是复杂的,表现在生理、行为、认知、情绪等各方面。

3.危险与机会并存

对于处在危机中的人来说,危机就意味着危险,其危险在于可导致个体产生严重的身心反应,甚至是严重的病态;同时危机中也蕴藏着机会,危机中常常包含着个体成长的种子和改变的动力。在面对危机时,个体通过自身的努力和寻求他人帮助,积极解决问题,增强应对危机的能力,获得成长,逐步走向成熟。

4.时代性

大学生的心理危机与时代有着高度的相关性。随着我国社会经济的发展和政治体制改革的深入,激烈的竞争和快节奏的生活使大学生们承受了很大的心理压力。如何在新时代的背景下成为一个德才兼备的高技能人才,如何在各种诱惑下保持身心健康和良好的自我约束和控制能力,如何处理新生事物对个体造成的影响等,都烙上了时代的烙印。

三、大学生心理危机的种类

1.成长性危机

成长性危机又称发展性危机,也称内部危机,是指个人在正常成长和发展过程中,对急剧变化或转变所产生的异常反应。埃里克森人生发展阶段理论认为,人的一生是由一系列不同连续发展的阶段组成的,每一个阶段都有其特定的身心发展的课题。当个体从一个发展阶段转向另一个发展阶段时,其原有的能力和行为不足以完成新课题,而新的能力和行为还未建立起来,此时个体常常体会到无序和混乱的状态,就容易产生成长性危机。

2.境遇性危机

境遇性危机又称适应性危机,也称外源性危机,是指由外部原因引起的可见的、个人无法预测和控制的事件引起的危机。此类危机通常是随机的、突发的、强烈的和有灾害性的。如天灾人祸、交通事故、亲友亡故、婚姻破裂等。

3.存在性危机

存在性危机是指人生中的一些重要事件出现问题而导致个人内心的冲突和焦虑。通常是关于人生目的、人生责任和未来发展等内部压力的冲突和焦虑。

4.病理性危机

由于某些心理障碍或心理疾病可能导致心理危机的产生,比如抑郁、焦虑、紧张等,这是由神经症导致的心理危机的发生,也有些是由行为异常引发危机,如品行障碍或违纪犯罪等。

四、大学生心理危机产生的原因

当大学生不能用通常解决问题的方法来应对所面临的危机事件时就会产生心理危机。应对心理危机的方式和结果受个体的人格特征、个体对事件的认知和解释、社会支持系统、以前的应对危机的经历、个人的健康状况、干预危机的信息获得渠道和可信程度、个人适应能力、所处环境等因素的影响。

1.个体的人格特征

心理危机受个体人格特征的影响,容易陷入危机的个体在人格上有一定特异性,通常这类的个体看问题比较表面和过于消极,做事瞻前顾后、犹豫不决;情绪情感不稳定,缺乏自信;解决问题的能力较差,过于依赖他人;行为易冲动,缺乏理性等。

2.个体对事件的认知和解释

个体对某一事件的认知和主观感受在个体应对危机的方式上和应对危机的结果中起着重要的作用,对事件的不同认知会产生不同的心理反应。如果大学生对事件的知觉是客观的、合理的,有利于抓住事件的本质,采取适当的应对方式;如果大学生的认知习惯失当,在面临外来刺激时,出现心理危机的可能性就会大大增加。因此,对事件的认知和解释是心理危机事件的核心因素。

【案例故事】

一直想自杀的女孩

某高职院校大一女孩,一天哭着来到心理咨询室,哭诉自己已经在好长一段时间内总有不想活的念头,故意断绝和朋友同学的联系,故意惹父母生气,让所有人对她产生厌恶。曾经尝试过多种方式自杀,比如吞食多根铅笔芯,准备安眠药(因是处方药,一次不能买到太多),吞食一瓶速效救心丸等。当问及她为什么想自杀时,她的回答是“我的存在就是给别人增加负担。”因为上初中时体检发现她心脏有一些问题,做过一次心脏手术。手术以后她就有了不想活的念头,认为自己活着就是父母的负担,她死了以后父母可以再生个健康的孩子,所以经常惹父母生气,目的就是等她死后,父母不会太伤心。上大学以后,交了一个男朋友,对她特别体贴照顾,班级同学都很羡慕她。她和男友相处两个月后,毅然决然地跟男友分手,目的是让班级同学讨厌她,让男友恨她。这样她死了以后,认识她的人也不会太难过。

分析:该生存在着不合理的认知,认为自己的存在是父母和他人的负担。尤其是在做完心脏手术后,要服用一些药物和营养品,一方面她觉得这会给父母造成很大的经济负担;另一方面她对自己的病情也不甚了解,因为父母从来不跟她谈她的病情,她认为自己的心脏病可能很严重,终究会死亡。咨询师通过与其父母的沟通了解到该生的心脏问题不是很严重,所以家长没有跟孩子太多地提及,怕孩子担心。在咨询过程中咨询师经过多次咨询也不能打消该生自杀的念头,于是对该生进行了一次催眠治疗,让该生想象自己因为意外而死亡了,在意外发生的过程中她想到了什么,看到了什么。经过这次咨询该生认识到自己的死亡不会给父母和男友减轻负担,只会让他们更伤心。而且意识到自己也不愿意离开他们。

3.社会支持系统

人的本质是社会化的,人是生活在一定的社会联系和社会关系中的。社会支持系统是大学生应对大量压力的重要的心理资源,它包括家人、朋友、同学、老师、恋人等。如果这些资源丰富,当大学生面对危机时,可以有效地应对;如果这些资源缺乏,大学生在面对压力时可能会变得脆弱,无法有效应对危机。

4.应对机制

在日常生活中,人们运用各种方法和手段去应对焦虑,减少紧张,并逐步形成了应对压力的模式。那些被大学生运用的、有效的应对策略会成为大学生解决日常生活压力的一部分而纳入到他们的认知模式中,并逐渐成为大学生解决压力的一套有效的应对机制。但是如果大学生没有形成恰当的、有效的应对机制,当遇到压力时,就会产生持续的紧张感和压力感,从而危机也会随之而来。

5.个人的适应能力

大学阶段大学生生理发育基本成熟,但部分心理发展相对滞后。在进入大学之前,他们生理上为成熟高峰,但心理上还没有摆脱童稚的“孩子气”,他们的成长离不开家长的呵护,独立性差。而进入大学后,凡事要自己动手,此时,需要他们照顾自己的吃穿住行,处理和改善自己的人际关系。尤其是上大学以后,由于缺少了父母和老师的监督和约束,很大一部分学生或沉迷于网络;或深陷爱情的漩涡等困扰而产生苦闷、惆怅、失望、悔恨与愤怒等情绪,给身心带来严重影响。

五、心理危机的表现

当个体面对危机时会产生一系列身心反应，一般危机反应会维持6~8周。危机反应主要表现在生理上、情绪上、认知上和行为上。

1.生理方面

呈现胃肠不适、腹泻、食欲下降、头痛、疲乏、失眠、做噩梦、容易受惊吓、感觉呼吸困难、哽塞感、肌肉紧张等现象。其中，较常见的特征是周期性或持续性的颤抖，长期心烦意乱或心不在焉，极端不安和精神恍惚、精神错乱。

2.情绪方面

出现害怕、焦虑、恐惧、怀疑、不信任、沮丧、抑郁、悲伤、易怒、绝望、无助、麻木、否认、孤独、紧张、不安、烦躁、自责、过分敏感或警觉、无法放松等状况。在这方面常见的特征是极度悲伤、痛心、绝望。在这种情况下的个体在认知上会表现得很无助，会认为面对如此的情景，无论采用什么方法和手段都是没用的，无论谁也无法摆脱这种情况。

3.认知方面

常出现注意力不集中、缺乏自信、无法做决定、健忘、效能降低、不能把思想从危机事件上转移等情况。同时个体对危机反应的结果也会进行认知评价。若反应结果对自身有利，则会增强个体的自信和自尊，对自己的评价和环境变化会趋于正性评价，增进自己在未来生活中减少应激的信心；若结果不利，则会出现对自己和环境均趋于负性评价，降低了自信和自尊，降低个体在环境中克服困难的动机。

4.行为方面

呈现社交退缩、害怕见人、逃避、暴饮暴食、容易自责或怪罪他人、不易信任他人等情况，还有一部分人有假装适应的反应。假装适应是所有心理危机反应中最敏感的，是指一些人表面上好像很成功地驾驭了创伤和压力，但事实上故作轻松。假装适应的反应是一种由抑制、自我克制等综合构成的相当脆弱的防御方法。假装适应的人很少主动寻求帮助。还有些人由于突发事件引起的危机反应会对他人进行攻击，他们总觉得能够发泄满腔的怒火和重新获得自尊的唯一途径就是毁灭那个他们认为伤害了自己的人；另一些人则是自我毁灭式的，例如疯狂地驾驶、酗酒；还有些人虽然对事件的不确定感到很难受，处理问题的能力受到了限制，但他不会坐以待毙，他也想获得别人的帮助，寻求摆脱困境的方法，只不过常常采用一些不当的方式来处理问题。

任务三　珍爱生命

一、大学生心理危机的预防和干预

（一）大学生心理危机的发展过程

一般来说，心理危机的发生会经历以下四个阶段：

（1）冲击期。在危机事件发生当时或不久，个体感到震惊、恐慌、不知所措。

（2）防御期。这个时期，表现为想恢复心理上的平衡，控制焦虑和情绪紊乱，恢复受到损伤的认知功能,但又不知如何去做,出现否认、合理化等心理防御反应。

(3)解决期。这个时期,个体积极采取各种方法接受现实,寻求各种资源,想方设法解决问题,从而减轻焦虑、增强自信,恢复正常的社会功能。

(4)成长期。在经历了危机事件后,个体变得更加成熟,学会了应对危机的技巧;也有一部分人因消极应对而产生种种心理问题和不健康的行为。

(二)大学生心理危机的干预方法

1.构建大学生心理危机干预体系

目前我国各个院校正在逐步建立心理危机干预体系,建立心理危机干预中心、建立心理健康状况普查和排查机制、健全心理危机预防和快速反应机制、建立心理危机转介诊疗机制,加强学校、家庭、社会协同育人机制建设。

作为学校层面,应建立相应的心理危机干预中心,完善心理危机干预的运行机制,利用各种传播途径营造健康的社会和校园文化氛围,积极构建大学生心理危机干预体系。

(1)营造积极健康的社会和校园文化氛围。利用各种传播媒介宣扬积极健康的文化和价值观,避免色情、暴力等不良思想对大学生的影响,形成良好的社会文化氛围,这是一种社会责任。同时要注意校园文化对大学生的影响,大学校园是大学生生活和学习的主要场所,应不断加强校园文化建设,开展丰富多彩的文体活动,丰富大学生的课余文化生活,使大学生在活动中发挥专长,增强自信,培养奋发向上、积极进取的精神;开展各种学术活动,形成深厚的校园学术风气,抵御不良思想对大学生的侵害。

(2)建立大学生心理危机干预中心。成立由学校党委书记和校长担任组长的心理危机干预工作领导小组,全面统筹学校心理健康教育资源,构建校内各部门统筹协调机制,研究制定学生心理健康教育工作规划和相关制度。及时为危机事件当事人和所涉及的学生提供心理危机援助,并做好心理危机的后续跟踪工作,帮助当事人解决心理危机,恢复社会心理功能。

(3)做好心理健康状况普查和排查工作,建立大学生心理健康档案。通过心理健康状况普查工作,密切关注大学生的心理健康发展状况并建立大学生心理健康档案,对心理危机的高危人群及时进行评估、诊断和预警,建立预警干预学生档案库,并定期追踪观察,积极做好心理问题高危人群的预防和干预工作,特别注意防止因严重心理障碍引发自杀或伤害他人事件的发生,做到心理问题及早发现、及时预防、有效干预。

(4)建立大学生心理危机四级预警机制。健全学校、院系(部)、班级、宿舍"四级"预警防控体系。完善学生心理信息定期上报制度和校园危机事件即时报告制度,建立从学生骨干、辅导员(班主任)到院系(部)、学校的快速危机反应机制,同时做好心理危机学生的跟踪服务。

(5)通过各种教育手段和形式提高大学生心理危机的应对能力。向大学生宣传和普及心理健康知识,帮助学生树立心理健康意识;传授心理调适的方法和技巧,帮助大学生学会自我心理调适,有效消除心理困惑,培养坚韧不拔的意志品质,提高应对挫折能力;通过咨询、团体辅导等形式帮助学生了解心理异常的表现及形成的原因,以科学的态度对待各种心理问题;养成良好的学习习惯,积极开发自身潜能,培养创新精神和实践能力。

2.积极掌握并运用自我支持技术

处于危机中的个体要学会积极掌握并运用自我支持技术,从自身的角度出发来解决危

机,调整情绪状态,使自身的功能恢复到危机前的水平。可通过以下几方面来进行调整:

(1)正确看待危机事件。要对危机事件有正确的认知,要认识到危机是客观存在的。同时也要认识到危机中隐藏着危险,同时也蕴藏着机会,危险和机会是辩证的,有时可以相互转化。个体处于危险中,可以激发人的潜能,使人变得更加坚强、勇敢和富有能力。

(2)培养积极乐观的心态。危机的出现会使人们产生极度的紧张和焦虑,这种内在的感受不仅不能帮助解决危机,还会使个体无法做出正确的判断和决策。处于危机中的个体要有意识地培养积极乐观的心态,乐观地看待自己身边的事物,同时能够悦纳自己,相信自己能够有效地应对所发生的一切。

(3)积极寻求社会支持。社会支持系统是应对危机的有效途径。社会支持是指个体与社会各方面,包括父母、朋友、同学、伙伴等以及家庭、学校和班级等组织,通过支持性行为所构成的人际交往系统。除此之外,还可以向外界和其他的心理咨询机构求助。社会支持不仅包括物质上的帮助,还包括情感上的支持和精神上的慰藉。

(4)勇于面对现实。通常在危机的前期,人们会采取积极的态度和行动来应对危机,利用一切可以利用的资源避免危机带来的伤害。但到了危机的中后期,尤其是个体积极的应对策略失败时,个体就会感到无计可施甚至感到绝望,此时就会采取消极退缩的策略来应对危机,不敢面对现实,甚至歪曲事实,以逃避危机带来的消极影响。

(三)大学生自杀的预防

自杀是心理危机的极端表现。目前我国大学生的自杀率有逐年上升的趋势,大学生已经成为自杀的高危人群。近些年来发现,自杀的现象已经向中小学生群体蔓延。学生自杀给社会、学校和家庭所带来的损失都是无法估量的。

1.自杀的概念

自杀是指个体在复杂的心理活动作用下,蓄意或自愿采取各种手段结束自己生命的行为。自杀作为一种复杂的社会现象,学者们对其分类有不同的看法。

19 世纪末,法国社会学家涂尔干认为,自杀并不是一种简单的个人行为,而是对正在解体的社会的反应。由于社会的动乱和衰退造成了社会、文化的不稳定状态,破坏了对个体非常重要的社会支持和交往,因而削弱了生存的能力、信心和意志,导致自杀率明显增高;希普尔和希姆鲍里克(Hippie & Cimbolic,1979)把自杀行为定义为一个人有清楚意图要以某种方式结束自己的生命(非意外事件),并成功地达到目的;德克海姆将自杀定义为受害人以直接或间接的积极或消极行动来达到他预期死亡结果的一切情形。

2.自杀的过程

自杀不是突然发生的,它有一个发展的过程。日本学者长冈利贞指出,自杀过程一般经历:产生自杀意念→下决心自杀→行为出现变化+思考自杀的方式→选择自杀的地点与时间→采取自杀行为。对于不同年龄、不同个性、不同情境下的人,自杀过程有长有短。

我国学者一般把自杀过程分为三个阶段:

(1)自杀动机或自杀意念形成阶段。表现为遇到难以解决的问题,想逃避现实,为解脱自己而准备把自杀当作解决问题的手段。

(2)矛盾冲突阶段。产生了自杀意念后,由于求生的本能会使打算自杀的人陷入生与死的矛盾冲突之中,从而表现出谈论自杀、暗示自杀等直接或间接表现自杀企图的信号。

(3)自杀行为选择阶段。从矛盾冲突中解脱出来,自杀意志坚定,情绪逐渐恢复,表现出异常平静,考虑自杀方式,做自杀准备。如买绳子,搜集安眠药等。等待时机一到,即采取结束生命的行为。

3.大学生自杀的原因

大学生自杀受到环境变化、就业压力、情感受挫、人际关系差和家庭压力等多方面的影响。

(1)环境变化,适应不良。很多大学生进入大学以前会认为大学生活是自由自在、无忧无虑的,但进入大学以后发现大学生活并非如自己所想的那么美好。尤其是有些学习基础较差的学生考入大学后,由于没有良好的学习方法和学习习惯而心情压抑,不能很快地适应大学的学习、生活环境,不能适应角色的变化,不能快速地融入大学生活而导致自杀悲剧的发生。

(2)竞争加剧,就业压力大。当今社会生活节奏加快,社会竞争加剧,就业压力加大,而很大一部分大学生自身定位不准,感到无助、迷茫而缺乏安全感;甚至有部分大学生不知道自己喜欢什么,想从事什么职业,能够从事什么职业;有的学生害怕走出校园,不愿意出去找工作等。

(3)缺乏交往技巧,情感受挫。大学生情感受挫,易做出过激行为。由于部分大学生不善于处理室友关系、同学关系、恋人关系、师生关系等,在人际交往过程中易出现矛盾冲突,产生矛盾又不知该如何解决,缺乏解决人际冲突的方法和技巧,致使一部分大学生出现情感挫折而闷在心里,无处倾诉。

(4)家庭压力。家是个体最早接触的生活环境,家庭生活中的各种压力成为大学生自杀的重要原因之一。家庭的压力包括家庭的氛围、父母的寄托、家庭的经济状况等。良好的家庭氛围会给孩子提供一个美好的生活环境,孩子能感受到家庭的温暖,拥有乐观积极的态度对待人生;相反,父母关系不和,父母离异或父母早亡,会给孩子带来不可磨灭的心理阴影,当这些孩子在大学生活中遇到困难时,更容易走向极端。父母对孩子的期望过高,也会给孩子造成极大的压力,一旦父母的期望没有达到,孩子就会产生内疚感或负罪感,感到自己没用而产生自杀的念头。家庭的经济状况也是造成大学生压力的重要因素之一,繁重的经济压力和物质上的攀比也会使大学生在同学面前产生自卑心理,使学生产生心理上的失衡,从而导致极端事件的发生。

4.大学生自杀的预防

(1)自杀者的心理特征。想自杀的人共同的心理特征是孤独,认为谁也理解不了自己,谁也帮助不了自己,在这个世界上唯有自己最不幸、最痛苦。因此,想以死来解脱困境。但实际上,想自杀的人心情很矛盾,想死的同时也渴望获得帮助。

1)矛盾心态。死亡对自杀者来说是既可怕又有吸引力的事。现实生活中许多有形无形的困难可以在死亡的幻想中得以解决和满足。但死亡毕竟是可怕的,自杀者一方面想解脱,一方面又向他人求助。

2)偏差认知。企图自杀者的知觉常因情绪影响而变得歪曲。表现为“绝对化”或“概括化”或两者交替。绝对化是指对任何事物怀有认为其必定如此的信念。比如“我做任何事都注定失败”“周围的人肯定不喜欢我”。“概括化”指以偏概全、以一概十的不合理思维方式,常常使人过分关注某项困难而忽略了除死之外的其他解决方法。比如“我考试作弊,我爸爸一定不会饶恕我,永远不再爱我”“我有缺陷,别人都瞧不起我”,从而自暴自弃,自责自怨,自伤自毁。

3)冲动行为。青少年的自杀意念常常在很短的时间内形成,因情绪激动而导致冲动行为,一想到死马上就采取行动。他们对自己面临的危机状态缺乏冷静的分析和理智的思考,往往认定没办法了,只有死路一条,思想变得极其狭隘。

4)关系失调。自杀者大多性格内向、孤僻、自我中心,难以与他人建立正常的人际关系。当缺乏家庭的温暖和爱护,缺乏朋友师长的支持与鼓励时,常常感到无助,最后变得越来越孤独,进入自我封闭的小圈子,失去自我价值感。

5)死亡概念模糊。企图自杀的青少年对死亡的概念比较模糊,部分甚至认为死是可逆的、暂时的。因此对自杀的后果没有充分估计。

【知识窗】

一般自杀者具有的个性心理特征

第一,对社会特别是周围人群抱有敌意。

第二,犹豫不决,优柔寡断,缺乏决断能力。

第三,认识范围狭窄。常常采用非此即彼,或者是以偏概全的一种思维方式来分析处理问题。遇到挫折或者是困难的时候,过高地估计困难,而过低地估计了自己的能力或者是应对困难和挫折的方法。

第四,社会交往比较少,从思想和感情上把自己和社会隔离起来,封闭起来,不愿意寻求社会支持帮助。

第五,行为具有冲动性,具有不可控制性。

第六,情绪不稳,神经质。

资料来源:妙手医生 https://www.miaoshou.net/voice/394117.html

(2)自杀前的征兆。想自杀的人可能会在自杀前数天、数星期或数月有以下的症状:

1)表示自己一事无成、没有希望或感到绝望;

2)感到极度挫败、羞耻或内疚;

3)曾经写出或说出想自杀的念头;

4)谈及“死亡”“离开”及在不寻常情况下说“再见”;

5)将至爱的物品送走;

6)避开朋友或亲人,不想和人沟通或希望独处;

7)性格行为突然改变;

8)做出一些失去理性或怪异的行为;

9)情绪反复不定,由沮丧或低落变得异常平静或开心。

(3)自杀的预防措施和方法。通过对自杀者的心理分析和自杀前的表现,我们可以发现大学生的一些异常表现。如果社会、学校和家庭能够及时发现,及早与学生进行沟通交流,及时进行干预,可以有效防止自杀事件的发生。

1)社会层面。开展对生命价值的正确引导。通过媒体宣传提醒公众尊重生命、珍爱生命。使公众认识到生命具有不可逆性,自杀不仅给家庭带来不幸和沉重的精神负担,也会给社会带来极大的不安定。而自杀未遂给自身带来极大的损伤,同时也使家庭和社会遭受重大的损失。

2)学校层面。应在大学生中开展生命教育和死亡教育,帮助学生正确认识生命,理解死亡的重要意义。通过生命教育使学生认识到生命的意义,创造生命的价值,以积极的心态应对生活,学会热爱生命,珍爱生命本体的存在价值,倡导对生命的敬畏,珍爱自己也珍爱他人的生命。教育大学生学会对自己的生命负责,对家庭和社会负责,也对他人的生命负责。同时也要开展死亡教育,使学生认识到有生就有死,树立正确的死亡观,帮助学生在价值层面关注死亡,引导学生积极思考如何在有限的生命期限内实现自己生命价值的最大化。

3)家庭层面。家是一个人生命的滋养地,对个人的成长起着非常重要的作用。家长要与孩子加强沟通交流,及时关注孩子的心理和行为变化,与孩子建立良好的亲子沟通模式。特别是当孩子遇到困难和挫折时,家长要多给予支持和鼓励,帮助孩子走出困境,树立信心。

4)个人层面。个人的心理危机是一个逐渐积累的过程,每个人都要不断地进行自我反思,才能不断地自我成长。每一个大学生都应该积极关注自我的心理状态,一旦发现有自杀念头萌生时,就要主动求助;要树立积极乐观的人生态度,以积极的心态面对挫折与失败;遇到困难挫折以积极的方式解决问题,要学会积极运用自身资源和社会资源,主动寻求社会支持,想方设法化解危机。

二、加强生命意识教育

(一)生命意识教育的含义及内容

1.生命意识的含义

生命意识是指每一个现存的生命个体对自己生命的自觉认识,其中包括生存意识、安全意识和死亡意识等。生命意识是人的基础性意识,人生的基础和前提是生命;没有良好的生命意识,就很难建构起健康积极的人生观。

2.生命意识教育的含义

生命意识教育是指从个体出生到死亡的整个过程中,通过有目的、有计划、有组织地进行生存意义熏陶、生存能力培养、生命价值提升,最终使其生命质量充分展现的活动过程。

生命意识教育的宗旨就是使每个人能够珍惜生命、注重生命的质量,突显生命的价值。生命意识教育既是一切教育的前提,也是教育的最高追求。通过生命教育,使个体树立正确的生命观,尊重和珍爱自己与他人的生命,敬畏生命,以积极的态度主动维护生命权利、提升生命质量。

3.生命意识教育的内容

(1)培养同情、怜悯之心。这里的同情、怜悯,首先是对人的同情、怜悯。同情、怜悯不是理性判断,而是一种自然流露的情感态度和情感体验。这种同情、怜悯来源于对生命的关爱,由推己及人、推己及物而来。没有同情、怜悯的社会,是冷漠无情的社会;具有同情、怜悯的社会,是温馨友善的社会。

(2)培养积极的人生态度。应当通过生命意识教育,让人意识到、体悟到人生的有限、渺小、短暂,有着海德格尔所说的死亡的悬临,从而培养起向死而生的精神、态度。海德格尔认为,死是生的不可或缺的组成部分。人们知道每个人的死亡是确定可知的,却将自己的死亡推迟到今后的某一天,于是就掩盖了“死亡随时随刻都是可能的”这一性质。生命意识教育应当让人清醒地意识到死亡的悬临。只有这样,人们才能清醒地意识到生命的有限性,从而使人从容面对死亡,更加珍视生命、热爱生命、执着生活,坦然面对各种苦难,积极有为,让生命闪光，显示出生命的高贵，做到如泰戈尔所说的“生如夏花之绚烂，死如秋叶之静美”。

（3）提升人生境界。因为清醒地意识到人生的不足、生命的不完满，所以人们才会不断地与这种不足、不完满作斗争，追求更理想、更美好的人生，实现自身价值。冯友兰、张世英都很重视人生的境界。冯友兰提出的四个境界，从低到高分别是：自然境界、功利境界、道德境界、天地境界。张世英把人的生活境界分为四个层次，即欲求境界、求知境界、道德境界和审美境界。二人的提法大体一致。境界说的基础，是人的生命存在；没有人的生命存在，也就谈不上生命发展，谈不上精神提升。一方面，境界说承认人的各种为了生存、为了生命发展而来的欲求的合理性，同时又不满足这种基本的存在状况，而是努力超越，努力提升，从生命的有限达到精神的自由；另一方面，境界说的深刻之处，就在于承认人的有限性、物质性，同时，也要求超越有限性、物质性，追求更高的存在方式。

资料来源：王文革，袁一宁.《美育：生命意识的教育》.北京教育，2018.

中国教育新闻网：http://www.jyb.cn/zcg/xwy/wzxw/201804/t20180409_1044613.html

（二）大学生生命意识教育缺乏的表现

生命意识教育是大学教育不可或缺的一部分。但近些年来大学生伤害他人和自我伤害，甚至是自杀事件屡见不鲜，并有逐年上升的趋势，这些都是大学生对于生命意识缺失的表现。

1.暴虐生命

暴虐生命是指行为人对他人或自己的身体实施暴力的行为。一方面表现为对他人生命的漠视。近些年来，大学生伤害他人、虐待动物、自我伤害的事件时有发生，众所周知的刘海洋伤熊事件、复旦大学张亮的虐猫事件、云南大学马加爵杀害同学事件、复旦大学林森浩投毒案、南京航空大学因口角捅死室友、南昌航空大学宿舍腐尸案、江苏科技大学张家港校区命案……这些事件在一定程度上表明了当前大学生对生命的漠视。另一方面表现为大学生对自己生命进行伤害。一部分大学生因与他人发生矛盾，无法排解心中的愤怒，或因自身原因无法找到合适的解决方法而进行自我虐待。学校中存在的各种施暴事件在一定程度上表明了大学生对自己生命和他人生命的不珍惜，甚至有些学生出现了人格扭曲，采取一些极端的方式结束生命，这反映了当前大学生对于生命意义的迷失。

2.否定生命

否定生命是指个体以极端的方式放弃生命的存在。当前，大学生自杀事件时有发生，已成为社会广泛关注的问题。大学生自杀往往都有一些所谓的理由，但仔细分析，这些理由是不是就能构成自杀的充分条件呢？其实也不尽然。大学生的自杀反映的是对自己生命的根本否定，当目的达不成时，个体不是想办法解决问题，而是采用结束生命的方式摆脱困境。这也表明了大学生缺乏生命的责任感，凡事以自我为中心，较少考虑他人的感受和需求，强调个人利益，而忽视社会责任。

3.游戏生命

游戏生命是指大学生找不到生命的意义，虚度年华、精神荒废和对生命不负责任的现象。当前大学生沉迷于网络游戏、迟到早退、旷课逃学、人在课堂心在外、挂科降级等现象频频发生，学习缺乏动力，找不到生活的意义，精神世界空虚，情感世界荒芜，对自己的能力和价值存在质疑，意识不到生命的意义是奉献他人、贡献社会。

(三)大学生生命意识缺乏的原因

大学生生命意识缺乏的原因比较复杂,既有社会环境因素,也有学校因素、家庭因素和个体因素。

1.社会环境因素

大学生生命意识的缺乏在一定程度上受到社会各种因素的影响。一方面社会竞争日益激烈,而大学生的身心发育尚未完全成熟,能力正在形成和发展的时期。但就业竞争压力加大、人际关系的复杂及冷漠、快速变化的生活节奏,使得一部分大学生在社会生活中产生迷茫、沮丧的心理,缺乏安全感和归属感。当遇到困境时,个体感觉自己无力解决问题,易出现自杀念头。另一方面是不良文化的影响。随着文化多元化的发展,文化环境日益复杂,特别是网络媒体对暴力事件的传播。一些报刊、影视、网络等传媒对自杀行为的细致描述,对悲观厌世情绪的过度渲染等,都在一定程度上影响着缺乏辨别能力的青少年。特别是网络上传播的暴力、色情和自杀等信息很容易对大学生产生暗示作用,强化他们的自杀意念和行为,影响大学生健康生命观的形成。

2.学校教育因素

学校的生命意识教育形式单一,教育内容不系统,影响着大学生的生命观。受传统教育方式的影响,教育片面追求知识和技能,而缺乏引导学生对生命价值和生命意义的深入思考。教育过多地关注升学率、考试分数等,给学生造成了巨大的精神压力,使得很多人生活在紧张和恐惧之中,他们体会不到生命的乐趣、生活的幸福与快乐。而大学中的生命意识教育也仅仅是以某一门课程为载体,如思想道德修养与法律基础或心理健康教育课程进行理论的讲解,课时量极少且缺乏系统的教育内容。而教师和学生也忽视了对生命意义和价值的教育,使一部分大学生不能认识到生命存在的价值,认为生命的存在没有意义。

3.家庭教育的缺失

家庭是孩子成长的摇篮,家庭养育方式对孩子的成长和发展有着重要的影响。精神分析理论认为,在家庭中父母与孩子之间的关系最为密切,在幼年时期受到的家庭教育、家庭环境的影响直接关系到孩子的心理状态,尤其是早期的心理创伤,如父母早亡或离异,父母关爱少,受父母虐待等,对其以后的世界观、人生观、生命观的发展会带来十分不利的影响。事实证明,家庭关系和谐的大学生,大多生活态度积极乐观,遇到挫折通常会积极面对,一般不会采取过激行为。同时家庭教育的目标是帮助孩子实现自我价值,认识到生命的真正意义;而有些父母对孩子期望过高,将自己的理想、希望寄托在孩子的身上,更多地关注孩子的成绩,而较少关注孩子的情感和主观的幸福感。当孩子感觉自己的表现没有达到父母的期望时,就会感到自己没用,愧对父母。当这种思维无法自我调整时,可能就会走上绝路。

4.个体内在的不和谐

个体内在的不和谐主要表现在承受挫折的能力差,情绪的稳定性差,对生命价值缺乏积极的认知等。大学生在生活中会遇到各种各样的问题,面临着各种学习和生活的压力,比如适应能力差,人际关系处理不当,对未来感到迷茫等。有些挫折承受能力弱的大学生在面对困境时往往手足无措,感到无能为力。而大学生阶段正是人一生中情绪最丰富、情感最复杂的时期,当遇到困难时,有部分学生常常缺乏冷静的思考,情绪易激动,往往会做出一些过激的行为。而这些过激行为常常会酿成许多不良的后果,这也在一定程度上表明大学生对生命价值认识模糊，找不到生活的意义，缺乏对人生价值的积极认知。

（四）大学生生命意识教育的意义

1.有助于维护大学生的心理健康

心理健康是大学生生命健康的重要组成部分，它既是其身体健康的基本保证，也是其智力发展与成才的必要条件。实践也证明，重视生命意识教育，大学生的快乐指数和心理健康的水平就有明显的提高与改善，无论是防止大学生自杀自残，还是减轻大学生的心理压力，都具有显著的作用与成效。只有大力加强生命教育，才能更有效、更持久地维护大学生心理健康，保证大学生健康成长，顺利成才，走向成功。

2.有助于大学生把握生命的真谛

生命意识教育就其本质而言，是世界观、价值观尤其是人生观教育内容的拓展、细化与深化，所以生命意识教育有助于大学生把握生命的真谛。也就是说，通过生命意识教育，能够使大学生懂得生命既是自我的，更是社会的。透过纷繁复杂的生命现象，把握生命的本质，从而更加珍惜生命、热爱生命、呵护生命，进一步提升生命、丰富生命、拓展生命。生命意识教育就其意义来说是直面人的生命。为了人生命质量的提高而进行的社会活动，是以人为本的社会中最体现生命关怀的一种事业。所以，生命意识教育要遵循“以人为本”的教育理念，在关注社会文明的同时，更要引导大学生追求生命的完善，寻求生命存在的意义。

3.有助于大学生实现人生价值

生命意识教育的意义就在于使大学生确立正确的生命价值观，既要使大学生健康成长，又要使他们完美成才，更要使他们能够超越生命走向成功，以获得生命存在的最大意义与价值，从而使大学生能够坚定地去建功立业，为国家、为社会、为他人，也为自我创造生命的价值。由此而言，生命意识教育能够指引大学生成才的方向，能够提供大学生成才与成功不可或缺的精神支柱和动力。大学生确立了正确的生命价值观，就能够更加珍惜大学时期宝贵的时光，刻苦学习，努力掌握精深的知识，以丰富生命的底蕴；能够积极地加强自我修养，努力培养高尚的道德品格，提升生命的境界；能够积极地投身于社会实践，不断提高多方面的才能，拓展生命的内涵，努力使自己成为社会需要的优秀人才，把有限的生命投入无限的人生事业中，从而实现人生价值。

4.有助于维护校园稳定、构建和谐校园

和谐社会提倡以人为本。人最有价值的东西就是生命，只有对生命尊重，才能对社会尊重。在“以人为本”的社会中，教育是服务于社会的一项充满生命关怀的伟大事业。强化生命意识教育既能使大学生的身心更加和谐，又能让学生和学生之间更加和谐，校园更加稳定，这些无不彰显出生命意识教育在建设和谐校园中的重要意义。因此，开展生命意识教育应成为维护校园稳定和构建和谐校园的一项重要内容。

资料来源：郭茂华.《大学生心理健康教育》.清华大学出版社，2015.

（五）大学生生命意识教育的途径

生命意识教育是一种终身教育，贯穿于人的整个一生，蔓延于生活的各个方面。生命意识教育必须由学校、家庭、社会和个人等多方合力共同推动开展。生命意识教育可以从以下几个方面开展。

1.营造热爱生命、敬畏生命的社会环境

人类社会应该是一个以人为中心,始终把人的发展放在第一位的社会,应该为人的生命价值的实现提供广阔的发展空间。因此,培养和提高现代人的生命意识,需要全社会都来关注人的存在和人的生命,形成热爱生命、尊重生命、敬畏生命的社会氛围。

2.更新教育理念、增设生命意识教育内容

生命意识教育的内容应该是丰富多彩的,能够使大学生对生命有全面的认识。将生命意识教育融入到思想道德修养课程、大学生心理健康课程及实践活动中,进行体验式教学,使学生感悟生命的价值,培养大学生珍爱生命和维护生命的意识、人文关怀和社会关怀的精神,提高自我保护意识和能力,学会尊重和保护自己和他人的生命。同时也要对大学生进行挫折教育。人的一生不可能一帆风顺,总会或多或少遇到一些挫折和困境,适当的挫折可以磨炼大学生的意志,使他们具备承受一定苦难的能力。

3.营造温馨和谐的家庭氛围

家庭是学生成长和人格塑造的第一场所,家庭生活中的点点滴滴都蕴涵着丰富的生命教育的因子。温馨、和谐、充满爱的家庭氛围能让学生体验到爱和幸福。家长要积极和学生沟通交流,关注他们的情绪变化,倾听他们的声音。同时,父母之间要互相尊重,互敬互爱,为孩子营造安全、稳定的家庭氛围。当孩子遭遇挫折和困难的时候,父母要鼓励孩子积极地面对困难和挑战,并与孩子一起去面对困难,分享面对困难的体会和经验。

4.培养积极乐观的心态

积极乐观的心态是战胜一切困难的基础和前提。积极心态是指个体对待自身、他人或事物时所具有的积极、正向、稳定的心理倾向,是一种良性的、建设性的心理准备状态。积极的心态是由“正面”的特征所组成,包括信心、诚实、希望、乐观、勇气、进取、慷慨、容忍、机智、诚恳与丰富的常识等。在面对生活压力与挫折时,积极的心态会使人进取、有为,激发人的潜能,有助于个体更快地适应环境,有利于人际关系和谐,有利于提升幸福感,感受生活的美好,有利于提升情绪管理能力,有利于生理和心理健康,有利于发展目标的实现。

拿破仑·希尔说,有些人似乎天生就会运用积极心态作为成功的原动力,而另一些人则必须学习才会使用这种动力。积极心态是人人可以学到的,也是可以培养的。一个人要具备积极心态,需要通过长期的练习和有意识的培养。

北京航空航天大学马喜亭教授提出10种培养积极心态的方法:

(1)理性认知,乐观面对现实;

(2)学有主见,改变被动习惯;

(3)强化责任感,对自己负责;

(4)做充分准备,等待时机到来;

(5)不要找借口,积极大胆尝试;

(6)主动地展示,不断锻炼自己;

(7)发现他人优势,与人和谐相处;

(8)树立“三信”(信念、信心、信任),表达“三感”(感恩、感激、感谢);

(9)管理情绪,保持理性平和;

(10)主动寻求咨询,协助自己成长。

扫一扫,看视频
《积极心态的培养》

【说一说,写一写】

努力而幸福地生活

放松身心,以积极正向的心态开始新的一天,这样的生活状态是我们每个人都在努力追求的,也可以视为幸福生活的表现。然而,大多数目标难以企及,很多人并不知道如何努力而幸福地生活,其实选择权就在你自己手中。

请在安静放松的环境中认真思考并回答以下问题:

(1)我拥有什么?

____

____

____

(2)我应该对什么心存感激?

____

____

____

(3)我怎样才能充满活力?

____

____

____

任务四 公共卫生事件——新型冠状病毒肺炎的认知与防护

一、何谓公共卫生事件

公共卫生事件,是指已经发生或者可能发生的、对公众健康造成或者可能造成重大损失的事件。主要包括传染病疫情、群体性不明原因疾病、食品安全和职业危害、动物疫情,以及其他严重影响公众健康和生命安全的事件。2019 年末 2020 年初爆发的新型冠状病毒肺炎疫情无疑是公共卫生事件。

二、了解新型冠状病毒

(一)什么是新型冠状病毒

新型冠状病毒(2019-nCoV),是一种新发现的冠状病毒。冠状病毒是一类 RNA 病毒的总称,遗传物质为 RNA。在电子显微镜下,病毒边缘上的突起看上去就像皇冠一样,所以称其为“冠状病毒”。迄今为止,能够感染人类的冠状病毒共有 7 种,包括此次的新型冠状病毒、2003 年引发“非典”的 SARS 病毒、引起中东呼吸综合征的 MERS-CoV,以及导致流感的 HCoV-229E、HCoV-OC43、HCoV-NL63、HCoV-HKU1。

(二)病毒的传播途径

病毒通过接触口腔、鼻腔、眼睛等暴露在空气中的黏膜进入人体,主要通过飞沫传播和接触传播。

(1)飞沫传播。感染新型冠状病毒的患者,在咳嗽和打喷嚏的时候,会释放出携带新型冠状病毒的飞沫,比较轻的飞沫会持续地飘荡在空气中,当其他人吸入带有病毒的飞沫时,就会感染病毒。

(2)接触传播。释放的病毒也会附着在物体的表面,当其他人与感染者直接接触或共用物品时,我们的手接触到物体(例如电梯)表面的病毒,再摸嘴巴、抠鼻子、揉眼睛,就会发生感染。

【小贴士】

面对新冠肺炎我们有哪些心理活动?

在新冠肺炎期间,数字不断攀升、各种信息冲击时,出现紧张焦虑属于正常。只有紧张焦虑的感受,才能促使我们积极地想办法应对。有部分人可能过于紧张焦虑,即紧张担心不符合实际情况。如不在疫区也不敢出门,并反复擦拭身边物件,甚至出现强迫的情况,或进食、睡眠困难,影响个体及家庭生活。这时自己很难调整,如焦虑持续一段时间后需要积极寻求心理帮助,早日使自己痛苦的状况缓解,走出没有积极意义的状态。

资料来源:http://www.pkuh6.cn/Html/News/VideoArticles/264.html

三、公共卫生事件下的应激反应

面对突如其来的灾难,大家瞬间丧失了大量资源,失去了对生活的掌控感和安全感,身心都会发生一系列变化。这些变化通常就是“应激”的表现。应激指的是当一个生命体所面对的事件(比如新冠疫情)打破了自己的平衡和承受能力,或超越了自己的应对能力时,所产生的一种应对反应模式。压力不仅会给我们带来心理上的困扰,它同样会影响我们的生理状况。

面对灾难时,出现一系列应激反应也是正常的,情绪上可能出现焦虑、多疑、恐慌不安、愤怒、悲伤、抑郁、自责、无助,还有部分人盲目乐观等;认知上个体会否认事件的发生,对亲人的感染或去世感到自责内疚等;行为上表现为过度诊疗、手机依赖、不愿意跟人来往等;生理方面的表现则有失眠、食欲改变、心跳加快等。当然,除了这些非正常情况下的正常反应外,部分人也有可能出现更为严重的心理反应,临床心理把这部分严重者划分为急性应激障碍。

扫一扫,看视频《面对危机,保持积极心态》

应激反应会随着时间的流逝而消失,短时间的应激状态也不会对人产生真正的损害。但仍有一些人群的身心症状是持续加重的,那么此时他们就需要寻求专业科学的帮助和治疗。

四、公共卫生事件下的心理调适

针对上述心理问题,可以通过自我调节和专业的心理指导的方法进行心理调适。

(一)注重自我照顾、增进身心和谐

1.用知识明目养心

疫情发生后,随着对病毒的成功分离、分型,诊断试剂盒的发明、应用,对新型冠状病毒

肺炎已经可以做到科学诊断、科学治疗、科学防控。我们要从官方渠道学习关于新型冠状病毒肺炎的知识,接受客观事实,正确认识疫情对人类的影响。以我国现有的医疗条件,加之经历过"非典"的考验,有党和各级政府的坚强领导,在人民群众强有力的配合下,战胜疫情只是时间问题。我们要学习科学的疾病预防措施,在日常生活中保护自己和家人。目前官方平台、权威机构都在疾病预防方面做了很多宣传,图文并茂,浅显易懂,非常适合公众理解和实践。针对不常接触新媒体的老年人和儿童,也有便于他们理解的动画、视频等。对于已处于隔离阶段的人群,学习疫情的相关知识,有利于把被动隔离转变为主动隔离,提高主动性和依从性,降低恐慌。

2.觉察自己的情绪

与2003年"非典"疫情时一样,随着疫情的蔓延,大众会出现担心、恐惧等情绪,焦躁不安地通过各种渠道查询信息。这是人类应对危机的正常反应,但是很多时候我们并不能意识到自己已经被情绪控制了,有的人压抑、克制情绪,出现了躯体症状(如头痛、胃肠道不适等),有的人甚至因糟糕的心情做出不理智的行为。这时就需要我们学会觉察自己的体验和情绪,明确地告诉自己"我现在很不舒服""我很害怕""我有些烦躁",当情绪被觉察后,它的破坏力就瞬间降低了。发现坏情绪后要正视它、接纳它,并允许它的存在。觉察坏情绪时,我们对好情绪和爱的敏感度也会提升,发自内心地关爱自己,进而爱周围的人,这会帮助我们放下焦虑,更多地沉浸在美好的情绪中。

3.分享自己的体验

充分地倾诉和倾听,不仅可以疏解情绪、缓解焦虑,还可以增进对彼此的了解。很多年轻人平时学习工作繁忙,疏于与父母交流,通过此次疫情向家人、朋友倾诉自己的不良情绪、遇到的困难,反而能够增进与父母的关系。同时,交流和分享体验有利于获得理解,降低"病耻感",并有机会获得更多的心理支持。

4.规律作息、适量运动

良好的睡眠、科学的饮食和适量的运动,不仅有利于铸就健康的体魄,也有助于心理健康,是抵抗病毒感染的基础。而睡眠出问题后会带来更多的焦虑、抑郁情绪,使紧张、恐惧的心理雪上加霜。适度的体育锻炼有利于睡眠,如不能进行户外运动则可以在家做瑜伽、太极、静力练习等。

(二)学习心理技巧、促进情绪稳定

面对疫情所带来的不确定性,个体容易产生心理状态的不稳定并出现一些应激反应,此时应该学习一些心理技巧,稳定情绪并恢复正常的心理状态。

1.认知调整

负性情绪往往源于一些错误观念及非理性的思维方式。在疫情面前,人们尤其容易陷入思维陷阱,如"自我中心",认为自己及家人的潜在安全风险都是由于自己的不慎造成的,从而极度内疚;后果"灾难化",认为一旦沾上病毒便是死路一条;观点绝对,好坏截然分明,并伴随极端化的行为等。正是基于上述思维陷阱,个体便容易产生恐惧、焦虑、绝望等负性情绪。因此,个体在处理因疫情引发的负性情绪时,首先应唤起理性思考,及时识别情绪背后隐藏的思维陷阱。个体在收集正确信息的基础上,可以通过自我提问的方式进行抽丝剥茧,如"我的想法的依据是什么?和客观事实相符吗?""有无其他的可能性?""我的想法的

更深层涵义是什么?"等,从而进行认知调整,消解负性情绪。

2.放松练习

在负性情绪的影响下个体可能产生一些身体反应,如呼吸急促、肌肉发紧、坐立不安等不适,此时通过相应的放松练习不仅可以缓解身体不适,还可以进一步平复负性情绪,以期获得内心的平静。

(1)平缓呼吸法。平缓呼吸法步骤简单,可随时随地进行。从吸气、屏气到呼气均默数5秒,吸气时通过鼻腔缓慢而充分地将空气吸到身体最深处,呼气时则通过鼻腔或口腔缓慢呼出,在此过程中可将手掌置于腹部,感受其起伏变化,待完全呼出气体后可正常呼吸2次。循环上述步骤,每次可练习3~5分钟。

(2)肌肉放松法。肌肉放松法是通过特定的顺序使个体有意识地感受身体主要肌肉群的紧张和放松,从而充分放松自己的身体,缓解生理乃至心理层面的高唤醒水平。在具体操作时,可以采用平躺或端坐的姿势,放松顺序可遵循自上而下,从头到脚,反之亦可。

(3)蝴蝶拍。"蝴蝶拍"是一种常用的通过在躯体层面的自我安抚来寻求并促进心理稳定化的方法。简单地说,就是个体给一个爱自己的拥抱,就像是幼年受惊时父母可以给予我们的一样,从而重新获得安全和稳定。个体可以闭上眼睛或者半合着眼,双臂交叉放在胸前,双手交替摆动,轻拍双肩,就像蝴蝶扇动翅膀一样,同时缓慢深呼吸,体知当时的思绪及身体感受,不作任何评判,如同目送天上飘过的云朵,如此重复,直到恢复平静。

(4)安全岛技术。受疫情的影响,面对各种不断涌现的负性情绪,人们希望可以找到一个"世外桃源"休憩片刻,这时个体便可以通过想象,找到"内在的安全岛"。所谓安全岛,是指在个体的内心深处找到一个绝对惬意舒适的场所,它可以位于世界上的任何一个地方,但最好脱离现实世界而只存在于想象空间。这个场所应该受到很好的保护,拥有明确的边界,并且只有自己一个人才能进入。在这个场所里,个体绝对有能力阻止任何未受邀请的外来物闯入,且不存在任何人际关系上的压力,如果感到孤单,可以随身携带一些友好亲密的物件。总而言之,在这个个体想象的安全岛里,没有任何压力存在,有的只是好的、保护性的、充满爱意的东西。在指导语的帮助下,个体需要通过一定时间的练习,才能找到属于自己的安全岛,逐渐地让安全岛在内心清晰、明确起来。

扫一扫,看视频《如何进行心理调适》

(5)保险箱技术。保险箱技术也是一种通过想象方法来完成的处理负性情绪的技术。其原理是通过有意识地对内心积攒的负性情绪进行"打包封存",从而使自我可以在较短的时间内从这些负性情绪及消极观念中解放出来,"避其锋芒",实现个体正常心理功能的恢复。在保险箱的练习中,个体可以把与负性情绪相关的一切东西锁进一个保险箱,并且由自己掌管钥匙。是否以及何时打开保险箱的决定权都取决于自己,这样个体就可以在做好充分准备的前提下重新触及那些带来负性情绪的压力,并探讨相关的事件。

(6)遥控器技术。安全岛技术是通过转移注意焦点,让自己从负性情绪中暂时解脱出来,从而进入平静愉悦的状态;而保险箱技术则是通过帮助个体暂时封存起负性情绪及与其相关的压力事件,从而能够在特殊的环境下积极面对生活;遥控器技术则要更进一层,既能帮助个体直面现实生活中的压力事件及其所引起的负性情绪,又能使个体直接提取自我的积极记忆及正性情绪,以达到将个体从负性情绪切换到正性情绪的目的。在指导语的帮助下,个体通过练习,可以学习提取、标记并保留记忆中的美好画面,在需要时快速提取,从而唤起内在的积极情绪;亦可以通过一定的技巧面对负性情绪及相关的压力事件,从而掌握调节负性情绪的方法。最后个体可以实现心理切换功能,有如遥控器一般,让自己快速从消极状态调整到积极状态。

在这样一个疫情防控的特殊时期,无论是社会层面还是每一个体,保持理性客观都是非常重要的,对于大多数人来说,建立起自己的健康免疫力十分重要。疫情时期,我们既要抗击病毒,也要战胜恐慌情绪,科学理性防控疫情。了解面对疫情时可能出现的情绪反应,正确评估自己的心理健康状态,学会适当的心理调节方法及调适技术,减少对疫情的恐慌,以平稳的心态积极应对,顺利渡过疫情。

资料来源:陆林,王高强.新型冠状病毒肺炎全民心理健康实例手册.北京大学医学出版社,2020

【小贴士】

怎样消除新冠肺炎期间焦虑紧张心情?

每个人都是自己心理健康的第一责任人,出现心理不适时,首先要自己担负责任,适度的紧张焦虑是积极应对疫情的前提。出现过分的紧张焦虑时,自己要注意调整,具体如下:

(1)识别自己过分的紧张焦虑;

(2)积极调整,关注官方信息,寻找确定性的信息。不要被不确定的、非常夸大的信息吓住。过好自己的生活,关注当下,把自己的生活照顾好;

(3)生活规律、饮食睡眠好、适度运动,可以调整、改善情绪;

(4)做感兴趣的事情,比方养花做饭;

(5)可以自己跟自己倾诉,写日记,描述自己的矛盾冲突、内心感受。

如果上述方法不合适。还有以下方法:

(1)这次疫情有机会跟家里人在一起,可以跟家人交流,表达自己的情绪;可以通过网络、视频、音频跟朋友或其他亲戚沟通交流,有可能倾诉、表达后得到建议;

(2)如果不能缓解,需寻求专业人士的帮助。现在国家对救援已经很有经验,心理救援也发展很快,可以在网上搜索全国各地的心理救援热线。无论是哪个地方、哪类身份,属于普通群众或被隔离群众,甚至疑似、确诊人群,都可以使用上述热线。还有其他很多医疗相关网站,也开通了心理的免费的义诊咨询,可以在线上咨询;

(3)如心理治疗、心理咨询效果不好,有自伤、自杀的行为时,需要用药。此时需要紧急干预,在做好自我防护的基础上到医院精神科及时就诊,尽早缓除疾病的痛苦。

资料来源:http://www.cnkang.com/video/article/B8C074cPml.html

【课堂感悟与收获】

请你用一至两句话写下对本节的感悟与收获:

(1)____

____。

（2）____

____。

课后习题

一、判断题

1.心理危机干预和预防最根本的是教育干预，最重要的便是心理咨询教育、生命教育、死亡教育。（　　）

2 发生危机时，首先要做的是思想教育说服工作。（　　）

3.危机干预的方式主要有：电话热线、咨询门诊、家庭和社会干预、信函和网络、现场干预等。（　　）

4.生命可以一直向上发展，只要努力就不会有力量耗竭的时候。（　　）

5.危机干预是短程和紧急心理治疗，本质上属于支持性心理治疗。（　　）

6.危机干预一般不涉及人格的塑造。（　　）

7.心理危机中的行为表现是大学生为排解和减轻痛苦感而采取的一些防御手段。（　　）

8.生存意味着当有一天我们死亡之后，我们的基因将在死亡之后继续延续，它是某种形式的对死亡的突破。（　　）

9.原始的恐惧可成为我们生命的最强大动力。（　　）

二、多选题

1.生命的特征包括（　　）。

A 生命的有限性　　B 生命的双重性

C 生命的创造性　　D 生命的完整性

2.生命的本质是（　　）。

A 生存　　B 繁衍

C 发展　　D 奋斗

3.心理危机的特点有（　　）。

A 普遍性　　B 复杂性

C 危险与机会并存　　D 时代性

4.一般来说，心理危机的发生会经历（　　）阶段。

A 冲击期　　B 防御期

C 解决期　　D 成长期

5.大学生心理危机四级预警机制包括（　　）。

A 学校　　B 院系（部）

C 班级　　D 宿舍

三、简答题

1.一般自杀者具有的个性心理特征有哪些？

2.处于危机中的个体如何积极掌握并运用自我支持技术？

综合训练

一、心理测试

创伤后应激障碍自评量表(PCL-C)

此量表是专为评价普通人在平时生活中遭遇创伤后的体验而设计的,由17项条目组成,可分为4个因素,分别为:警觉增高反应、回避反应、创伤经历反复重现反应、社会功能缺失反应。

指导语:下表中的问题和症状是人们通常对一些紧张生活经历的反应。请仔细阅读每一条,把意思弄明白,然后根据自己在过去1个月被问题和抱怨打扰的程度打分,分数有5个等级:1—"一点也不";2—"有一点";3—"中度的";4—"相当程度的";5—"极度的"。

序号	题目	一点也不	有一点	中度的	相当程度的	极度的
1	过去的一段压力性事件的经历引起反复发生的令人不安的记忆、想法或形象	1	2	3	4	5
2	过去的一段压力性事件的经历引起反复发生的令人不安的梦境	1	2	3	4	5
3	过去的一段压力性事件的经历仿佛突然间又发生了、又感觉到(好像再次体验)	1	2	3	4	5
4	当有些事情让您想起过去的一段压力性事件的经历时,你会非常局促不安	1	2	3	4	5
5	当有些事情让您想起过去的一段压力性事件的经历时,有身体反应(比如心悸、呼吸困难、出汗)	1	2	3	4	5
6	避免想起或谈论过去的那段压力性事件经历或避免产生与之相关的感觉	1	2	3	4	5
7	避免那些能使您想起那段压力性事件经历的活动和局面	1	2	3	4	5
8	记不起压力性经历的重要内容	1	2	3	4	5
9	对您过去喜欢的活动失去兴趣	1	2	3	4	5
10	感觉与其他人疏远或脱离	1	2	3	4	5

续表

序号	题目	一点也不	有一点	中度的	相当程度的	极度的
11	感觉到感情麻木或不能对与您亲近的人有爱的感觉	1	2	3	4	5
12	感觉好像您的将来由于某种原因将被突然中断	1	2	3	4	5
13	入睡困难或易醒	1	2	3	4	5
14	易怒或怒气爆发	1	2	3	4	5
15	注意力很难集中	1	2	3	4	5
16	处于过度机警或警戒状态	1	2	3	4	5
17	感觉神经质或易受惊	1	2	3	4	5
总计						

评分标准:累计各项的总分(17~85分),分数越高,代表创伤后应激障碍发生的可能性越大。

(1)17~37分:无明显创伤后应激障碍症状;

(2)38~49分:有一定程度的创伤后应激障碍症状;

(3)50~85分:有较明显的创伤后应激障碍症状,可能被诊断为创伤后应激障碍(结果非诊断性,仅供参考)。

二、能力训练

生命的意义

活动目的:

让学生在认知上改变对生命的态度,不要轻易放弃自己的生命;使学生学会规划人生,并能用积极的心态来面对人生,只有这样,才能让自己的人生更加精彩。

活动材料:

朱德庸漫画《跳楼》的flash动画。

网址:https://v.youku.com/v_show/id_XMzQyMTA5NDY4.html

白纸条和便条纸(每人一张),笔(每人一支)。

活动步骤:

1.故事引入

故事概括:一个女孩从10层楼跳下去,看到了每一层楼的人们都有他们各自的困境,看完他们之后,她深深地觉得自己其实过得还不错,在她跳下去之前,她以为她是世上最倒霉的人,现在才知道每个人都有不为人知的困境。

教师指导语:跳下去,多么容易的一个举动。主人公能在跳下去的最后醒悟过来,觉得自己其实过得还不错,原来“家家有本难念的经”,每个人都有自己不为人知的困境。只是,她再也没有给自己一次重新选择的机会。在惋惜这个小女孩生命的同时,需要我们进行更多理性的思考。

2.设计问题,小组讨论

你觉得小女孩解决她的困境了吗?

你观看完这个短片后的感受是什么?

学生分组讨论,归纳想法,派代表发言。

3.游戏:生命有多长

发给每人一张纸。指导语:假如这张纸条的长度是我们每个人的生命从0~100岁,我们来玩个游戏,在白纸上画一条直线,将直线分割好。

根据以下问题对自己的"生命线"进行剪裁。

(1)你现在有多大?(撕掉你年龄前面的线段)

(2)你预想自己活到几岁?(撕掉预想年龄后面的线段)

(3)请问一天24个小时你会如何分配?(请将所剩下的折成三等份)

通常是睡觉8个小时占了1/3;吃饭、休息、聊天、玩游戏、看电视、玩电脑占了1/3;其实真正做有意义的事的时间只剩下24个小时的1/3。

(4)看看你手中所剩下的这部分纸条,请问你有何感想?

(5)过去对你的意义是什么?现在对你的意义是什么?未来对你的意义是什么?请写在便条纸上。

教师指导语:人生留给你真正奋斗的时间已经不多了,目标的选择是人精神的食粮,是人在航海中的方向。

4.生命极有意义

教师指导:每个人的人生都是极其有意义的,你的存在能给身边的人带来快乐,你的存在能为社会做出贡献,你的存在能在世上留下痕迹。

(1)学生分组讨论:

我的存在有哪些意义?

我可以为身边哪些人带来怎样的快乐?

我的存在将为社会带来什么意义?

我希望我的人生将会在世上留下怎样的痕迹?

(2)教师引导学生思考讨论以上问题,轮流发表意见,并把思考的结果写在便条纸上。

(3)鼓励一部分学生分享自己的思考结果,最后把所有同学的便条纸收上来,在教室里做成"生命的意义"专题园地,以便学生参与和激励自己。

【心理书籍推荐】

1.《活出生命的意义》

作者简介:维克多·弗兰克尔(1905~1997),医学博士,维也纳医科大学神经与精神病学教授,担任维也纳神经综合医学院的首席专家长达25年。他创立了"意义治疗法"及"存在主义分析",被称为继弗洛伊德的心理分析、阿德勒的个体心理学之后的维也纳第三心理治疗学派。他拥有哈佛大学、斯坦福大学,达拉斯大学和匹兹堡大学教授职位,并在加利福尼亚州圣迭哥国际大学教授意义疗法。

弗兰克尔共出版了39部作品,并被翻译成34种语言。他的作品《活出生命的意义》销售超过千万册,获选为"美国有影响力的10本图书"之一。

内容简介:著名心理学家弗兰克尔是20世纪的一个奇迹。纳粹时期,作为犹太人,他的全家都被关进了奥斯威辛集中营,父母、妻子、哥哥相继死于毒气室中,只有他和妹妹幸存下来。这段经历让弗兰克尔将自己的经验与学术结合,开创了意义疗法,替人们找到绝处再生的意义,也留下了人性史上最富光辉的见证。

他并不是当年集中营里被编号为119104的待决囚徒,而是让人的可能性得以扩大的圣者。这位历经沧桑的圣者对生命充满了极大的热情,67岁开始学习驾驶飞机,并在几个月后领到驾照。80岁竟然还登上了阿尔卑斯山。

这本书被美国国会图书馆评选为最具影响力的十本著作之一,并入选香港大学必读50本图书。到今天,它被翻译成24种语言,销量已达1200万册。

2.《幸福之路》

作者简介:罗素(1872~1970),20世纪最杰出的哲学家之一,同时又是著名的数学家、散文作家和社会活动家。与后来的绝大多数分析哲学家不同,他对社会和人生的种种问题都极感兴趣,写下了六十多部著作和大量文章,对20世纪的思想文化和社会生活产生了巨大的影响,被人们誉为"世纪的智者"。为了表彰他的"哲学作品对人类道德文化所作出的贡献",1950年,罗素被授予诺贝尔文学奖。

内容简介:《幸福之路》是罗素的一本经典名著,拥有广泛的读者。在这本书里,罗素不依任何高深的学说,而是把一些经由他自己的经验和观察证实过的通情达理的意见归纳起来,制作出一张献给读者的良方,希望无数对生活感到困惑和郁闷的男男女女,能够在此找到医治他们病案的方子,能够在以后凭着适当的努力变得幸福。因此,《幸福之路》浅显易懂,读起来饶有趣味。正如罗素写此书的目的:"希望那些遭受不幸而并未享受幸福的众多男女能够诊断出自己的症状并找出摆脱的方法。"

【心理电影推荐】

1.《刺猬的优雅(*Le hérisson*)》

剧情简介:国会议员一家四口住在巴黎左岸的高级公寓里。议员的小女儿芭洛玛古灵精怪,喜欢透过摄影机洞察世界,是名不满12岁的天才小哲学家。不愿成为鱼缸中命运已被注定的金鱼,芭洛玛策划着一场生日当天的自杀。

公寓女门房荷妮是个肥胖丑陋的54岁寡妇。她小心翼翼地维持着门房粗俗的形象,为自己在密室内筑起一个丰富的精神世界。但是芭洛玛隐约发现了这个秘密,新搬来的日本绅士小津格郎亦觉察到了荷妮不为人知的一面。在小津彬彬有礼的引领下,不仅荷妮逐渐卸下卑微的伪装,芭洛玛亦开始重新审视生活与死亡。本片改编自法国女作家妙莉叶·芭贝里的同名小说。

2.《唐山大地震》

剧情简介:电影《唐山大地震》讲述了一个"23秒、32年"的故事。1976年7月27日夜,唐山地区爆发7.8级强烈地震,房屋倒塌,灾民无数。面对即将坍塌的危楼,丈夫方大强和妻子李元妮都要去救被困的龙凤胎儿女方登、方达。危急时刻,方大强拦住了妻子,冲进去营救时不幸罹难。李元妮在震后发现,一双儿女被困在一块水泥板两端,若要营救,必然牺牲一方。情急之下,她做出了艰难选择——救弟弟。此事成为方登心中难以磨灭的隐痛。后来,她被军人王德清夫妇收养。高考后,方登进入杭州医学院学习,并与研究生师兄杨志产生了感情……方达被救却断了胳膊,李元妮以无私的母爱抚养他成人。成年后的方达去杭州闯荡,娶了媳妇小河,并干出了一番事业。32年后,这家人的命运却因为"5·12"汶川地震再次发生了交叠。

3.《深海长眠》

剧情简介:雷蒙在一次跳海运动中出了意外,全身瘫痪。原本英俊壮健的他要在煎熬中度过余生。他忍受着常人无法理解的痛苦过活了26年,已经无法领会到活着的意义。他一再申请安乐死,却无法获准。他请来律师朱莉娅,这个女人在与雷蒙的相处中慢慢认同了他的观点,她不幸也身患绝症,二人更加惺惺相惜。朱莉娅承诺帮雷蒙出版诗集后,就和他一同赴死。

有一个少妇知道了雷蒙的经历,力劝他不要放弃生命,并深深爱上这个不幸的人。然而,这一切都无法让雷蒙从瘫痪的煎熬中重生过来。他还等着与朱莉娅一起告别这个世界。

课后习题答案

项目一　习题

一、单选题

1.人的生理和心理发展趋于成熟的关键时期是(　　)。

A 初中时期　　B 高中时期　　C 大学时期　　D 成年期

答案:C

2.21 世纪成为人才的首要条件是(　　)。

A 身体健康　　B 心理健康

C 社会适应良好　　D 人际关系良好

答案:B

3.我们常见的嫉妒心理属于(　　)。

A 轻微的心理失调　　B 轻度的心理障碍

C 中度的心理障碍　　D 严重的心理疾病

答案:A

4.大学生常见的社会障碍主要表现为(　　)。

A 情绪障碍　　B 适应不良　　C 人格障碍　　D 精神障碍

答案:C

5.大学生常见的情绪障碍不包括(　　)。

A 焦虑症　　B 抑郁症　　C 疑病症　　D 精神分裂症

答案:D

6.下面说法正确的是(　　)。

A 心理问题是完全能够解决的

B 心理健康就是没有心理疾病

C 心理疾病就像感冒、发烧一样,随时都可能发生

D 心理疾病康复是很快的

答案:C

7.近年来,成为大学校园一大杀手的是(　　)。

A 焦虑症　　B 疑病症　　C 恐怖症　　D 抑郁症

答案:D

8.某生患有一种严重的心理疾病,一旦发病起来,情绪会异常兴奋或低落,或兴奋与低落交替出现。请问该生患有什么心理疾病?(　　)

A 反应性精神病　　B 情感性精神障碍　　C 精神分裂症　　D 人格障碍

答案:B

9.某大一学生小明,经常感觉寝室的门没有上锁,然后回寝室查看,请问该生的表现属于哪种心理障碍?(　　)

A 焦虑症　B 强迫症　C 疑病症　D 偏执症

答案:B

10.皮亚杰认为,智慧的本质就是(　　)。

A 变化　B 适应　C 成长　D 发展

答案:B

二、多选题

1.常用的鉴别心理健康问题的标准包括(　　)。

A 个人经验标准　B 社会文化标准

C 症状检查标准　D 数理统计标准

答案:ABCD

2.大学生常见的情绪障碍包括(　　)。

A 焦虑症　B 强迫症　C 恐怖症　D 精神分裂症

答案:ABC

3.人格障碍包括哪几种类型?(　　)

A 偏执型　B 分裂型　C 冲动型　D 强迫型

答案:ABCD

4.大学生常见的精神病有(　　)。

A 精神分裂症　B 情感性精神障碍　C 反应性精神病　D 人格障碍

答案:ABC

5.进行自我心理保健的基本要求包括(　　)。

A 自我意识良好　B 社会功能良好　C 社会支持良好　D 价值观合理

答案:ABCD

三、简答题

1.大学新生心理适应问题主要有哪些方面?

答案:(1)学习生活环境不适应;

(2)学习紧张和竞争压力造成心理负担过重;

(3)人际关系失调导致社交心理障碍;

(4)理想、目标落空造成内心困惑。

2.大学生常见的心理问题包括哪些方面?

答案:新生不适应、情感问题、人际交往问题、学业问题、职业发展和择业问题。

项目二　习题

一、单选题

1.从内容上看,自我意识可以分为生理自我,心理自我和(　　)。

A 理想自我　B 现实自我　C 社会自我　D 投射自我

答案:C

2.大学生维护心理健康的基本原则和要求是(　　)。

A 健全自我意识　　B 意志坚定　　C 人格健全　　D 自我统合

答案:A

3.青年期大学生自我意识发展的核心问题是(　　)。

A 健全人格　　B 培养意志　　C 自我统合性　　D 情绪稳定

答案:C

4.个体自我意识从发生、发展到相对稳定成熟,需要(　　)。

A 15 年　　B 20 多年　　C 30 多年　　D 40 年

答案:B

5.大学生个体自我意识迅速发展并趋向成熟的关键时期是(　　)。

A 少年期　　B 青年期　　C 成年期　　D 中年期

答案:B

6.自我意识是个体意识发展的(　　)。

A 初级阶段　　B 中级阶段　　C 高级阶段　　D 最终阶段

答案:C

7.当代大学生一般处于(　　)。

A 青年初期　　B 青年中期　　C 少年期　　D 青年晚期

答案:B

8.根据埃里克森的人格发展八阶段理论,当代大学生目前的主要解决的任务是(　　)。

A 自我统一性　　B 克服自卑感　　C 获得自我完美感　　D 获得信任感

答案:A

9.当代大学生追求卓越人生、追求自我实现必须面对的终生课题是(　　)。

A 健全自我意识　　B 健全人格

C 培养坚定的一致　　D 调控自己的情绪

答案:A

10.“认识你自己”是由(　　)提出来的。

A 苏格拉底　　B 亚里士多德　　C 马斯洛　　D 罗洛梅

答案:A

二、多选题

1.从结构形式上看,自我意识可以分为(　　)。

A 自我认识　　B 心理自我　　C 自我体验　　D 自我调控

答案:ACD

2.大学生自我认识方面的主要特点是(　　)。

A 广度和深度发展迅速　　B 自觉性增强

C 自我评价能力提高　　D 主动性增强

答案:ABCD

3.从自我体验的形式看,大学生的自我体验表现是以下几个方面的特点?(　　)

A 丰富性　　B 敏感性　　C 波动性　　D 深刻性

答案:ABCD

4.从自我体验的内容看,大学生的自我体验的特点包括(　　)。

A 自尊心强　B 好胜心强　C 孤独感强　D 成就感强

答案:ABC

5.大学生自我意识发展存在的主要问题包括(　　)。

A 现实自我与理想自我矛盾突出　B 过分依赖

C 自卑过强　D 过度沉溺于自我反省

答案:ABCD

三、简答题

1.什么是自我意识?

答案:自我意识是一个人对自己的认识和评价,包括对自己心理倾向、个性心理特征和心理过程的认识与评价,正是因为人具有自我意识,人对自己的思想和行为才能进行自我控制和调节,从而完善自己。

2.如何完善自我?

答案:(1)正确地认识自我;

(2)积极地悦纳自我;

(3)不断地超越自我。

项目三　习题

一、单选题

1.俗话说的“江山易改,禀性难移”表明了人格的(　　)。

A 独特性　B 稳定性　C 功能性　D 复杂性

答案: B

2.将性格分为内倾性和外倾性的提出者是(　　)。

A 荣格　B 斯普兰格　C 威特金　D 弗洛姆

答案:A

3.本我遵循(　　)。

A 现实原则　B 快乐原则　C 道德原则　D 法治原则

答案:B

4.自我受(　　)支配。

A 本能冲动　B 社会现实　C 道德良心　D 社会法治

答案:B

5.热情,有能力,适应性强,但情绪多变,做事缺乏持久性的气质类型是(　　)。

A 多血质　B 胆汁质　C 黏液质　D 抑郁质

答案:A

二、多选题

1.人格包括(　　)。

A 个性心理特征　B 动机　C 个性心理倾向性　D 性格

答案:AC

2.弗洛伊德的人格结构包括(　　)。

A 自我　　B 本我　　C 超我　　D 无我

答案:ABC

3.希波克拉底提出的体液说将气质类型分为(　　)。

A 多血质　　B 胆汁质　　C 黏液质　　D 抑郁质

答案:ABCD

4.性格的特征包括(　　)。

A 态度特征　　B 意志特征　　C 情绪特征　　D 理智特征

答案:ABCD

5.按创造性成分,可把能力分为(　　)。

A 模仿能力　　B 再造能力　　C 创造能力　　D 晶体能力

答案:ABC

三、简答题

1. 简述奥尔波特的健康人格观。

答案:奥尔波特认为具有健康人格的人是成熟的人。成熟的人有七条标准:(1)专注于某些活动,在这些活动中是一个真正的参与者;(2)对父母、朋友等具有显示爱的能力;(3)有安全感;(4)能够客观地看待世界;(5)能够胜任自己所承担的工作;(6)客观地认识自己;(7)有坚定的价值观和道德心。

2. 简述健康人格的培养方法。

答案:(1)优化人格整合;

(2)多读书;

(3)积极参加实践活动;

(4)适度交往。

项目四　习题

一、单选题

1.(　　)是人际交往的前提。

A 动机　　B 认知　　C 情感　　D 态度

答案: B

2.(　　)是人际交往的第一原则。

A 平等原则　　B 尊重原则　　C 诚信原则　　D 互利原则

答案:A

3.(　　)是指由于一些客观条件的限制和认识上的偏差,认为自己在某个方面或某几个方面都不如别人,从而产生轻视自己、失去信心、畏缩的一种情绪体验。

A 习得性无助　　B 妒忌　　C 自卑　　D 害羞

答案:C

4.根据心理学 (　　)是在人际交往中所产生的心理定势作用,在与陌生人交往中,大学生要注意给人留下良好的第一印象。

A 晕轮效应　B 首因效应

C 马太效应　D 标签效应

答案:B

5.(　　)是一种最简单、最直接表示对他人友好的一种方式。

A 微笑　B 打招呼　C 点头　D 鞠躬

答案:A

6.在人际距离中,(　　)属于亲密区。

A 0.5 米以内　B 0.5~1.2 米　C 1.2~3.7 米　D 3.7 米以上

答案:A

7.言语交往,首先应学会(　　)。

A 表达　B 沟通　C 倾听　D 尊重

答案:C

8.衡量人际关系好坏的主要指标是交往双方的(　　)。

A 交往次数　B 心理距离　C 行为表现　D 互惠程度

答案:B

9.心理健康在社会交往中可表现为(　　)。

A 经常与素不相识的人十分热情地交谈,表现为十分兴奋的状态

B 对同事、好友无缘无故地表现为冷漠、漠不关心

C 有自己喜欢与不喜欢的人

D 接触异性时经常表现为紧张的情绪

答案:C

10.有的学生希望通过交往与别人建立和谐的关系,得到别人接纳,其想要满足的人际需要是(　　)。

A 情感的人际需要　B 控制的人际需要

C 包容的人际需要　D 利用的人际需要

答案:C

二、多选题

1.人际关系按照其形成基础可以分为(　　)。

A 血缘关系　B 地缘关系　C 业缘关系　D 网缘

答案:ABCD

2.人际交往的心理功能包括(　　)。

A 信息沟通功能　B 心理保健功能

C 自我完善功能　D 心理调节功能

答案:ABC

3.大学生人际交往的特点有(　　)。

A 交往愿望强烈　B 交往对象单一

C 感情色彩浓厚　D 交往理想化

答案:ABCD

4.大学生人际交往的原则有(　　)。

A 平等原则　　B 尊重原则

C 宽容原则　　D 诚信原则

答案:ABCD

5.大学生克服人际交往中的自卑感,应做到(　　)。

A 要客观地进行自我分析　　B 要进行积极的自我暗示、自我鼓励

C 要积极与他人交往　　D 善于转移注意力

答案:ABC

6.大学生克服人际交往嫉妒感,应做到(　　)。

A 正确看待别人的长处和能力　　B 善于调整目标

C 保持良好的心态　　D 善于转移注意力

答案:ABCD

三、案例分析

案例一

南昌大学某女生,学习成绩在班级一直名列前茅。但她内心自卑,看不起自己。在大众场合不敢发言,跟别人交流时总不能恰当地表达自己的想法,尤其是跟老师或陌生人谈话,总觉得十分局促,举手投足不知如何是好,并且脸红得很厉害。很羡慕别的同学在公共场合能够从容不迫,侃侃而谈。强烈希望改变自己,虽然做过很大的努力,但一直得不到明显改善,内心非常苦恼。从高中到大学很少与异性同学交往,别人评价她是个冷漠、孤傲的人。从小养成了以自我为中心的习惯,因此,在成长和交往的过程中,朋友越来越少,慢慢地脱离了群体,把自己封闭起来。后来开始反省自己,自责,觉得都是自己的错。时间一长,发现自己好像已经没有脾气了。不管跟谁发生矛盾,都以为是自己的错,然后深深自责,或者把怨气都闷在心里。总觉得难以与周围的同学建立一种和谐的关系。非常担心毕业后不能适应社会生活。近来更是觉得自己一无是处,极度自卑,没有勇气参加任何活动。

答案:该女生所遇到的心理问题,是由其社会适应挫折所引发的人际性压力。首先,她直接感受到的心理压力来自缺乏和谐的人际关系,而且经历了两种极端的方式,先是过分地以自我为中心,把自我与群体、社会隔离开来,后又过于以他人为中心,事事自责,迷失和忽略了自我。其次,根本原因,是由于该女生个性中人际沟通能力的缺乏,从而在现实生活中迫切感受到社会适应性压力。再次,从她自身的成长经历,能够清楚地意识到由于人际冲突所导致的自我封闭,是个性形成的主要原因。因而,她有意识地开放自己,但突兀的开放环境,必然在一段时间内给她带来更为巨大的人际性压力,如果应对或自我评价不当,很有可能给该女生带来某种程度上的心理问题。最后,当她面临迫切的人际压力时,一开始采取的是比较积极的应对方式,但由于对于个性和能力的培养过程缺乏科学认识,过于急功近利,在受挫后,极易滑向消极的应对方式,从而错误地自我评价,使心理问题不断趋于严重化。

案例二

某女生C,在家是独生女,漂亮聪明,学习优秀,堂、表兄弟姐妹中数她最出色,父母爷

姥万千宠爱,家庭经济条件好,很早就有自己独立的卧室。到学校后,四人一间宿舍,感到委屈和不适应,经常抱怨寝室同学,还要娇小姐脾气,支使别人干这干那,好像是理所当然的。这样,其他三位同学开始逐渐疏远她,她感到十分孤单,却又不知道别人为什么远离她。

答案:比起中学生,大学生的人际交往更为复杂,更为广泛,独立性更强,也更具社会性。个体开始独立地步入准社会群体的交际圈。大学生们开始尝试独立的人际交往,并试图发展这方面的能力。而且,交往能力越来越成为大学生心目中衡量个人能力的一项重要标准。然而,并不是每个大学生都能处理好人际关系的。在这一过程中,有相当数量的人会产生各种问题。认知、情绪及人格因素,都影响着人际关系的建立。良好人际关系的建立,关键是要学会本着平等、尊重、真诚、宽容、谦逊的原则,在积极的人际交往实践中提高自己。

项目五　习题

一、单选题

1.(　　)是由于被某事物的某种特性所吸引,而产生对该事物单纯的好感。

A 爱情　　B 好感　　C 喜欢　　D 嫉妒

答案:C

2.奥地利精神分析学家弗洛伊德提出的人类性心理的发展,其中的性器期是在哪个年龄段?(　　)

A 0~1.5 岁　　B 1.5~3 岁　　C 3~5 岁　　D 5~12 岁

答案:C

3.(　　)儿童开始注意男女差别,产生性的好奇心,主要是对外生殖器的注意,超我迅速发展。

A 口欲期　　B 肛欲期　　C 性器期　　D 潜伏期

答案:B

4.(　　)性的能量重新涌现出来,男女均从与异性的接触中寻求乐趣。

A 生殖期　　B 肛欲期　　C 性器期　　D 潜伏期

答案:A

5.美国心理学家(　　)认为,从性意识的萌芽到爱情的产生和发展,大致分为四个阶段,即疏远异性的性否定期、向往年长异性的牛犊恋期、积极接近异性的狂热期和浪漫的恋爱期。

A 斯腾伯格　　B 赫洛克　　C 霍尔　　D 霍妮

答案:B

6.爱情是由性欲、情感、(　　)和义务四个要素构成。

A 信仰　　B 理想　　C 激情　　D 承诺

答案:B

7.(　　)提出了爱情三角理论。

A 斯腾伯格　　B 赫洛克　　C 霍尔　　D 霍妮

答案:A

8.(　　)是恋爱最为积极的目的和结果。

A 爱情　　B 性　　C 情感交流　　D 婚姻

答案:A

9.(　　)是爱情中的动机成分。

A 激情　　B 承诺　　C 亲密

答案:A

10.真正的爱情有着自主性、互爱性、排他性、(　　)四个特征。

A 狂热性　　B 持久性　　C 自然性　　D 本能性

答案:B

二、多选题

1.斯腾柏格的爱情三元论包括哪三种成分?(　　)

A 动机成分　　B 意志成分

C 认知成分　　D 情绪成分

答案:ACD

2.爱情的形式包括哪些?(　　)

A 浪漫式的爱情　　B 现实式的爱情　　C 伴侣式的爱情

D 游戏式的爱情　　E 奉献式的爱情　　F 占有式的爱情

答案:ABCDEF

3.爱情与喜欢的区别主要表现在哪几个方面?(　　)

A 依恋　　B 利他　　C 自我中心　　D 亲密

答案:ABCD

4.我国心理学者一般将青春期性心理的发展分为以下三阶段,即(　　)。

A 异性疏远期　　B 异性接近期

C 异性狂热期　　D 异性恋爱期

答案:ABD

5.一般来说,大学生恋爱双方从相识到确立恋爱关系,大致经历(　　)阶段。

A 择偶期　　B 初恋期　　C 恋爱期　　D 苦恋期

答案:ABCD

6.大学生的爱情具有(　　)的特点。

A 择偶标准的理性化　　B 恋爱的自我中心化

C 恋爱态度的轻率化　　D 性观念变化的显性化

答案:ABCD

三、简答题

1.大学生的恋爱观具有哪些特点?

答案:(1)注重恋爱对象的品德;(2)恋爱行为逐步公开化;(3)恋爱低龄化;(4)恋爱态度趋于轻率;(5)恋爱结果不谈婚姻;(6)性观念的显著变化;(7)能够宽容对待失恋;(8)恋爱目的的功利性;(9)新的恋爱方式的产生。

2. 健康的性心理的标准包括哪些方面？

答案：(1)能认同并接纳自己的性别；(2)与同龄人的性心理发展水平相当；(3)具有正常的性欲望；(4)具有良好的性适应能力；(5)性行为符合社会道德规范。

项目六 习题

一、单选题

1.考试焦虑主要属于(　　)方面的问题。

A 情绪　　B 气质　　C 性格　　D 行为

答案：A

2.易受外界的影响而出现情绪波动，或极度高兴，或伤心流泪，这一情绪表现叫(　　)。

A 焦虑　　B 恐惧　　C 情感脆弱　　D 情绪低落

答案：C

3.人们遭遇不良情绪时，正确的处理方式为(　　)。

A 喝酒　　B 吃大量的东西　　C 压抑负性的情绪　　D 和朋友倾诉

答案：D

4.(　　)是指一种缺乏明显客观原因的内心不安或无根据的恐惧，或者预期即将面临不良处境的一种紧张情绪。

A 恐惧　　B 焦虑　　C 嫉妒　　D 自卑

答案：B

5.大学生情绪的影响因素不包括(　　)。

A 心理因素　　B 环境因素　　C 动机因素　　D 认知因素

答案：A

6.(　　)是指人在情绪、情感、意志、承受挫折等方面的品质。

A 智商　　B 情商　　C 德商　　D 逆商

答案：B

7.考试焦虑主要属于(　　)方面的问题。

A 情绪　　B 气质　　C 性格　　D 行为

答案：A

8.大学生想要管理自己的情绪，需要做到的是(　　)。

A 培养和发展正当需要　　B 毫不理会不良情绪

C 不与人交流　　D 只需满足物质需要

答案：A

9.你认为“大学综合症”(即大一学生产生的空虚，焦虑，失眠等症状)，下列不是其产生的诱因的是(　　)。

A 理想与现实的落差　　B 对新环境的适应能力弱

C 优势地位的丧失　　D 生活过度挥霍而产生的罪恶感

答案：D

10.有些人遭受一些失败后，就会认为自己“一无是处、毫无价值”，这是属于(　　)。

A 糟糕至极的结果　　B 过分概括的评价

C 绝对化的要求　　D 对自己正确的认识

答案:B

二、多选题

1.愤怒包含着什么样的力量?(　　)

A 疗愈　　B 自尊　　C 自重　　D 渴望

正确答案是:BC

2.情绪包含了哪些功能?(　　)

A 适应与进化功能　　B 社会交际功能

C 唤醒和动机功能　　D 认知功能

正确答案是:ABCD

3.依据 ABC 理论,我们不难发现人的不合理观念常常具有以下哪些特征?(　　)

A 绝对化的要求　　B 糟糕至极的结果

C 随遇而安的态度　　D 过分概括的评价

正确答案是:ABD

4.以恐惧为例,当你看到一条蛇,你的情绪反应会有哪些?(　　)

A 没有反应　　B 有恐惧的表情

C 体验到恐惧　　D 生理上产生相应的变化

正确答案是:BCD

5.在研究关注自我和关注更宏大的目标,不合理的观念会与哪些因素有关?(　　)

A 学术成功　　B 职场压力

C 个人关系　　D 幸福

正确答案是:ABCD

项目七　习题

一、单选题

1.下列说法错误的是(　　)。

A 挫折情境越严重,挫折反应就越强烈

B 主体主观上对严重的挫折情境其认知和评价并不严重,其反应就会较轻微

C 并不严重的挫折情境不会引起强烈的情绪反应

D 挫折具有两面性

答案:C

2.挫折-攻击理论是(　　)提出的。

A 勒温　　B 沙利文　　C 罗杰斯　　D 多拉德

答案:D

3.个体需要若得不到满足,就会出现紧张、焦虑等心理状态,从而失去心理平衡,产生失败的情绪体验,即挫折感。这一理论称为(　　)。

A 挫折攻击理论　　B 社会文化理论

C 需要-紧张理论　　D 挫折与攻击行为关系理论

答案:C

4.挫折 ABC 理论中的 B 是指(　　)。

A 认识和信念　　B 诱发性事件

C 情绪反应和行为结果　　D 情境

答案:A

5.(　　)提出,人的攻击行为归结为人的死亡本能,认为人生下来就具有潜在的一股破坏性力量,而其攻击行为的后果是不受意志的约束。

A 艾里斯　　B 荣格　　C 弗洛伊德　　D 阿德勒

答案:C

6.大学生喜欢在公共的场合以各种方式表现自己,期望赢得周围人,尤其是老师和异性的赞许,但若身边的"对手"很强大,大学生很容易受挫。这种挫折是由(　　)引起的。

A 动机冲突　　B 角色转换不适应

C 自由与自律的冲突　　D 自尊与自卑的冲突

答案:D

7.下列陈述不能增强挫折承受力的是(　　)。

A 避免类似情境　　B 总结经验教训

C 调节抱负水平　　D 建立和谐的人际关系

答案:A

8.《水浒》说"林冲听说自己的内人被人欺辱,本想狠狠地打那人,但是调戏他内人的是当今高太尉之子,便不敢下手,于是将一肚子气统统发往家具什物,打碎家具,掀翻桌椅。"这种行为属于(　　)。

A 逃避　　B 固着　　C 退化　　D 转向攻击

答案:D

9.有些人,在很紧张的时候,总会把手指放到嘴里,或者啃指甲,这种反应被称为(　　)。

A 逃避　　B 退化　　C 固着　　D 幻想

答案:B

10.许多同学感到周围缺少真情,缺少亲朋好友,就到网上寻求网友聊天。这种现象说明这些学生主要遇到(　　)。

A 人际交往挫折　　B 情感挫折　　C 人生发展挫折　　D 学业挫折

答案:A

二、多选题

1.挫折一般包括三方面定义,分别是(　　)。

A 挫折情境　　B 挫折情感　　C 挫折认知　　D 挫折反应

答案:ACD

2.引起大学生挫折的原因有哪些?(　　)

A 生理因素　　B 经济负担的压力

C 改革开放和市场经济大潮的冲击　　D 突发事件

答案:ABCD

3.下列选项属于大学生常见的挫折反应的是(　　)。

A 冷漠　　B 焦虑　　C 攻击　　D 幻想

答案:ABCD

4.挫折产生的内部因素有哪些?(　　)

A 人格因素　　B 家庭因素　　C 生物因素　　D 智力因素

答案:ACD

5.大学生中容易导致挫折的心理冲突包括(　　)。

A 强烈的交往需要和孤独感的冲突　　B 期望与现实的冲突

C 自由与自律的冲突　　D 独立与依赖的冲突

答案:ABCD

6.大学生挫折的社会支持来自哪些方面?(　　)

A 接受心理咨询　　B 注重培养"幸福品质"

C 加强个体积极的心理指导　　D 创设挫折情境,锻炼意志

答案:ABCD

三、简答题

1.大学生常见的心理挫折有哪些?

参考答案:

(1)与学业有关:经过由高中向大学阶段的转变,大学生心理上一下子难以适应大学的学习方法、内容和过程。如有的大学生对所学专业不感兴趣;由于专业基础薄弱而学习吃力;自己感兴趣的课,老师讲得乏味;作弊被抓,或别人要看自己的答案;听了一场题目很好但内容糟糕的讲座;考试失败、升学竞争等。因而,他们感到自己能力差,觉得没前途,产生挫折感。

(2)与自我意识有关的挫折:进入高校后,大学生开始从社会性方面意识到自己的存在,并从社会方面认识和评价自己,体验和调控自己。但毕竟大学生的心理尚未成熟,自我意识还在不断发展变化之中,社会成熟度仍有待提高,因而会出现这样那样的偏差、缺陷。他们生活阅历较浅,社会经验较缺乏,对社会、对他人、对自我的认知还不够全面和深刻,真的需要独自处理实际问题时,往往犹豫不决、束手无策,对问题的认识容易偏激,走极端,思想方法也较片面、主观,喜好幻想。如进入大学感到自豪,但学习上一点小挫折就自卑,或某方面不如别人而自信心发生动摇,或自我感觉良好,一旦接触社会即发现自己很一般,自卑感油然而生。

(3)与人际交往有关的挫折:人际交往受挫是由于大学生在心理发展过程中,心理活动具有某种含蓄、内隐的特点。他们既不愿把自己的想法轻易告诉别人,又希望别人能够了解自己,能真诚、坦率地对待自己;希望找到知心朋友,但又难找到知心朋友。这种特殊的心理矛盾,使一些大学生交往面狭窄,缺乏主动性,与同学之间不易吐露真情、交换思想。以自我为中心,只关心自己的利益和兴趣,忽视他人的处境和利益。如因好友过生日未被邀请而失落,与好友闹翻,与朋友观点冲突,与老师出现矛盾,受人挖苦嘲笑,寄出贺卡收回却很少等自然产生孤独感。

（4）恋爱、性有关的挫折：大学生的性意识处于觉醒和发展阶段，他们都强烈希望与异性接触，但大学生的人生观还处在变化之中，与异性的交往缺乏正确的认识，有时就会陷入异性交往的误区。如自己不爱的人爱上自己，或自己爱上有恋人的人；恋人吵架、遭遇异性纠缠、当自己的爱情表示不被别人接受或失恋时，自尊心受到伤害，陷入不能自拔的境地，导致精神不振，难以逾越这道精神障碍而感受到挫折。

（5）与就业有关的挫折：随着新旧体制的变革，特别是高校毕业生分配制度的改革，大学生有了更大的择业自主权，大学生完全可以根据自己的意愿选择理想的职业和单位。但大学毕业生人数逐年增多，人才市场竞争日趋激烈，不少大学生在择业过程中当主观愿望与客观实际、理想与现实发生脱节时，便惊慌失措，产生种种心理障碍，陷入长时间不良情绪的困扰而不能自拔，有的甚至走入极端，造成严重后果。

2.怎样克服挫折感？

答案：生活中挫折无处不在，逆境无时不有，但挫折感会让人丧失信心和勇气，所以面对挫折，我们要学会积极应对。

（1）遇到挫折时要冷静分析，从客观、主观、目标、环境、条件等方面找出受挫的原因、采取有效的补救措施。

（2）确立合适的目标，在实现目标的过程中及时调整自己的目标。要考虑自己的优势，确立适合于自己的奋斗目标，全身心投入工作之中。如果在实施过程中，发现目标不切实际，前进受阻，则须及时调整目标，以便继续前进。著名剧作家曹禺年轻时一心想当医生，三次投考北京医学院都名落孙山，随后他转向搞戏剧，终于取得了巨大成功。

（3）要善于化压力为动力。适当的压力能够有效地调动机体的积极因素。要有一个辩证的挫折观、经常保持自信和乐观的态度。挫折和教训使我们变得聪明和成熟，正是失败本身才最终造就了成功。

项目八　习题

一、单选题

1.儿童因为有改正错误的行为表现，家长便取消了限制儿童看电视的禁令，这种能提高反应概率的刺激是（　　）。

A 正强化　　B 负强化　　C 正弱化　　D 负弱化

答案：B

2.学生在学习上力争取得好成绩的主观愿望在心理上称作（　　）。

A 成就动机　　B 成功需要　　C 学习动机　　D 满足需要

答案：A

3.学习动机的功能在下列中哪个是错的？（　　）

A 激活作用　　B 指向作用　　C 维持作用　　D 助推作用

答案：D

4.大学生常见的学习心理问题是（　　）。

A 学习环境适应性障碍　　B 学习过度焦虑

C 缺乏学习动力　　D 以上都是

答案：D

二、多选题

1.提升学习动机的自我激励方法有(　　)。

A 心情烦躁时就听听音乐、逛逛街或做运动

B 学找合适的榜样

C 同学之间的监控

D 适当的奖励

答案:ABCD

2.下列哪些是良好的学习方法和学习习惯?(　　)

A 科学合理的时间管理

B 考虑自己的个性,及时消除焦虑

C 培养自我监控的学习能力

D 擅于自我激励

答案:ABCD

3.大学生的学习态度,直接影响其学习行为和学习成绩。具体表现为(　　)。

A 对学习对象的选择上

B 学生对学习环境的反应上

C 对学习的效果

D 对学习时同伴的选择

答案:ABC

4.韦纳按各因素的性质不同,将一般人对成败归因的解释或类别分别纳入以下三个向度之内。(　　)

A 因素来源　　B 稳定性

C 主观因素　　D 能控制性

答案:ABD

三、判断题

1.学习是个体在任何情境下,由于练习或反复经验而产生的行为或行为潜能的比较持久的变化。(　　)

答案:错误

2."古之成大事者,不惟有超世之才,亦必有坚忍不拔之志"这句话说明了意志力对于学习的重要作用。(　　)

答案:正确

3.学习缺乏独立性,不理解大学的学习特点和规律等是大学新生常见的学习心理问题。(　　)

答案:正确

4.跳起来能够得到的果子是最甜的,那么这个跳起来能够得到的果子就是一个合理的目标。(　　)

答案:正确

四、简答题

1.什么是学习动机?

答案:学习动机是指学生个体内部促使其从事学习活动的驱力。学习动机一般表现为强烈的求知愿望,对未知世界的好奇心及兴趣,认真积极的学习态度等。根据不同的特点,学习动机也可以分为不同的种类。

(1)根据学习动机的内容指向可分为直接学习动机和间接学习动机。直接学习动机直接指向学习活动本身,是由对学习的直接兴趣以及对学习活动的直接结果的追求所引起的;间接学习动机则是与社会意义相联系的动机,是社会要求在学习上的反映。

(2)根据学习动机在学习活动中所起作用的不同,可将之区分为主导性学习动机和辅助性学习动机。主导性学习动机是指一个学生的几种学习动机中起主导作用的学习动机;辅助性学习动机则是在几种学习动机中不占主导地位的学习动机。辅助性学习动机有的能促进主导性学习动机,因而会与主导性学习动机同时并存;有的则不能促进主导性学习动机,因而会被抑制甚至完全克服掉。

(3)根据学习动机的来源,又可将之划分为内部动机和外部动机。学习的内部动机来源于学生自身的兴趣、爱好等,它较为持久,且使学习者处于一种主动积极的学习活动状态。学习的外部动机则是由外界的诱因所决定的,它往往较为短暂,被这种学习动机所推动的学习活动也往往处于一种被动状态。

项目九　习题

一、判断题

1.心理危机干预和预防最根本的是教育干预,最重要的便是心理咨询教育、生命教育、死亡教育。　(　　)

答案:错误

2 发生危机时,首先要做的是思想教育说服工作。　(　　)

答案:错误

3.危机干预的方式主要有:电话热线、咨询门诊、家庭和社会干预、信函和网络、现场干预等。　(　　)

答案:正确

4.生命可以一直向上发展,只要努力就不会有力量耗竭的时候。　(　　)

答案:错误

5.危机干预是短程和紧急心理治疗,本质上属于支持性心理治疗。　(　　)

答案:正确

6.危机干预一般不涉及人格的塑造。　(　　)

答案:正确

7.心理危机中的行为表现是大学生为排解和减轻痛苦感而采取的一些防御手段。

答案:正确

8.生存意味着当有一天我们死亡之后,我们的基因将在死亡之后继续延续,它是某种形式的对死亡的突破。　(　　)

答案:错误

9.原始的恐惧可成为我们生命的最强大动力。 (　　)

答案:正确

二、多选题

1.生命的特征包括(　　)。

A 生命的有限性　　B 生命的双重性

C 生命的创造性　　D 生命的完整性

答案:ABCD

2.生命的本质是什么?(　　)

A 生存　　B 繁衍　　C 发展　　D 奋斗

答案:ABC

3.心理危机的特点有(　　)。

A 普遍性　　B 复杂性

C 危险与机会并存　　D 时代性

答案:ABCD

4.一般来说,心理危机的发生会经历以下(　　)阶段。

A 冲击期　　B 防御期　　C 解决期　　D 成长期

答案:ABCD

5.大学生心理危机四级预警机制包括(　　)。

A 学校　　B 院系(部)　　C 班级　　D 宿舍

答案:ABCD

三、简答题

1. 一般自杀者具有的个性心理特征有哪些?

答案:

(1)对社会特别是周围人群抱有敌意。

(2)犹豫不决,优柔寡断,缺乏决断能力。

(3)认识范围狭窄。常常采用非此即彼,或者是以偏概全的一种思维方式来分析处理问题。遇到挫折或者是困难的时候,过高地估计困难,而过低地估计了自己的能力或者是应对困难和挫折的方法。

(4)社会交往比较少,从思想和感情上把自己和社会隔离起来,封闭起来,不愿意寻求社会支持帮助。

(5)行为具有冲动性,具有不可控制性。

(6)情绪不稳,神经质。

2.处于危机中的个体如何积极掌握并运用自我支持技术?

答案:

(1)正确看待危机事件。要对危机事件有正确的认知,要认识到危机是客观存在的,同时也要认识到危机中隐藏着危险,同时也蕴藏着机会,危险和机会是辩证的,有时可以相互转化。个体处于危险中,可以激发人的潜能,使人变得更加坚强、勇敢和富有能力。

(2)培养积极乐观的心态。危机的出现会使人们产生极度的紧张和焦虑,这种内在的感受不仅不能帮助解决危机,还会使个体无法做出正确的判断和决策。处于危机中的个体要有意识地培养积极乐观的心态,乐观地看待发生在自己身边的事物,同时能够悦纳自己,相信自己能够有效地应对所发生的一切。

(3)积极寻求社会支持。社会支持系统是应对危机的有效途径。社会支持是指个体与社会各方面,包括父母、朋友、同学、伙伴等以及家庭、学校和班级等组织通过支持性行为所构成的人际交往系统。除此之外,还可以向外界和其他的心理咨询机构求助。社会支持不仅包括物质上的帮助,还包括情感上的支持和精神上的慰藉。

(4)勇于面对现实。通常在危机的前期,人们会采取积极的态度和行动来应对危机,利用一切可以利用的资源避免危机带来的伤害。但到了危机的中后期,尤其是个体积极的应对策略失败时,个体就会感到无计可施甚至感到绝望,此时就会采取消极退缩的策略来应对危机,不敢面对现实,甚至歪曲事实,以逃避危机带来的消极影响。

附　录

附录一　症状自评量表

症状自评量表(SCL-90)是世界上最著名的心理健康测试量表之一,是当前使用最为广泛的精神障碍和心理疾病门诊检查量表。SCL-90 协助我们从十个方面来了解自己的心理健康程度。它是一种从感觉、情感、思维、意识、行为到生活习惯、人际关系、饮食睡眠等多个角度来评定一个人是否有某种心理症状及其严重程度的量表。

测验的每一个项目均采取五级评分制,具体说明如下。

1=无:自觉并无该项症状;

2=轻度:自觉有该项症状,但对被测者并无实际影响,或影响轻微;

3=中度:自觉有该项症状,对被测者有一定的影响;

4=偏重:自觉常有该项症状,对被测者有相当程度的影响;

5=严重:自觉该症状的频度和强度都十分严重,对被测者影响严重。

作为自评量表,这里的"轻、中、重"的具体含义由被测者自己体会,不做硬性规定。

测试要求:

(1)独立地、不受任何人影响地进行自我判断。

(2)评定时间范围是"现在或最近一周"。

(3)每次评定一般在 20 分钟内完成。

指导语:

请仔细阅读每一条,然后根据你在最近一周以来的实际感觉,选择最符合的情况,填在测验答卷纸中相应题号的评分栏中。

症状自评量表

题号	症　　状	1	2	3	4	5
1	头痛					
2	神经过敏,心中不踏实					

续表

题号	症　　状	1	2	3	4	5
3	头脑中有不必要的想法或字句盘旋					
4	头晕或昏倒					
5	对异性的兴趣减退					
6	对旁人求全责备					
7	感到别人能控制你的思想					
8	责怪别人制造麻烦					
9	忘性大					
10	担心自己的衣饰不整齐及仪态不端庄					
11	容易烦恼和激动					
12	胸痛					
13	害怕空旷的场所或街道					
14	感到自己精力下降,活动减慢					
15	想结束自己的生命					
16	听到旁人听不到的声音					
17	发抖					
18	感到大多数人都不可信任					
19	胃口不好					
20	容易哭泣					
21	同异性相处时感到害羞不自在					
22	感到受骗、中了圈套或有人想抓你					
23	无缘无故地感到害怕					
24	自己不能控制地大发脾气					
25	怕单独出门					
26	经常责怪自己					
27	腰痛					
28	感到难以完成任务					
29	感到孤独					
30	感到苦闷					
31	过分担忧					
32	对事物不感兴趣					
33	感到害怕					
34	你的感情容易受到伤害					
35	旁人能知道你的私下想法					

续表

题号	症 状	1	2	3	4	5
36	感到别人不理解你、不同情你					
37	感到人们对你不友好、不喜欢你					
38	做事必须做得很慢以保证做得正确					
39	心跳得很厉害					
40	恶心或胃部不舒服					
41	感到比不上他人					
42	肌肉酸痛					
43	感到有人在监视你、谈论你					
44	难以入睡					
45	做事必须反复检查					
46	难以做出决定					
47	怕乘电车、公共汽车、地铁或火车					
48	呼吸有困难					
49	一阵阵发冷或发热					
50	因为感到害怕而避开某些东西、场合或活动					
51	脑子变空了					
52	身体发麻或有刺痛感					
53	喉咙有哽塞感					
54	感到前途没有希望					
55	不能集中注意力					
56	感到身体的某一部分软弱无力					
57	感到紧张或容易紧张					
58	感到手或脚发重					
59	想到死亡的事					
60	吃得太多					
61	当别人看着你或谈论你时感到不自在					
62	有一些属于你自己的看法					
63	有想打人或伤害他人的冲动					
64	醒得太早					
65	必须反复洗手、点数目或触摸某些东西					
66	睡得不稳、不深					
67	有想摔坏或破坏东西的冲动					
68	有一些别人没有的想法或念头					

续表

题号	症　　状	1	2	3	4	5
69	感到对别人神经过敏					
70	在商场或电影院等人多的地方感到不自在					
71	感到做任何事情都很困难					
72	一阵阵恐惧或惊恐					
73	感到在公共场合吃东西很不舒服					
74	经常与人争论					
75	单独一个人时神经很紧张					
76	别人对你的成绩没有做出恰当的评论					
77	即使和别人在一起也感到孤独					
78	感到坐立不安、心神不定					
79	感到自己没有什么价值					
80	感到熟悉的东西变陌生或不像真的					
81	大叫或摔东西					
82	害怕会在公共场合昏倒					
83	感到别人想占你便宜					
84	为一些有关性的想法而苦恼					
85	你认为应该为自己的过错而受惩罚					
86	感到要赶快把事情做完					
87	感到自己的身体有严重问题					
88	从未感到和其他人亲近					
89	感到自己有罪					
90	感到自己的脑袋有毛病					

统计指标：

SCL-90的统计指标主要有以下各项。

（1）总分和总均分：1）总分即90个项目各单项得分的总和，最低分90，最高分450。总分超过160，可考虑筛查阳性，需进一步检查。2）总均分（又称总症状指数），即总分除以90，它表示总的来看，被测者处于1~5的哪一个范围内，分值越高，表明被测者的症状越严重。若总症状指数在0~0.5，表明被测者自我感觉没有量表中所列的症状；在0.5~1.5，表明被测者感觉有点症状，但发生并不频繁；在1.5~2.5，表明被测者有症状，其严重程度为轻到中度；在2.5~3.5，表明被测者感觉有症状，其严重程度为中到严重；在3.5~4，表明被测者有症状，且症状的频度和强度都十分严重。

（2）阳性项目数：单项分≥2的项目数，表示被测者在多少项目中呈现“有症状”。

（3）阴性项目数：单项分=1的项目数，表示被测者“无症状”的项目数有多少。

(4)因子分:SCL-90包括9个因子,每一个因子反映出被测者某方面的症状情况,通过因子分可了解症状分布特点。当被测者在某一个因子得分大于2,即超出正常均分时,则被测者在该方面就很有可能有心理健康方面的问题。

各因子名称及所包含项目:

1)躯体化:包括第1、4、12、27、40、42、48、49、52、53、56、58题,共12项,主要反映被测者主观的身体不适感。

2)强迫症状:包括第3、9、10、28、38、45、46、51、55、65题,共10项,反映临床上的强迫症状群。

3)人际关系敏感:包括第6、21、34、36、37、41、61、69、73题,共9项,主要反映被测者是否有不自在感和自卑感,尤其是在与他人相比较时是否更突出。

4)抑郁:包括第5、14、15、20、22、26、29、30、31、32、54、71、79题,共13项,反映临床上抑郁症状相联系的症状及体验。

5)焦虑:包括第2、17、23、33、39、57、72、78、80、86题,共10项,反映临床上明显与焦虑症状相联系的精神症状及体验。

6)敌对:包括第11、24、63、67、74、81题,共6项,主要从思维、情感及行为三个方面来反映被测者的敌对表现。

7)恐怖:包括第13、25、47、50、70、75、82题,共7项,它与传统的恐怖状态或广场恐怖所反映的内容基本一致。

8)偏执:包括第8、18、43、68、76、83题,共6项,主要反映被测者的猜疑和关系妄想症状等。

9)精神病性:包括第7、16、35、62、77、84、85、87、88、90题,共10项,其中包括幻听、思维播散、被洞悉感等反映精神分裂症状的项目。

10)其他:包括第19、44、59、60、64、66、89题,共7项,主要反映被测者的睡眠及饮食情况。

附录二 焦虑自评量表(SAS)

指导语:下面有20条文字表述,请仔细阅读每一条,把意思弄明白。然后根据你最近一星期的实际情况按如下标准评定一个A~D的量值:A—没有或很少的时间;B—小部分时间;C—相当多的时间;D—绝大部分或全部时间。

(1)我觉得比平常容易紧张或着急。

(2)我无缘无故感到害怕。

(3)我容易心里烦乱或觉得惊恐。

(4)我觉得我可能将要发疯。

(5)我觉得一切都很好,也不会发生什么不幸。

(6)我手脚发抖打颤。

(7)我因为头痛、颈痛和背痛而苦恼。

(8)我感觉容易衰弱和疲乏。

(9)我觉得心平气和,并且容易安静坐着。

(10)我觉得心跳很快。

(11)我因为一阵阵头晕而苦恼。

(12)我有晕倒发作,或觉得要晕倒似的。

(13)我吸气、呼气都感到很容易。

(14)手脚麻木和刺痛。

(15)我因为胃痛和消化不良而苦恼。

(16)我常常要小便。

(17)我的手脚常常是干燥、温暖的。

(18)我脸红发热。

(19)我容易入睡并且一夜睡得很好。

(20)我做噩梦。

评估说明:A、B、C、D 分别计 1、2、3、4 分,将所有得分相加,再将总分乘以 1.25,四舍五入取整数,即得到标准分。第 5、9、13、17、19 条文字为反向计分项目。焦虑评定的分界值为 50 分,分数越高,焦虑倾向越明显。50~59 分为轻度焦虑;60~69 分为中度焦虑;69 分以上是重度焦虑。

附录三　抑郁自评量表

抑郁自评量表(self-rating depression scal,SDS)由 W.K.Zung 于 1965 年编制,为自评量表,用于衡量抑郁状态的轻重程度及其在治疗中的变化。

SDS 由 20 个陈述句和相应问题的条目组成。每一条目相当于一个有关症状,按 1 ~4 级评分。20 个条目反映抑郁状态的四组特异性症状。

(1)精神性-情感症状,包含抑郁心境和哭泣两个条目。

(2)躯体性障碍,包含情绪的日间差异、睡眠障碍、食欲减退、性欲减退、体重减轻、便秘、心动过速、易疲劳,共八个条目。

(3)精神运动性障碍,包含精神运动性迟滞和激越两个条目。

(4)抑郁的心理障碍,包含思维混乱、无望感、易激惹、犹豫不决、自我贬值、空虚感、反复思考自杀和不满足,共八个条目。

序号	条　　目	从无	有时	经常	持续
1	我感到情绪沮丧、郁闷				
2	我感到早晨心情最好				
3	我要哭或想哭				
4	我夜间睡眠不好				
5	我吃饭像平时一样多				

续表

序号	条 目	从无	有时	经常	持续
6	我的性功能正常				
7	我感到体重减轻				
8	我为便秘烦恼				
9	我的心跳比平时快				
10	我无故感到疲劳				
11	我的头脑像往常一样清楚				
12	我做事情像平常一样不感到困难				
13	我坐卧不安,难以保持平静				
14	我对未来感到有希望				
15	我比平时更容易激怒				
16	我觉得决定什么事很容易				
17	我感到自己是有用的和不可缺少的人				
18	我的生活很有意义				
19	假若我死了别人会过得更好				
20	我仍旧喜爱自己平时喜爱的东西				

评分方法

每一条目均按1、2、3、4四级评分。请受试者仔细阅读每一条陈述句,或由检查者逐一提问,根据最适合受试者情况的时间频度圈出1(偶无,从无或偶尔),或2(有时),或3(经常),或4(持续,总是如此)。20个条目中有10个(第2、5、6、11、12、14、16、17、18和20)是用正性词陈述的,为反序计分,其余10个是用负性词陈述的,按上述1~4顺序评分。

测试结果

SDS评定的抑郁严重度指数按下列公式计算:抑郁严重度指数=各条目累计分/80(最高总分)。SDS指数范围为0.25~1,指数越高代表抑郁程度越重。Zung等认为,SDS评分指数在0.5以下者为无抑郁;0.5~0.59为轻微至轻度抑郁;0.6~0.69为中至重度抑郁;0.7以上为重度抑郁。

附录四 测测你的情商高不高

第1~9题:给下面的问题选择一个和自己最切合的答案。

1.我有能力克服各种困难。( )

A 是的

B 不一定

C 不是的

2.如果我能到一个新的环境,我要把生活安排得(　　)。

A 和从前相仿

B 介于 A、C 之间

C 和从前不一样

3.一生中,我觉得自己能达到我所预想的目标。(　　)

A 是的

B 不一定

C 不是的

4.不知为什么,有些人总是回避或冷淡我。(　　)

A 不是的

B 不一定

C 是的

5.在大街上,我常常避开我不愿打招呼的人。(　　)

A 从未如此

B 偶尔如此

C 有时如此

6.当我集中精力工作时,假使有人在旁边高谈阔论,我(　　)。

A 仍能专心工作

B 介于 A、C 之间

C 不能专心工作且感到愤怒

7.我不论到什么地方,都能清楚地辨别方向。(　　)

A 是的

B 不一定

C 不是的

8.我热爱所学的专业和所从事的工作。(　　)

A 是的

B 不一定

C 不是的

9.气候的变化不会影响我的情绪。(　　)

A 是的

B 介于 A、C 之间

C 不是的

第 10~16 题:请如实回答下列问题。

10.我从不因流言蜚语而生气。(　　)

A 是的

B 介于 A、C 之间

C 不是的

11.我善于控制自己的面部表情。(　　)

A 是的

B 不太确定

C 不是的

12.在就寝时,我常常(　　)。

A 极易入睡

B 介于 A、C 之间

C 不易入睡

13.有人侵扰我时,我(　　)。

A 不漏声色

B 介于 A、C 之间

C 大声抗议,以泄己愤

14.在和人争辩或工作出现失误后,我常常感到震颤,精疲力竭,而不能继续安心工作。(　　)

A 不是的

B 介于 A、C 之间

C 是

15.我常常被一些无谓的小事困扰。(　　)

A 不是的

B 介于 A、C 之间

C 是的

16.我宁愿住在僻静的郊区,也不愿住在嘈杂的市区。(　　)

A 不是的

B 不大确定

C 是的

第 17~25 题:给下面的问题选择一个最切合的答案。

17.有种食物使我吃后呕吐。(　　)

A 没有

B 记不清

C 有

18.我被朋友、同事起过绰号,挖苦过。(　　)

A 从来没有

B 偶尔有过

C 有

19.除去看见的世界,我的心中没有另外的世界。(　　)

A 没有

B 记不清

C 有

20.我会想到若干年后有什么使自己极为不安的事。(　　)

A 从来没有想过

B 偶尔想到

C 经常想到

21.我常常觉得自己的家庭对自己不好,但是我又确切地知道他们的确对我好。(　　)

A 否

B 说不清楚

C 是

22.每天我一回家就把门关上。(　　)

A 否

B 不清楚

C 是

23.我坐在小房间里把门关上,但我仍觉得心里不安。(　　)

A 否

B 偶尔

C 是

24.当一件事需要我做决定时,我常觉得很难。(　　)

A 否

B 偶尔

C 是

25.我常常用抛硬币、翻牌、抽签之类的游戏来预测凶吉。(　　)

A.否

B.偶尔是

C.是

第26~29题:下面各题请按实际情况如实回答,仅须回答“是”或“否”,并在你选择的答案后打“√”。

26.为了工作我早出晚归,早晨起床我常常感到疲惫不堪。

是________否________

27.在某种心境下,我会因为困惑而陷入空想,将工作搁置下来。

是________否________

28.我的神经脆弱,稍有刺激就会使我战栗。

是________否________

29.睡梦中,我常常被噩梦惊醒。

是________否________

第30~33题:本组测试共4题,每题有5种答案,请选择与自己最切合的答案,并在你选择的答案下打√。

答案标准:(1)从不;(2)几乎不;(3)一半时间;(4)大多数时间;(5)总是。

30.工作中我意图挑战艰巨的任务。(1)(2)(3)(4)(5)

31.我常发现别人好的意愿。(1)(2)(3)(4)(5)

32.我能听取不同的意见,包括对自己的批评。(1)(2)(3)(4)(5)

33.我时常勉励自己,对未来充满希望。(1)(2)(3)(4)(5)

评分标准：

第1~9题，每回答一个A得6分，回答一个B得3分，回答一个C得0分，计_____分。

第17~25题，每回答一个A得5分，回答一个B得2分，回答一个C得0分，计_____分。

第26~29题，每回答一个“是”得0分，回答一个“否”得5分，计_______分。

第30~33题，从(1)至(5)分别为1分，2分，3分，4分，5分，计_______分。

总计为_______分

测试结果：

(1)高情商：如果你的得分在150分以上，那你就是个情商高手。

你尊重所有人的人权和人格尊严。

不将自己的价值观强加于他人。

对自己有清醒的认识。

能承受压力。

自信而不自满。

人际关系良好。

和朋友或同事能友好相处。

善于处理生活中遇到的各方面的问题。

认真对待每一件事情。

(2)较高情商：如果你的得分在130~149分，说明你的情商较高。

你是负责任的好公民。

自尊。

有独立人格，但在一些情况下易受别人焦虑情绪的感染。

比较自信而不自满。

有较好的人际关系。

能应对大多数的问题，不会有太大的心理压力。

(3)较低情商：如果你的得分在90~129分，说明你的情商一般。

你易受他人影响，自己的日标不明确。

比低情商者善于原谅，能控制大脑。

能应付较轻的焦虑情绪。

往往把自尊建立在他人认同的基础上。

缺乏坚定的自我意识。

人际关系较差。

(4)低情商：如果你的得分在90分以下，说明你的情商较低。

你的自我意识差，无确定目标，也不打算付诸实践。

严重依赖他人。

处理人际关系的能力差。

应对焦虑的能力差。

生活无序。

无责任感，爱抱怨。

附录五　容纳他人量表

请仔细阅读每一项，按你对这句话的认可程度，从“几乎总是”到“几乎没有”分为五个等级，分别用1、2、3、4、5表示。

(1)人们太容易被指挥了。

(2)我喜欢我所了解的人们。

(3)当今人们的道德水准太低了。

(4)多数人相当自命不凡，从不正视自己的缺点。

(5)*我几乎能与所有类型的人愉快相处。

(6)当今人们所谈论的似乎都是电影、电视这一类事情。

(7)人们取得成功靠的是门路而不是知识。

(8)一旦你开始帮助某人，他就会轻视你。

(9)人们太以自我为中心了。

(10)人们总是不满足并不断地寻找新鲜事。

(11)有许多人令人无法容忍。

(12)如果你按自己的意愿做某件事就有可能伤害一些人。

(13)人们确实需要一个强硬的、聪明的领袖。

(14)当我独自一人，远离人群时，我最欣赏我自己。

(15)我真希望人们对我更诚实一些。

(16)我喜欢和很多人在一起。

(17)根据我的经验。人是相当顽固和缺乏理智的动物。

(18)跟价值观与自己不同的人在一起时我能够感到愉快。

(19)人人都想做好人。

(20)一般人对自己并非十分满意。

评分标准

带*号项目反序计分，量表总分在20分(容纳程度最低)和100分(容纳程度最高)之间。分数越高，表示容纳程度越高。

附录六　心理压力应对方式测验

请认真阅读每道题目，并选择当你身处压力情境时最可能使用或采取的应对方式，请在以下四种答案中选择最符合你自己实际情况的一种。“0”表示不用或者没有用过；“1”表示有时使用；“2”表示使用很多；“3”表示使用最多。回答问题的时候，请在自己心中想象这种压力情境。

题号	题 目	你的选择			
		0	1	2	3
1	我会主要考虑以后怎么办				
2	我尽量分析问题,以便更好地理解它				
3	我转向其他活动或工作,不再去想那些事情				
4	我认为时间一过,事情自然就会公开化,只是耐心等待				
5	我争辩或讲和,尽量采取主动				
6	我会做些不一定有用的事,但至少我是做了				
7	我争取找到有关的人帮忙				
8	我会找一些人谈话,以便更多地了解问题				
9	我会批评或惩罚自己				
10	我尽量使问题留有某种余地				
11	我会期待着出现奇迹				
12	我会无所谓,像什么也没有发生一样				
13	我会听天由命,有时我运气不好				
14	我会尽量控制自己的感情				
15	我将尽量去看问题好的一面				
16	我会埋头睡上一觉				
17	我会向惹起问题的人发火				
18	我会接受别人的同情和理解				
19	我会想一些能使自己感到舒服的事情				
20	我将主动针对该问题做些有用的事情				
21	我将尽量去忘掉所有的事情				
22	我会去寻求专门的帮助				
23	我做些改变和调整,正所谓"吃一堑长一智"				
24	我将静观其变				
25	我会做出道歉或做些补偿				
26	我会订出行动计划并去执行				
27	我接受另一件好事情来补回自己的需要				
28	我会发泄一下自己的情绪				
29	我会认为是我自找麻烦				
30	我在事后会比事前感觉好些				

续表

题号	题　　目	你的选择			
		0	1	2	3
31	我会找能帮助自己的人谈话				
32	我会尽量先休息,以便暂时摆脱危机				
33	我会通过喝酒或抽烟等方式来使自己感到舒服些				
34	我会去做冒险行动来解决危机				
35	我尽量做到不冲动、不急躁				
36	我将寻求新的信心				
37	我会维护自己的声誉,坚强不屈				
38	我会重新发现生活的意义				
39	我认为改变一些事情,整个事情就会慢慢好转				
40	我将避免与人接触				
41	我会尽量不让它影响我,一般不去对它做太多考虑				
42	我会去征求我所尊敬的亲属或朋友的意见				
43	我尽量不让其他人知道这件事情有多糟				
44	我尽量使事情淡化,不会太认真地对待此事				
45	我会与别人交谈我的感受				
46	我坚持己见,争取我想得到的结果				
47	我把事情尽量推到别人身上去				
48	我将凭借过去的经验,因为过去我也遇到过类似的情景				
49	我知道该怎么做,所以会努力使事情解决				
50	我不会相信事情真的已经发生				
51	我会用几种不同的方法来解决问题				
52	我会告诉自己,下一次事情就不会这样了				
53	我接受事实,因为对此我已无能为力了				
54	我将尽量排除干扰,只想眼前的事情				
55	我希望自己能改变已经发生的事情				
56	我将设法改变自己的一些感受				
57	我会幻想有一个比眼前要好的地方或机会				
58	我希望事情很快会过去				
59	我希望事情会好转				
60	我希望得到外界的支持和理解				
61	我会做好最坏的打算				
62	我会仔细考虑将如何说或如何去做				

续表

题号	题　　目	你的选择			
		0	1	2	3
63	我想象并模仿我所崇拜的人来处理自己所遇到的事情				
64	我将尽量从别人的角度来看问题				
65	我提醒事情可能还会更坏				
66	我接受教训,将其作为一次锻炼				

评分与分析:

借助以上的测验题目,心理学家将人们的“压力应对方式”分为以下几种类型:

(1)直接型应对:在46、7、17、28、34、6六个题目中,累计得分超过10分的,属于该类型应对方式,即面对面地直接处理压力事件。

(2)间接型应对:在44、13、41、21、1、12六个题目中,累计得分超过10分的属于该类型应对方式,即多采用间接或迂回的方式应对所面临的压力。

(3)自我控制型应对:在14、43、10、35、54、6、63七个题目中,累计得分超过12分的,属于该类型应对方式,即多采用自我控制的方式来应对所面临的压力。

(4)寻求帮助型应对:在8、31、42、45、18、22六个题目中,累计得分超过10分的属于该类型应对方式,即多采用寻求社会支援的方式来应对所面临的压力。

(5)逃避型应对:在58、11、59、33、4、50、47、16八个题目中,累计得分超过15分的,属于该类型应对方式,即多采用逃避的方式来应对面临的压力。

(6)计划型应对:在49、26、1、39、48、52六个题目中,累计得分超过10分的属于该类型应对方式,即用理智分析、解决所面临的压力问题。

(7)主动型应对:在23、30、36、38、60、6、20七个题目中,累计得分超过12分的属于该类型应对方式,即多采用积极主动的态度来应对所面临的压力。

附录七　学习动力自我诊断测试

这个量表主要帮助你了解自己的学习动机、学习兴趣、学习目标上是否存在困扰,共20个题目。请你根据自己的实际情况,逐一对每个问题的做“是”或“否”的回答。回答“是”计1分,回答“否”计0分。将各题得分相加,算出总分。

1.如果别人不督促你,你极少主动地学习。

2.你一读书就觉得疲劳与厌烦,直想睡觉。

3.当你读书时,需要很长时间才能提起精神。

4.除了老师指定的作业外,你不想再多看书。

5.如有不懂的地方,你根本不想设法弄懂它。

6.你常想自己不用花太多的时间学习,成绩也会超过别人。

7.你迫切希望自己在短时间内就能大幅度地提高自己的学习成绩。

8.你常为短时间内成绩没能提高面烦恼不已。

9.为了及时完成某项作业,你宁愿废寝忘食,通宵达旦。

10.为了把功课学好,你放弃工许多你感兴趣的活动,如体育锻炼,看电影或郊游等。

11.你觉得读书没意思,想去找个工作。

12 你常认为课本上的基础知识没啥好学的,只有看高深的理论、读大部头作品才带劲。

13.平时只在你喜欢的科目上狠下功夫,对不喜欢的科目放任自流。

14.你花在课外读物上的时间比花在教科书上的时间要多得多。

15.你把自己的时间平均分配在各科上。

16.你给自己定下的学习目标,多数因做不到而不得不放弃。

17.你几乎毫不费力地就实现了你的学习目标。

18.你总是同时为实现几个学习目标而忙得焦头烂额。

19.为了对付每天的学习任务,你已经感到力不以心。

20.为了实现一个大目标。你不再给自己制定循序渐进的小目标。

结果解释:

上述 20 个题目可分成 4 组,它们分别测查你在四个方面的困扰程度:1~5 题测查你的学习动机是不是太弱;6~10 题测查你的学习动机是不是太强;11~15 题测查你的学习兴趣是否浓厚;16~2 题测查你在学习目标上是否存在困扰。假如你对某组(每组 5 题)中的大多数题目持认同的态度,一般说明你在相应的学习欲望上存在一些不够正确的认识,或存在一定程度的困扰。

总分在 0~5 分,说明学习动机上有少许问题,必要时可调整。

总分在 6~10 分,说明学习动机上有一定的问题和困扰,可调整。

总分在 14~20 分,说明学习动机上有严重的问题和困扰,需调整。

参 考 文 献

［1］ 【美】维吉尼亚·萨提亚.与人联结［M］.于彬,译.北京:世界图书出版公司,2018.

［2］ 【美】David R.Shaffer,Katherine Kipp.发展心理学——儿童与青少年［M］.邹泓,等译.8 版.北京:中国轻工业出版社,2011.

［3］ 【美】弗洛姆.爱的艺术［M］.李健鸣,译.上海:上海译文出版社,2008.

［4］ 【英】梅兰妮·克莱因,琼·里维埃.爱·恨与修复［M］.吴艳茹,译.北京:中国轻工业出版社,2014.

［5］ 【加】克里斯多福·孟.亲密关系［M］.张德芬,余蕙玲,译.湖南:湖南文艺出版社,2015.

［6］ 【奥地利】阿弗雷德·阿德勒.超越自卑［M］.周晶晶,译.石家庄:河北人民出版社,2014.

［7］ 雷生珍.大学生心理健康教育［M］.北京:高等教育出版社,2014.

［8］ 马中宝,李春青.大学生心理健康教程［M］.北京:清华大学出版社,2019.

［9］ 郭茂华. 大学生心理健康教育［M］.北京:清华大学出版社,2015.

［10］ 黄新红. 新编大学生心理健康实用教程［M］.上海:上海交通大学出版社,2016.

［11］ 陆林,王高强. 新型冠状病毒肺炎全民心理健康实例手册［M］. 北京:北京大学医学出版社,2020.